Neue

Kleine Bibliothek 264

Stefan Bollinger

1939 –
Wie der Krieg gemacht wurde

… und Deutschland die Welt in den Abgrund stürzen durfte

PapyRossa Verlag

Redaktionsschluss: 15. Februar 2022
Luxemburger Str. 202, 50937 Köln
Tel.: +49 (0) 221 – 44 85 45
Fax: +49 (0) 221 – 44 43 05
E-Mail: mail@papyrossa.de
Internet: www.papyrossa.de

Umschlag: Verlag
Coverbild: Bundesarchiv, Bild 146-1979-056-18A
Fotograf: Hans Sönnke / Lizenz CC-BY-SA 3.0
Druck: Interpress

Die Deutsche Nationalbibliothek verzeichnet diese Publikation in der Deutschen Nationalbibliografie; detaillierte bibliografische Daten sind im Internet über http://dnb.d-nb.de abrufbar

ISBN 978-3-89438-693-1

Inhalt

Kein Prolog: Es ist Krieg 7

I.
Schlachtfeld Geschichte 18
Immer noch offene Fragen –
und die Schwierigkeit der Antworten 18
Im Streit um Werte und Bewertungen 25
Eine Geschichte mit wenigen Geheimnissen,
aber vielen Lügen und Fälschungen 33

II.
Weltkrieg 2 – Ein deutsches Elitenprojekt 42
Das besiegte Deutschland – ein schwieriger Partner? 42
Startbereit für eine neue Runde Großmacht 66
Entlastung für die Deutschen und Hitler? 84
Antikommunismus, Revanche, Weltherrschaft –
Militär und Kapital waren sich seit 1918 einig 92
Die Revanche für 1917 und 1918 findet einen Führer 109

III.
Wege wie Irrwege der Kriegsverhinderung 115
Geschichte und Politik 115
Verhängnisvolle Jahre 117
Bündnisse – für oder gegen Polen? 122
Ein Krieg mit Ansage 130
Der beständige Zug in den Krieg 138
Wer zieht mit wem in den Krieg? 155
Preis der Schaukelpolitik 169
Polen kämpft und fällt 176
Kalkulationen und Fehlkalkulationen 184
Verleugnete soziale Revolution und gestohlene Erinnerung 193

Kein Epilog: »Totalitarismus« als Instrument im neuen Kalten Krieg 196

Anhang

Auf dem Weg in den Abgrund: Wichtige Daten 1933 bis 1940 210

Personenverzeichnis 216

Abkürzungen 241

Auswahl weiterführender deutschsprachiger Literatur 244

Kein Prolog: Es ist Krieg

> »Der Krieg ist ein besseres Geschäft als der Friede. Ich habe noch niemanden gekannt, der sich zur Stillung seiner Geldgier auf Erhaltung und Förderung des Friedens geworfen hätte. Die beutegierige Canaille hat von eh und je auf Krieg spekuliert.«[1]
>
> *Carl von Ossietzky, 1931*

> »Es ist ein ewiges Problem, die Zahl der Deutschen in Verhältnis zu bringen zum Boden. Sicherung des notwendigen Raumes. Keine geklügelte Gescheitheit hilft hier, Lösung mit dem Schwert. Ein Volk, das die Kraft nicht aufbringt zum Kampf, muss abtreten. Die Kämpfe sind anders geworden als vor 100 Jahren [...] Heute kämpfen wir um Ölfelder, Gummi, Erdschätze usw. [...] Jede Hoffnung auf Kompromisse ist kindisch: Sieg oder Niederlage! Dabei geht es nicht um ein nationalsozialistisches Deutschland, sondern darum, wer künftig in Europa dominiert.«[2]
>
> *Adolf Hitler, November 1939*

Seit Stunden wurde an der Ostgrenze des Großdeutschen Reiches der polnische Nachbar angegriffen, wiederholt wurden polnische Bürger massakriert. Die konkreten Angriffshandlungen überraschten die Polen, waren aber nicht unerwartet. Ein polnischer Zeitzeuge schrieb in sein Tagebuch am 1. September: »Von morgens an überall außergewöhnlicher Betrieb. Im Radio wurde die Nachricht über den Beginn der Kriegshandlungen gesendet, die Bombardie-

1 Carl von Ossietzky: Offener Brief an Reichswehrminister [Wilhelm] Groener. In: Die Weltbühne. Berlin. H. 49/1931, S. 840.

2 Dok. 13: Aus der geheimen Ansprache Adolf Hitlers vor den Oberbefehlshabern am 23. November 1939 über weitere Kriegsziele und Aggressionsvorbereitungen. In: Wolfgang Ruge / Wolfgang Schumann (Hg.), bearbeitet von Gerhart Hass, Klaus Drobusch und Anke Wappler unter Mitarbeit von Gisela Fischer: Dokumente zur deutschen Geschichte. 1939-1942. Berlin 1977, S. 29 f.

rung von Gdingen[3] und Krakau durch die Deutschen traf mich wie ein Blitz. Ich war vor allem durch die Nachricht über die Bombardierung von Krakau niedergeschlagen. Sie erinnerte mich an das Gefühl vom Ersten Weltkrieg, als die Russen Krakau zu zerstören drohten [...] Alle reden hier nur über den Krieg, aber die Stimmung ist gut, nirgends Zweifel, jeder glaubt an unseren endgültigen Sieg. Das – vage und ungeprüfte – Gerücht über die Einnahme Danzigs durch die polnische Armee erfreut die Menschen schon und hebt die Stimmung.«[4]

In der Hauptstadt des Aggressors, in Berlin, sah man die Lage klarer. Adolf Hitler, der Führer und Reichskanzler, trat in feldgrauer Uniform unter begeisterten Heilrufen der Abgeordneten laut Reichstagsprotokoll gegen 10 Uhr 11 vor den Reichstag und erklärte den Überfall auf Polen zur großen Herausforderung für sein Volk. Jenseits der Realitäten erklärte er unter Beifall, dass er »von den deutschen Grenzen das Element der Unsicherheit, die Atmosphäre ewiger bürgerkriegsähnlicher Zustände entfernen« wolle, um »Friede« herzustellen. Ein besorgter Schlachtenlenker versprach wiederum unter lebhaftem Beifall, dass er »nicht den Kampf gegen Frauen und Kinder führen« werde.

Dann schwadronierte er über die friedlichen Verhandlungsabsichten Deutschlands, geordnete Verhältnisse für Danzig und darü-

---

3 Im gesamten Text werden Ortsnamen in der jeweiligen Landessprache angegeben, soweit es nicht, wie etwa hinsichtlich der Hauptstädte oder anderer bekannter Städte wie etwa Krakau, das im Polnischen Kraków heißt, eingeführte deutsche Bezeichnungen gibt. Personennamen folgen der gängigen Transliteration, bekannte Persönlichkeiten werden dabei meist in der DDR-üblichen Transliteration verwendet. In Zitaten werden die Namen wie in der zitierten Ausgabe oder Übersetzung verwendet angegeben. Wenn nötig, erfolgt der Verweis auf die anderssprachige Bezeichnung. Soweit möglich, wurde auch auf zitierte und dokumentierte Dokumente stillschweigend die neue deutsche Rechtschreibung angewandt. Eventuelle Rechtschreib- oder Transkriptionsfehler wurden ebenfalls stillschweigend korrigiert. Wortergänzungen und Auslassungen sind durch eckige Klammern ausgewiesen.

4 Zygmunt Klukowski: Tagebuch aus den Jahren der Okkupation 1939-1944. Hrsg. von Christine Glauning / Ewelina Wanke. Berlin 2017, S. 62.

ber, die dortige »misshandelte« deutsche Minderheit zu erreichen.[5] Erst nach Minuten sprach er die bereits seit dem frühen Morgen laufenden Kampfhandlungen an, das Wort Krieg wird von ihm und der deutschen Diplomatie[6] tunlichst vermieden. »Ich habe meiner Luftwaffe den Auftrag gegeben, sich bei den Angriffen auf militärische Objekte zu beschränken. Wenn aber der Gegner glaubt, daraus einen Freibrief ablesen zu können, seinerseits mit umgekehrten Methoden zu kämpfen, dann wird er eine Antwort erhalten, dass ihm Hören und Sehen vergeht! (Anhaltender stürmischer Beifall.)«

Dann der schon tausendfach zitierte, ebenso tödliche wie lügnerische Satz: »Polen hat nun heute Nacht zum ersten Mal auf unserem eigenen Territorium auch durch reguläre Soldaten geschossen. (Pfuirufe.) Seit 5 Uhr 45 wird jetzt zurückgeschossen! (Lebhafter

---

5 In der Tat gab es in den letzten Augusttagen rege diplomatische Aktivitäten, um deutscherseits die ultimativen Forderungen an Polen doch noch »friedlich« durchzusetzen bzw. durch britische, französische, belgische sowie weitere Bemühungen einen Krieg noch zu verhindern. Für Hitler und seine Militärs waren dies alles nur Scheingefechte, eine Mär von einem »zweiten München« mochte den unmittelbaren Kriegsbeginn noch vernebeln, aber Berlin wollte – endlich – den Krieg. Eine übersichtliche Zusammenstellung der diesbezüglichen Aktivitäten und Demarchen findet sich in: Das Dritte Reich. Auf dem Weg zum Zweiten Weltkrieg. Von der Besetzung Prags bis zum Angriff auf Polen. Hrsg. und bearb.: Herbert Michaelis und Ernst Schraepler, unter Mitarbeit von Günter Scheel. Berlin o. J. [1968], S. 474-623. Den eigentlichen Text eines faktischen Ultimatums an Polen, hier auf den 30. August 1939 datiert, stellte ein 16-Punkte-Papier dar: Dok. 458: Gesandter Schmidt (Büro RAM) an die Botschaft in London. Telegramm Nr. 364 vom 30.8. [Berlin], den 30. August 1939, 21 Uhr 15. Anlage:] Vorschlag für eine Regelung des Danzig-Korridorproblems sowie der deutsch-polnischen Minderheitenfrage. August 1939. In: Akten zur deutschen auswärtigen Politik 1918-1945. Serie D (1937-1945) Band VII. Die letzten Wochen vor Kriegsausbruch. 9. August bis 3. September 1939. (im Weiteren: ADAP Bd. D.7). Baden-Baden 1966, S. 372-375.

6 Siehe Dok. 512: Rundtelegramm des Staatssekretärs Ernst von Weizsäcker, 1. September 1939: »Zur Regelung der Sprache: In Abwehr polnischer Angriffe sind die deutschen Truppen heute beim Morgengrauen gegen Polen in Aktion getreten. Diese Aktion ist vorläufig nicht als Krieg zu bezeichnen, sondern lediglich als Kampfhandlungen, die durch polnische Angriffe ausgelöst worden sind.« In: Ebd., S. 409.

Beifall.) Und von jetzt ab wird Bombe mit Bombe vergolten! (Beifall.) Wer mit Gift kämpft, wird mit Giftgas bekämpft. (Erneuter Beifall.) Wer sich selbst von den Regeln einer humanen Kriegführung entfernt, kann von uns nichts anderes erwarten, als dass wir den gleichen Schritt tun.

Ich werde diesen Kampf, ganz gleich gegen wen, so lange führen, bis die Sicherheit des Reiches und bis seine Rechte gewährleistet sind!«[7]

Demagogie und glatte Lügen durchziehen diese Rede wie die gesamte Vorkriegs- und Kriegspropaganda. Die zur Rechtfertigung des deutschen Angriffs herangezogenen Grenzzwischenfälle und Terrorakte gegenüber der deutschen Minderheit hatten so nie stattgefunden. Der deutsche Angriff begann schon um 4.45 Uhr. Einsatzkräfte des Sicherheitsdienstes der SS[8] hatten den spektakulärsten Vorfall, den Überfall[9] auf den Reichssender Gleiwitz,[10] selbst inszeniert. Deutsche Kräfte fielen in polnischen Uniformen in den Sender ein, verlasen mühsam einen Aufstandsaufruf und hinterließen als vermeintliches Opfer zumindest einen ermordeten KZ-Häftling. Diese Aktion verlief dilettantisch, erfüllte aber ihren Zweck. Kommandoeinheiten hatten schon zwei Tage zuvor strategische Punkte besetzt, weil sie vom Verschieben des Angriffs nichts wussten. Am 31. August 1939 bestätigte Hitler in einer Geheimen Kommandosache seine Weisung Nr. 1 des Krieges mit seiner Unterschrift. Nach

7 Adolf Hitler, Führer und Reichskanzler: Erklärung der Reichsregierung. In: Verhandlungen des Reichstags. 4. Wahlperiode 1939. Bd. 460. Stenographische Berichte 1939-1942. 3. Sitzung, Freitag, 1. September 1939, S. 47 [1936 wurde die Zählung der Legislaturperioden an die Machtausübung durch die NSDAP angepasst, so dass die VIII. Legislaturperiode nun als die 1. fungierte].

8 Die verwendeten Abkürzungen werden im Anhang aufgelöst.

9 Ausführlich beschrieben in: Florian Altenhöner: Der Mann, der den 2. Weltkrieg begann: Alfred Naujocks, Fälscher, Mörder, Terrorist. Münster, Berlin 2010.

10 Ortsnamen werden nach den zeitgenössischen deutschen oder polnischen Namensformen benannt (vgl. Fn. 3). Gleiwitz war damals deutsches Gebiet.

dem Hin und Her der letzten Tage gab es nun kein Zurück mehr. Endlich bekamen Hitler, seine Wehrmacht und die wirtschaftlichen Eliten den lang ersehnten Krieg. Und natürlich beginnt es auch hier mit einer Lüge: »Nachdem alle politischen Möglichkeiten erschöpft sind, um auf friedlichem Wege eine für Deutschland unerträgliche Lage an seiner Ostgrenze zu beseitigen, habe ich mich zur gewaltsamen Lösung entschlossen [...] Angriffstag: 1.9.39. Angriffszeit: 4 Uhr 45.«[11]

Hauptsorge blieb, was im Westen geschehen würde, würden Frankreich und Großbritannien eingreifen, gar ernsthaft Krieg führen. Die deutsche Position war vorsichtig-abwartend. »Im Westen kommt es darauf an, die Verantwortung für die Eröffnung von Feindseligkeiten eindeutig England und Frankreich zu überlassen. Geringfügigen Grenzverletzungen ist zunächst rein örtlich entgegenzutreten [...] Die deutsche Westgrenze ist zu Lande an keiner Stelle ohne meine ausdrückliche Genehmigung zu überschreiten [...] Eröffnen England und Frankreich die Feindseligkeiten gegen Deutschland, so ist es Aufgabe der im Westen operierenden Teile der Wehrmacht, unter möglichster Schonung der Kräfte die Voraussetzungen für den siegreichen Abschluss der Operationen gegen Polen zu erhalten [...] Den Befehl zum Beginn von Angriffshandlungen behalte ich mir in jedem Fall vor [...] Das Heer hält den Westwall.«[12]

Meldungen über polnischen Terror wurden, wie schon seit Wochen, in deutschen Dienststellen fabriziert und über Rundfunk, Presse und Kinowochenschauen verbreitet. Selbst der reguläre militärische Angriff begann eine Stunde vor dem im Reichstag annoncierten 5.45-Uhr-Termin mit einem Artillerieschlag von Seeseite her im umstrittenen Danzig. Um 4.45 Uhr eröffnete das alte Linienschiff »Schleswig-Holstein«, als Schulschiff zum Freundschafts-

11 Dok. 493: Weisung des Obersten Befehlshabers der Wehrmacht. 31. August 1939. In: ADAP Bd. D.7, S. 397-399.

12 Ebd.

besuch in der Freien Stadt Danzig,[13] das Feuer auf die Verteidiger der polnischen Halbinsel Hel vor den Toren der umstrittenen Hafenstadt.

Gut fünf Stunden zuvor musste sich die polnische Seite eingestehen, dass die deutsche Aggression nicht mehr zu vermeiden war. Die Forderungen Nazideutschlands nach freiem Zugang zu Danzig und die Eingliederung Danzigs in das Deutsche Reich waren angesichts der zugespitzten Lage nicht zu erfüllen. Die polnische Regierung, das polnische Volk und seine Armee mussten sich dem Kampf stellen. Der Sender Warschau meldete am 31. August um 23.00 Uhr: »Keine Worte könnten jetzt mehr die Aggressionspläne der neuen Hunnen verschleiern. Deutschland strebt die Herrschaft über Europa an und durchstreicht mit einem bisher nicht dagewesenen Zynismus die Rechte der Völker.«[14]

Es sollte sich zeigen, dass Polens militärische Vorbereitungen unzureichend waren, dass die Verbündeten im Westen es faktisch im Stich ließen und die polnische, englische und französische Vorkriegspolitik diesen Krieg nicht nur nicht vermieden, sondern gefördert hatte.

Ohne Kriegserklärung begann ein neuer, der Zweite Weltkrieg, der sechs Jahre dauern sollte, bis er fast genau auf den Tag am 2. September 1945 an Bord des Schlachtschiffes »USS Missouri« in der Sagami-Bucht vor Tokio mit der bedingungslosen Kapitulation der

---

13 Durch den Versailler Vertrag wurde die Stadt Danzig vom deutschen Reichsgebiet abgetrennt und unter Aufsicht des Völkerbundes und eines von ihm eingesetzten Hochkommissars als »Freie Stadt Danzig«, d.h. als Freistaat mit einigen polnischen Hoheitsrechten, etabliert. Bis 1937 setzten sich ohne Widerstand von Völkerbund und Polen die Nazis hier durch, und am 23. August 1939 wurde der NSDAP-Gauleiter verfassungswidrig zum Staatsoberhaupt ausgerufen. Polnische Beamte nahmen im Hafen und in der Danziger Post hoheitliche Aufgaben wahr. Die Postbeamten wehrten sich am 1. September gegen die deutschen Angreifer und wurden erste Opfer deutscher Kriegsverbrechen.

14 Meldung des polnischen Rundfunksenders Warschau vom 31. August 1939, 23 Uhr. In: Auswärtiges Amt: Urkunden zur letzten Phase der deutsch-polnischen Krise. Berlin 1939, S. 23.

letzten Achsenmacht,[15] dem Kaiserreich Japan, zu Ende ging. Bis zu 65 Millionen Tote, unermessliche Zerstörungen, Millionen Verwundete, Entwurzelte, Flüchtlinge und eine neue Weltordnung mit neuen Hauptakteuren waren die Folge.

Polen war aus damaliger wie heutiger Sicht nur der erste Schauplatz dieses bisher blutigsten aller Kriege, auch wenn dem schon fast ein Jahrzehnt genauso blutiger Ereignisse in Europa, Ostasien und Nordafrika vorhergingen. Doch waren in den ersten Stunden und Tagen die Polen, die in diesem Krieg ihren Staat, das Leben von sechs Millionen Landsleuten und ihre Zwischenkriegsgrenzen verlieren sollten, naiv-euphorisch-patriotisch. Wojciech Jaruzelski, der spätere polnische Präsident, erlebte diese Tage als Sechzehnjähriger und schrieb über die damalige zwiespältige Gefühlswelt der Polen: Das Versprechen eines möglichen »kleinen Krieges«, einer unbesiegbaren polnischen Armee ließen in diesem Moment die Gefahren und Risiken schwinden. »Niemand wird uns irgendetwas wegnehmen. Einmal drangen wir in der Tschechoslowakei ein und nahmen die Region Teschen in Besitz. Dann richteten wir ein Ultimatum an Litauen, das sich zurückziehen musste. Überall Defilees und Paraden; eine ständige Zurschaustellung von Macht. Und vor allem eine dauernde Geringschätzung der Kräfte des Gegners. Die Panzer der Deutschen sind aus Pappe, oder sie bleiben im Schlamm und dem Sand der polnischen Ebenen stecken. Unsere Kavallerie fegt sie schneller hinweg, als es dauert, diesen Satz zu sagen. Die Bolschewiken zählen sowieso nicht, eine Armee auf tönernen Füßen. Und außerdem haben wir mächtige Verbündete im Westen.«[16]

15 Bezeichnung für die Verbündeten Deutschland, Italien und Japan, zunächst ausgehend von der vertraglich begründeten »Achse Berlin-Rom«, seit 1940 auch formal als Dreierbündnis fungierend. Im weiteren Sinne gehören die verbündeten Staaten sowie die von den drei Mächten kontrollierten Satellitenstaaten zu diesem Bündnis.

16 Wojciech Jaruzelski: Mein Leben für Polen. Erinnerungen. München/Zürich 1993, S. 41.

Einsichten eines kriegs- und machterfahrenen Militärs und Politikers in Zeiten, da viele Polen noch – schon mit Bauchschmerzen – an die Sache einer sozialistischen Nation und eines Bündnisses mit sozialistischen Bruderländern im Osten, Westen und Süden glaubten. Eine Zeit, in der noch nicht die nationalistische Überhöhung einer rechtskonservativen PiS-Regierung (PiS steht für Prawo i Sprawiedliwość, d. h. Recht und Gerechtigkeit) der Gegenwart berechtigt die Opfer ehrt, aber vor allem Polen zum alleinigen Opfer verbrecherischer Nachbarn erklärt, das sich tapfer und selbstlos nur gewehrt hätte und zu lange auf sich allein gestellt ausharren musste. Und dies mit Erfolg an der Heimatfront, auf den westeuropäischen Schlachtfeldern von Monte Cassino[17] in Italien, vielleicht auch – allerdings als Bündnispartner der verhassten Sowjets – in der Schlacht von Lenino[18] in Belorussland.

Das staatsoffizielle Institut für Nationales Gedenken (Instytut Pamięci Narodowej) wird von solchen Unsicherheiten und Zweifeln der Zeitgenossen nicht geplagt. Es propagiert eine eindeutige Propagandaerzählung: Die Polen als »Die Unbezwungenen«, so der Titel eines eingängigen Animationsfilms, dargestellt, deren entscheidender Sieg der über den Kommunismus ist.[19] Das Institut und die heute herrschenden Politiker Polens konzentrieren »sich auf die fünfzig Jahre Geschichte der polnischen Nation von 1939 bis 1989, einer Periode noch nie da gewesener Veränderungen«. Diese historische Periode »umfasst die Ereignisse, die Polen und die polnische Gesellschaft während des Zweiten Weltkrieges trafen, die deutsche

17 In Monte Casino, Italien, kämpfte vom Januar bis Mai 1944 das 2. Polnische Korps, d. h. die sog. Anders-Armee, auf Seiten der Alliierten erfolgreich, wenn auch verlustreich. Die Schlacht ist Symbol des antifaschistischen Kampfes der Polen.

18 Im Oktober 1943 erhielt die auf sowjetischer Seite kämpfende Tadeusz Kościuszko Infanterie-Division bei Lenino ihre Feuertaufe, dieses Gefecht galt in der VR Polen als Geburtsstunde der Polnischen Volksarmee.

19 Siehe die englischsprachige Fassung: »The Unconquered« (2017) – theunconquered-movie.com. *[Bei allen Online-Quellen liegen die ausführlichen URLs sowie das jeweilige Abrufdatum Autor und Verlag vor.]*

und sowjetische Okkupation und die Geschichte Polens unter dem kommunistischen Regime.« Sie stellen heraus, »dass Polen das erste Land war, das gegen Hitlers und Stalins Invasionspläne stand. Das Land wurde zwischen den Invasoren aufgeteilt, und die polnische Zivilbevölkerung wurde Gegenstand der brutalen Unterdrückung sowohl durch die Nazis wie die Sowjets.«[20]

Eine Verschwörung Hitlerdeutschlands und Stalins Sowjetunion[21] gegen Polen und den Weltfrieden? Eine Legitimierung des erfolgreichen antikommunistischen Kampfes, der 1989 endlich Polen von der Verschwörung der »Judäo-Kommune«[22] befreite? Diese neue nationalistische, antikommunistische und antisemitische »Meistererzählung« der heute in Polen politische Verantwortung Tragenden ist keine Ausnahme mehr. Sie entspricht einer sich spätestens seit dem Zusammenbruch des sowjetischen Blocks, des Realsozialismus, durchsetzenden Umschreibung der Geschichte, wie wir sehen werden.

Zurück in das Jahr 1939. Denn damals war für eine Personengruppe fast von Anfang an klar, dass sie in existenzielle Gefahr geriet, wenn die Machthaber aus Berlin ihr für sie sicher nicht besonders freundliches Land besiegten – für die Juden, die nur in der Ausnahme auch die gefürchteten Kommunisten waren. Vor Tod und Vernichtung sollten sie allerdings bald alle gleich sein: Polen und

20 Institute of National Remembrance: Brief History of Poland 1939-1989. – ipn.gov.pl (Eigene Übers., St. B.).

21 Auch wenn vielfach Sowjetunion und Sowjetrussland synonym verwendet werden, ist daran zu erinnern, dass bis zum 30. Dezember 1922 auf dem Territorium des ehemaligen Russischen Reiches mehrere Sowjetrepubliken entstanden waren, deren wichtigste die Russische Föderative Sowjetrepublik war. Erst mit der Gründung der Union der Sozialistischen Sowjetrepubliken entstand die Sowjetunion. Die sowjetrussischen bzw. sowjetischen Streitkräfte hießen bis 1946 Rote Armee, richtiger: Rote Arbeiter- und Bauern-Armee.

22 Siehe mit besonderer Betonung des antisemitischen Charakters dieser Konzeption: Agnieszka Pufelska: Die »Judäo-Kommune«. Ein Feindbild in Polen. Das polnische Selbstverständnis im Schatten des Antisemitismus 1939-1948. Paderborn 2007.

polnische Juden, generell Slawen, Sowjetbürger aller Nationalitäten, Kommunisten und Antikommunisten, Arbeiter und Bourgeois. In seinen Kindheitserinnerungen schreibt der damals sechsjährige Michal Glowinski: »Das Wort. Ich erinnere mich daran, wie ich es zum ersten Mal hörte. Gleich zu Beginn des Kriegs, unmittelbar nach der Niederlage. Es kam mir zu Ohren, als man beratschlagte: Werden sie uns im Ghetto einsperren oder nicht? Ich wusste nicht, was dieses Wort bedeutet, war mir jedoch darüber im Klaren, dass es mit einem Umzug zusammenhängt. Ich erkannte, dass die Erwachsenen mit Schrecken davon sprachen, doch bildete ich mir ein, dass es ein interessantes Abenteuer werden würde. Und schließlich stellte ich mir vor, dass dieses geheimnisvolle und unverständliche Ghetto ein riesiger, vielstöckiger Wagen sei, der durch die Straßen der Stadt fuhr, gezogen von einem Dutzend Pferden. In einem solchen Wagen würden sie uns unterbringen, wir würden dort einziehen – das wäre sicherlich aufregend interessant und unterhaltsam. Ich stellte mir vor, dass es dort viele verschiedene Treppen geben würde, sodass man bequem von einem Stockwerk ins andere laufen kann, auch an Fenstern würde es nicht fehlen, nichts würde also im Wege stehen, um die unbekannte Welt zu betrachten. Dieses fantastische Fuhrwerk stellte ich mir wie einen Leichenwagen vor, eine schwarze Todeskutsche, wie man sie in unserer Stadt sah. Rasch sollte ich aber die Gelegenheit haben, mich von diesen kindlichen Phantasmagorien zu trennen – wir zogen tatsächlich um, doch wurde das nicht zu einem faszinierenden Abenteuer. Die präzise Bedeutung des Wortes sollten mich in der unmittelbaren Zukunft die direkten Erfahrungen lehren. Schon bald hegte ich keinen Zweifel mehr an seinem Sinn, obwohl es noch vor kurzem so geheimnisvoll, exotisch, fesselnd geklungen hatte.«[23]

Noch einmal zurück zu Jaruzelskis Erinnerungen an eine Zeit, in der diese einfachen Feindbilder auch schon funktionierten und

23 Michal Glowinski: Schwarze Jahreszeiten. Meine Kindheit im besetzten Polen. Mit einem Nachwort von Anna Artwinska. Hrsg. von Anna Artwinska und Peter Oliver Loew. Darmstadt 2018, 1. Kap.

das polnische Volk an den Rand der Vernichtung brachten, weil die wahren Bedrohungen und Chancen nicht begriffen werden sollten. »[W]ir [konnten] von einem zukünftigen Krieg sprechen, ohne dabei die geringste Bedrohung oder Gefahr zu empfinden. Heute erscheint das unerhört, und wenn ich daran denke, schäme ich mich. Doch damals wünschten wir uns diesen Krieg herbei. Wir könnten endlich zeigen, wozu wir fähig sind, wir würden Helden sein, wir gingen überall hin, wo wir gebraucht würden, um zu kämpfen, und wir würden diesen Deutschen zeigen, mit wem sie es zu tun hatten. Manchmal, wenn wir erfuhren, dass jemand eine neue Friedensinitiative gestartet hatte, oder wenn die Spannungen nachgelassen hatten, fragten wir uns: ›Wozu soll das gut sein?‹ Verpassen wir den Deutschen eine Tracht Prügel, marschieren wir nach Berlin und damit Schluss! Unser Alter und eine im wesentlichen romantische Vorstellung von der Geschichte – ›Wie hübsch ist doch der Krieg‹ – sind die Gründe für diese totale Leichtfertigkeit. Die Wahrheit sollte uns auf grausame Weise aus diesen Träumen reißen. Doch das kam später.«[24]

24 Wojciech Jaruzelski: Mein Leben für Polen. A. a. O., S. 41.

I.
Schlachtfeld Geschichte

Immer noch offene Fragen – und die Schwierigkeit der Antworten

Das Cover dieses Buches ziert ein wohlbekanntes Bild. Offensichtlich deutsche Soldaten zerbrechen mit fröhlicher Miene und offenbar unbehelligt einen polnischen Grenzbaum, d.h. eine Straßenschranke. Hier wurde aber nicht gekämpft, sondern mit Begeisterung inszeniert. Ein Danziger Fotograf hatte eine Gruppe deutscher Soldaten zur Verfügung, die in den letzten Tagen vor Kriegsbeginn bereits nach Danzig eingesickert waren und hier mit ortsansässigen SA-Einheiten tief im Rücken der polnischen Ostfront vollendete Tatsachen schaffen sollten. Der polnische Grenzkontrollposten Kolibki nahe des Badeorts Zoppot war längst kampflos genommen, nun wollte man beeindruckende Bilder. Der Schlagbaum wurde angesägt, ein polnisches Wappen organisiert und in die Kamera gehalten.[25]

Wohin wir schauen, überall Lügen, Verdrehungen, bewusstes Vergessen und Ausblenden der Fakten. Die Vorgeschichte und der Beginn des Zweiten Weltkrieges sind nicht so klar, wie viele, auch dickleibige, Werke suggerieren.

Thomas Mann vermutete einmal, dass es möglich sei, lang zurückliegende Geschichte so zu betrachten, als sei sie »sozusagen schon ganz mit historischem Edelrost überzogen und unbedingt in der Zeitform der tiefsten Vergangenheit vorzutragen«.[26] Das trifft

25 Siehe Gerhard Paul: BilderMACHT. Studien zur Visual History des 20. und 21. Jahrhunderts. Göttingen 2013, S. 135-154.

26 Thomas Mann. Der Zauberberg. Frankfurt/M. 1990, S. 21.

auf die Ereignisse im Umfeld des Zweiten Weltkriegs und ihre geschichtspolitische Auf- und Umarbeitung kaum zu. Wir haben es hier weniger mit »Edelrost« zu tun, umso mehr mit immer frischen Schichten historischer Neudeutungen, weniger auf Grund bahnbrechender Erkenntnisse als auf der Basis von Ideologien. Sieger schreiben Geschichte neu, das ist der gängige Spruch. Es bleibt die Frage, wer gerade gesiegt und welche historische Rechtfertigung für seinen heutigen Platz in der Geschichte und vor allem Gegenwart braucht. Seit 1989/90 wird radikal umgedeutet, gerade in Deutschland, nicht zuletzt auch in dem ersten unmittelbaren Kriegsopferland Polen.

Das vorliegende Buch macht sich nicht anheischig, in verstaubten Archiven gefundene außerordentliche Fundstücke zu präsentieren. Es will dem allgemein informierten, vor allem interessierten Leser einen Anhalt geben, was Politik, Geschichtsschreibung und mediales Geschichtsentertainment in den vergangenen Jahrzehnten erforscht, aufgeschrieben, verbreitet, interpretiert, oft genug ge- oder zumindest verfälscht haben. Der Leser und die Leserin müssen stark sein. Die gängigen Geschichtserzählungen, bewährten Muster, wer der oder die Schurken in dem Spiel um den bislang blutigsten Krieg waren, werden um neue Facetten, Widersprüche, Neuinterpretationen oder auch das Bestätigen früherer Darstellungen zu ergänzen sein. Und die »Guten«, selbst die Opfer, zumindest deren politische Führungen, werden auch nicht ungeschoren davonkommen, egal, ob in Warschau, London, Paris oder Moskau. Das Neuzeichnen der Weltkarte, das Austilgen von Völkern, die Auseinandersetzung von Ideologien sind ein zutiefst blutiges, auch schmutziges Geschäft.

Das vorliegende Buch macht sich auch nicht anheischig, dem Leser ein Gesamtbild der wissenschaftlichen Publikationen zum Thema zu entfalten und einen exklusiven Ausflug in die vielschichtigen archivalischen Überlieferungen anzubieten. Es will aber durchaus ein Wegweiser durch wissenschaftlich und politisch relevante Schriften sein, ohne zu verhehlen, dass sich der Autor von seinem Erkenntnisinteresse leiten lässt: Wie war ein solcher Krieg möglich, wer begünstigte den deutschen Faschismus zu diesem Revanchekrieg, gegen wen richtete sich dieser Krieg und Vernichtungsfeldzug, wer profitierte davon und unterstützte, ja motivierte die deutsche politische und militärische Führung entscheidend.

Es existieren heute bemerkenswerte Forschungen zur Vorgeschichte und zum Verlauf des Jahres 1939, zur Politik Deutschlands und seiner zeitweiligen Partner und schließlichen Kriegsgegner. Hervorzuheben sind die großen vielbändigen Studien von bundesdeutschen wie von DDR-Historikern zur Genese des Zweiten Weltkriegs. Das betrifft die voluminösen sechsbändigen Studien der Historiker der Akademie der Wissenschaften der DDR zum Zweiten Weltkrieg bzw. zur deutschen Kriegswirtschaft in fünf Bänden um Gerhart Hass, Dietrich Eichholtz u. a.[27] Das bundesdeutsche Pendant zu diesen Grundsatzarbeiten lieferte mit einiger zeitlicher Verzögerung das Militärgeschichtliche Forschungsamt mit seinen zehn Bänden »Das Deutsche Reich und der Zweite Weltkrieg«.[28] Bemerkenswerterweise liefern diese beiden parallelen Untersuchungen

27 Die Bände erschienen ab 1974 unter dem Titel »Deutschland im zweiten Weltkrieg«. Hier wird besonders Bezug genommen auf: Gerhart Hass (Leitung): Deutschland im zweiten Weltkrieg. Bd. 1: Vorbereitung, Entfesselung und Verlauf des Krieges bis zum 22. Juni 1941. Berlin 1974; Dietrich Eichholtz: Geschichte der deutschen Kriegswirtschaft 1939-1945 in 3 Bänden (5 Büchern). Berlin 1969ff., hier bes. Bd. I: 1939-1941. Berlin 1969. Das Gesamtwerk erschien mit Ergänzungen und Einsichten nach dem Zusammenbruch des Ostblocks im Kern unverändert 1999 in München. Diese Neuausgabe enthält sowohl ein resümierendes Vorwort des Autors als auch eine differenzierte Würdigung der historischen Leistung Eichholtz', der Grenzen und der Gültigkeit seiner Untersuchungen, die zweifelsohne generell auf die diesbezüglichen Arbeiten von DDR-Historikern anwendbar sind: Dietrich Eichholtz: Vorwort zur Gesamtausgabe 1999 und Gustavo Corni: Kritische Randbemerkungen. In: Dietrich Eichholtz: Geschichte der deutschen Kriegswirtschaft 1939-1945. Bd. I: 1939-1941. München 1999, S. VII-X bzw. S. XI-XVIII.

28 Von 1979 bis 2008 erschienen 10 Bände (mit 13 Büchern) dieses Werkes »Das Deutsche Reich und der Zweite Weltkrieg«. Hier beziehen wir uns auf Bd. 1 und 2 von 1979: Ursachen und Voraussetzungen der deutschen Kriegspolitik und Die Errichtung der Hegemonie auf dem europäischen Kontinent. Benutzt wird die Taschenbuchausgabe des 1. Bd.: Wilhelm Deist / Manfred Messerschmidt / Hans-Erich Volkmann / Wolfram Wette: Ursachen und Voraussetzungen des Zweiten Weltkrieges. Frankfurt/M. 1989, 1. akt. Aufl.

aus der Zeit des Kalten Krieges, aber auch der zunehmenden Entkrampfung der ideologischen Konfrontation bis heute nicht in Frage zu stellende Antworten auf die Probleme und Zusammenhänge des Zweiten Weltkrieges mit Bezug auf das Deutsche Reich. Sie bleiben lesenswert und bieten trotz mancher neuer Diskussionen und wichtigen Quelleneditionen unverzichtbare Argumente gegen den Geschichtsrevisionismus.

Knappe, aber aussagefähige Überblicke über den Zweiten Weltkrieg und seine Historiografie, einschließlich der verdrängten Arbeiten von DDR-Historikern[29] gibt Kurt Pätzold.[30] Zum konkreten Verlauf der Situation und wesentlichen Aspekten 1938 bis 1940 entstanden zahlreiche Einzelstudien, so die populär geschriebenen, aber tragfähigen Arbeiten von Jochen Böhler, insbesondere »Der Überfall«[31]. Tiefer in die Problematik drang ein DDR-Sammelband Ausgang der 1980er Jahre ein, der stärker nach den politischen und wirtschaftlichen Zusammenhängen und Triebkräften der Entwicklung hin zum Krieg fragte.[32] Angelsachsische Arbeiten schaffen es in jüngster Zeit, den globalen Kontext in den Blick zu nehmen.[33]

29 Zur kritischen Auseinandersetzung mit der DDR-Historiographie durch die Akteure selbst siehe z. B.: Rainer Eckert / Wolfgang Küttler / Gustav Seeber (Hg.): Krise – Umbruch – Neubeginn. Eine kritische und selbstkritische Dokumentation der DDR-Geschichtswissenschaft 1989/1990. Stuttgart 1992; Georg G. Iggers / Konrad H. Jarausch / Matthias Middell / Martin Sabrow (Hg.): Die DDR-Geschichtswissenschaft als Forschungsproblem. München 1998; Hans-Joachim Beth / Reinhard Brühl / Dieter Dreetz (Hg.): Forschungen zur Militärgeschichte. Probleme und Forschungsergebnisse des Militärgeschichtlichen Instituts der DDR. Berlin 1998; und vor allem profund: Werner Röhr: Faschismusforschung in der DDR. Eine Problemskizze. In: Bulletin für Faschismus- und Weltkriegsforschung. H. 16 (2001), S. 3-74.

30 Siehe Kurt Pätzold: Zweiter Weltkrieg. Köln 2014; ders.: Deutschland 1933-39. Vorkrieg. Köln 2016; ders.: Deutschland 1939-45. Krieg. Köln 2016.

31 Siehe Jochen Böhler: Der Überfall. Deutschlands Krieg gegen Polen. Frankfurt/M. 2009, 2. Aufl.

32 Siehe Dietrich Eichholtz / Kurt Pätzold (Hg.): Der Weg in den Krieg. Studien zur Geschichte der Vorkriegsjahre (1935/36 bis 1939). Berlin 1989.

33 Siehe z. B. Frank McDonough (Ed.): The Origins of the Second World War. An International Perspective. London / New York 2011.

Zu verweisen ist auf das Buch von Carl Dirks / Karl-Heinz Janßen[34] zur Rolle der Generalität bei der Kriegsvorbereitung seit Beginn der 1920er Jahre wie auf Rolf-Dieter Müllers[35] erhellende Studie zur unverändert in Richtung Osten, gegen die Sowjetunion gerichtete deutsche Außen- und Militärpolitik. Zu nennen sind unbedingt die Arbeiten der Wissenschaftler um Werner Röhr mit ihren acht Bänden zur »Okkupationspolitik des deutschen Faschismus (1938-1945)«.[36]

Für die Erarbeitung des vorliegenden Buches war die schmale Schrift »So werden Kriege gemacht« von Karl-Heinz Gräfe[37] außerordentlich hilfreich, der sich des Themas nicht zuletzt über die Auswertung der Akten und Urteile des Nürnberger Prozesses gegen die Hauptkriegsverbrecher und der Folgeprozesse annahm.[38] In Nürnberg wurden grundlegend die Vorbereitung und Durchführung eines Angriffskrieges und ein weiter Komplex von Kriegs-

34 Siehe Carl Dirks / Karl-Heinz Janßen: Der Krieg der Generäle. Hitler als Werkzeug der Wehrmacht. Berlin 1999, 3. Aufl.; siehe aber auch schon aus der Feder eines DDR-Historikers: Karl Nuß: Militär und Wiederaufrüstung in der Weimarer Republik. Zur politischen Rolle und Entwicklung der Reichswehr. Berlin 1977; Hermann Rahne: Mobilmachung. Militärische Mobilmachungsplanung und -technik in Preußen und im Deutschen Reich von Mitte des 19. Jahrhunderts bis zum Zweiten Weltkrieg. Berlin 1983.

35 Siehe Rolf-Dieter Müller: Der Feind steht im Osten. Hitlers geheime Pläne für einen Krieg gegen die Sowjetunion im Jahr 1939. Berlin 2011.

36 Hier vor allem: Die faschistische Okkupationspolitik in Polen (1939-1945). Dokumentenauswahl und Einleitung von Werner Röhr. Nacht über Europa. Die Okkupationspolitik des deutschen Faschismus (1938-1945). Bd. 2. Köln 1989 (identisch mit der DDR-Ausgabe Berlin 1989). Siehe auch: Werner Röhr / Brigitte Berlekamp / Karl Heinz Roth (Hg.): Der Krieg vor dem Krieg. Politik und Ökonomik der »friedlichen« Aggressionen Deutschlands 1938/39. Hamburg 2001; Werner Röhr: Vom Annaberg nach Gleiwitz. Zur Vorgeschichte des deutschen Überfalls auf Polen am 1. September 1939. Berlin 2009.

37 Karl-Heinz Gräfe: So werden Kriege gemacht. Schicksalsjahr 1939: Weg in den Zweiten Weltkrieg (= Pankower Vorträge. H. 190). Berlin 2014.

38 Siehe Der Nürnberger Prozeß. Das Protokoll des Prozesses gegen die Hauptkriegsverbrecher vor dem Internationalen Militärgerichtshof, 14. November 1945 - 1. Oktober 1946. Mit einer Einführung von Christian Zentner (= Digitale Bibliothek. Bd. 20). Berlin 1999 (CD-ROM).

verbrechen und Verbrechen gegen die Menschlichkeit justiziabel. Diese Dokumente sind immer noch ein wichtiger und tragfähiger Zugang zu Vorgeschichte und Verlauf des Zweiten Weltkrieges hinsichtlich des Handelns der deutschen politischen und militärischen Führung.

Zum Verständnis des Charakters dieses Krieges, seit seinem ersten Kriegstag ein Vernichtungskrieg gegen die polnischen Eliten, gegen die jüdischen Bürger im polnischen Staat und schließlich gegen die Polen generell, tragen insbesondere die Arbeiten von Böhler und deutschen wie polnischen Mitstreitern bei.[39] Zu den besonderen Problemstellungen, die sich aus der Geschichte der beiden Schlüsselverträge ergeben, d.h. das Münchner Abkommen vom September 1938 und das deutsch-sowjetische Vertragswerk vom August bis Oktober 1939, liegen sehr aussagefähige Sammelwerke vor, in denen deutsche, polnische, britische, französische und russische Historiker ihre gar nicht so verschiedenen Ansichten vorlegen.[40] Hilfreich ist die fast unüberschaubare Zahl fundierter Quelleneditionen zur Vorgeschichte und Geschichte des Weltkrieges. Zu nennen sind die Akten der Nürnberger Prozesse[41] ebenso wie die umfassende Veröffentlichung der Akten des Auswärtigen

39 Siehe Jochen Böhler: Auftakt zum Vernichtungskrieg. Die Wehrmacht in Polen 1939. Frankfurt/M. 2006; Jacek Andrzej Mlynarczyk / Jochen Böhler (Hg.): Der Judenmord in den eingegliederten polnischen Gebieten 1939-1945. Osnabrück 2010; Jochen Böhler / Stephan Lehnstaedt (Hg.): Gewalt und Alltag im besetzten Polen 1939-1945. Osnabrück 2012; dies. (Hg.): Die Berichte der Einsatzgruppen aus Polen 1939. Vollständige Edition. Berlin 2013.

40 Siehe Manfred Sapper / Volker Weichsel (Hg.): Der Hitler-Stalin-Pakt. Der Krieg und die europäische Erinnerung (= Osteuropa. H. 7-8/2009). Berlin 2009. Siehe aber z.B. die heutige russische Sicht: M.I. Mel'tjuhov [Michail Iwanowitsch Meltjuchow]: Upushhennyj shans Stalina. Sovetskij Sojuz i bor'ba za Evropu: 1939-1941. Moskva 2000.

41 Hier wurde verwendet: Das Urteil von Nürnberg. Materialien und Dokumente zum Prozeß gegen die Hauptkriegsverbrecher vor dem Internationalen Militärgerichtshof. 14. November 1945 - 1. Oktober 1946. Mit einer Einführung von Christian Zentner. (=Digitale Bibliothek Spektrum 5). Berlin 2000.

Amtes.[42] Ergänzt werden diese staatsoffiziellen Konvolute durch die Arbeit deutsch-sowjetischer Forscher zu den Beziehungen beider Staaten in dem hier untersuchten Zeitraum.[43] Unverzichtbar ist der Rückgriff auf von marxistischen Historikern zusammengestellte Dokumenteneditionen, die nachdrücklich den Zusammenhang von Großkapital, Militär und faschistischer Bewegung bzw. ab 1933 faschistischem Staat dokumentieren.[44]

42 Noch von der britischen Siegermacht begonnen bietet die Dokumenten-Überlieferung der deutschen Außenpolitik wesentliche Einsichten in die Politik der Weimarer Republik und des »Dritten Reiches«: Akten zur deutschen auswärtigen Politik 1918-1945. Aus dem Archiv des Auswärtigen Amtes (im Weiteren: ADAP). Göttingen u. a. ab 1950, insgesamt 75 Bde. Ein Beispiel sowjetischer Archivarbeit siehe Ministerstwo inostrannych del SSSR – Sawedujuschtschij redakziej A. W. Nikol'skij: Dokumenty i materialy kanuna wtoroj mirowoj 1937-1939 w dwuch tomach. Tom 1 nojabr' 1937 - dekabr' 1938 g, Tom 2 janwar' – awgust 1939 g. Moskva 1981.

43 Siehe Deutschland und die Sowjetunion 1933-1941. Dokumente aus russischen und deutschen Archiven. Im Auftrag der Gemeinsamen Kommission für die Erforschung der jüngeren Geschichte der deutsch-russischen Beziehungen – Hrsg. von Sergej Slutsch und Carola Tischler unter Mitarbeit von Lothar Kölm. München 2014ff. Derzeit liegen für den Zeitraum 1933-1937 die Bde. 1 und 2 in jeweils zwei Teilbänden vor. Mit dem Schwerpunkt kommunistischer nationaler und internationaler Parteipolitik: Hermann Weber / Jakov Drabkin / Bernhard H. Bayerlein (Hg.): Deutschland, Russland, Komintern – II. Dokumente (1918-1943). Nach der Archivrevolution: Neuerschlossene Quellen zu der Geschichte der KPD und den deutsch-russischen Beziehungen. Wissenschaftliche Bearbeitung: Bernhard H. Bayerlein und Gleb J. Albert. Unter Mitarbeit von Marianna Korcagina und Natal'ja Lebedeva. Teilband 1. Berlin/München/Boston 2015.

44 Wichtig sind hier: Dietrich Eichholtz / Wolfgang Schumann (Hg.): Anatomie des Krieges. Neue Dokumente über die Rolle des deutschen Monopolkapitals bei der Vorbereitung und Durchführung des zweiten Weltkrieges. Berlin 1969; Wolfgang Schumann / Ludwig Nestler (Hg.): Weltherrschaft im Visier. Dokumente zu den Europa- und Weltherrschaftsplänen des deutschen Imperialismus von der Jahrhundertwende bis Mai 1945. Berlin 1975; Reinhard Opitz (Hg.): Europastrategien des deutschen Kapitals 1900-1945. Köln 1977; Ulrike Hörster-Philipps: Großkapital und Faschismus 1918-1945. Dokumente. Köln 1981, 2. Aufl. [1978]; Kurt Gossweiler: Kapital, Reichswehr und NSDAP 1919-1924. Berlin 1982; Der zweite Weltkrieg. Dokumente. Ausgewählt und eingeleitet von Gerhard Förster / Olaf Groehler. Berlin 1974, 2. Aufl.

Im Streit um Werte und Bewertungen

Mit dem deutschen Überfall auf Polen begann der Zweite Weltkrieg. Ein einfaches Faktum, das viele Fragen offenlässt: Wann begann er wirklich, erst am 1. September 1939? War dieser Krieg zu vermeiden? Ahnten die Großmächte die Gefahr eines neuen, nun Revanche-Waffenganges, nach dem nur zwei Jahrzehnte zurückliegenden Ersten Weltkrieg? Warum konnte das faschistische Deutschland sich ab 1933 ungehindert hochrüsten und Schritt für Schritt seinen Machtbereich ausweiten? Gab es noch andere Mächte, die in ähnlicher Weise aktiv und gewaltsam die Karten Südeuropas und Nordafrikas bzw. Asiens neu zeichnen wollten, also das faschistische Italien und das kaiserliche Japan?

Für Marxisten war das Ziel dieser Gewaltpolitik eigentlich klar. Am Vorabend des Ersten Weltkriegs[45] wusste Karl Kautsky, der führende Theoretiker der deutschen Sozialdemokratie: »Bei einem Kriege zwischen Deutschland und England steht nicht die Demokratie, sondern die Weltherrschaft, das heißt die Ausbeutung der Welt in Frage.«[46] Das hatte im Weltkrieg Lenin wenige Jahre später, als Kautsky schon längst Verständnis für die Vaterlandsverteidigung erlangt hatte, als gültige Aussage gewürdigt und war Leitmotiv marxistischer Historiker. Angesichts des nun laufenden blutigen Krieges war Lenin sich sicher: »Kriege sind die Fortsetzung der Politik; deshalb ist, wenn um die Demokratie gekämpft wird, auch ein Krieg um der Demokratie willen möglich; die Selbstbestimmung der Nationen ist nur eine der demokratischen Forderungen, die sich von den anderen grundsätzlich nicht unterscheidet. ›Weltherrschaft‹ ist, kurz gesagt, der Inhalt der imperialistischen Politik, deren Fortsetzung der imperialistische Krieg ist […] Einen imperialistischen

45 In diesem Buch wird oft auch der zeitgenössische Begriff des »Weltkriegs« oder des »großen Kriegs« verwendet, das entsprach dem damaligen Horizont der Akteure und Völker.

46 Karl Kautsky: Der Kongreß von Kopenhagen. In: Die Neue Zeit vom 26. August 1910, S. 776.

Krieg dadurch beschönigen, dass man den Begriff ›Vaterlandsverteidigung‹ auf ihn anwendet; ihn folglich für einen demokratischen Krieg ausgibt, heißt die Arbeiter betrügen und auf die Seite der reaktionären Bourgeoisie übergehen.«[47]

Genau dies wird der zweite der Weltkriege des 20. Jahrhunderts in Frage stellen. Hier gab es eine zwischenimperialistische Konkurrenz und eine strikte gemeinsame klassenkämpferische Ablehnung des aufstrebenden staatlich organisierten Sozialismus und der Arbeiterbewegung. Gleichzeitig war aber dieser deutsche Faschismus wie seine italienischen, japanischen und anderen Kumpane so strikt menschenverachtend und -vernichtend, so antidemokratisch und terroristisch, dass die Verteidigung der Demokratie, des Lebensrechtes aller Völker und Menschen, das Bündnis der unversöhnlichen Klassenfeinde gegen einen weit gefährlicheren Feind notwendig und möglich wurde – nach vielen Opfern.

Es gab genug Gelegenheiten, dem Treiben der braunen Machthaber Deutschlands, aber auch ihrer baldigen italienischen und japanischen Verbündeten, Einhalt zu gebieten: Bei der schrittweisen Revision der militärischen Auflagen des Versailler Vertrags durch die Wiedereinführung der Wehrpflicht, die Aufstellung der Luftwaffe, die durch Großbritannien vertraglich sanktionierte Flottenaufrüstung, Anschluss des Saarlandes und der Remilitarisierung des Rheinlandes, im Spanischen Bürgerkrieg, beim »Anschluss« Österreichs, in der Sudetenkrise und bei der Zerschlagung der Tschechoslowakei, der Wiedereingliederung des Memelgebietes. Ähnliches könnte hinsichtlich der Expansionsbestrebungen Italiens gegen Abessinien und Libyen oder Japans gegen China genannt werden. Auch wenn in dem vorliegenden Buch das Deutsche respektive nach dem »Anschluss« Österreichs das Großdeutsche Reich[48] im Mittel-

47 Waldimir Iljitsch Lenin: Über eine Karikatur auf den Marxismus und über den »imperialistischen Ökonomismus«. In: ders.: Werke. Bd. 22. Berlin 1960 (im Weiteren: LW), S. 26.

48 Im Buch werden die Begriffe Deutsches Reich, Großdeutsches Reich ab 1938 Deutschland, Nazideutschland, Hitlerdeutschland synonym verwendet.

punkt steht, ist der Bezug auf diese beiden Verbündeten, aber auch deren Stellung in der Weltpolitik nicht zu unterschätzen.

Offenbar trieb nicht nur Friedenssehnsucht die westlichen Großmächte, sondern auch die Erwartung, dass Hitler und sein Drittes Reich sich »Lebensraum« erobern könnten – im Osten. Antikommunismus und Antisowjetismus waren wichtiger als die faschistische Diktatur. Das Gerede von den zwei totalitären Diktaturen und das Adeln der deutschen Faschisten mit ihrer Eigenbezeichnung National»sozialisten«[49] verschließen die Augen vor tatsächlich unlösbaren Konflikten diametral entgegengesetzter Gesellschaftsordnungen ebenso wie vor der Kumpanei gleichermaßen auf Kapitalinteressen fixierter Wirtschaften und ihrer politischen Führer.

Die 1930er Jahre sind reich an politischen, diplomatischen und militärischen Konflikten. Nazideutschland, Italien und Japan schickten sich auf drei Kontinenten an, ihre Macht auszuweiten und Völker zu unterwerfen. Der Widerstand der internationalen Völkergemeinschaft fiel lau aus, der Völkerbund versagte und die wiederholten Anläufe für ein System kollektiver Sicherheit antiaggressiver Staaten und für Militärbündnisse verliefen im Sande.

---

49 In der vorliegenden Arbeit wird als übergreifender Begriff für die diktatorische, aggressive Politik und Gesellschaftsgestaltung der Begriff Faschismus verwendet. Er ermöglicht es, unterschiedliche Ausprägungen dieser damaligen Diktaturen zu erfassen, wobei jede ihrer Ausprägungen vom faschistischen Italien über die faschistoide Ständestaat-Diktatur in Österreich bis 1938, das klerikalfaschistische Regime der Slowakei ab 1939 oder den spanischen Falange-Faschismus ab 1936/39 selbstredend genauer betrachtet werden muss. Die heute gängige Übernahme des Eigenbegriffs der deutschen Faschisten »Nationalsozialismus« für die deutsche Diktatur verklärt dieses Regime und beschädigt (gewollt) seinen Konterpart, den Sozialismus, nebenbei bemerkt auch den nicht terroristisch praktizierten »Nationalismus«. Siehe dazu weiterführend z. B.: Reinhard Kühnl: Formen bürgerlicher Herrschaft. Liberalismus – Faschismus. Reinbek bei Hamburg 1971; Dietrich Eichholtz / Kurt Gossweiler (Hg.): Faschismusforschung. Positionen, Probleme, Polemik. Berlin 1980. Siehe auch: Wolfgang Wippermann: Faschismustheorien. Die Entwicklung der Diskussion von den Anfängen bis heute. Darmstadt 1997, 7., überarb. Aufl.; ders.: Faschismus. Eine Weltgeschichte vom 19. Jahrhundert bis heute. Darmstadt 2009. Ein heutiger Blick auf die Faschismuskritik und ihre Kontroverseren findet sich bei: Werner Röhr: Faschismusforschung im Spiegel der Kritik. Berlin 2014.

Im Westen waren es wenige weitsichtige Politiker wie Winston Churchill, einflussreich, aber am Vorabend des Krieges fern der Schalthebel der Macht, die Hitlers Aufstieg und seinen Griff nach zunächst europäischer Vorherrschaft jenseits aller ideologischen Scheuklappen betrachteten. Während die konservativen Tory-Politiker ihr Appeasement, ihre Beschwichtigungspolitik gegenüber Nazideutschland, betrieben und hofften, dass Hitler sich gen Osten, gegen die Sowjetunion und den Weltkommunismus wenden würde, sah dies Churchill anders. Gestandener rabiater Antikommunist, Feind der frühen Sowjetunion und Gegner der Arbeiterbewegung, der er war, verkörperte er im Unterschied zur damaligen konservativen britischen Regierung den nüchternen Rechner. Im vertraulichen Gespräch mit dem sowjetischen Botschafter in London, Iwan Michailowitsch Maiski, machte er im März 1938 aus seinem Herz keine Mördergrube. »Nehmen wir einmal an, dass ein (vom deutschen Faschismus dominiertes; St. B.) ›Mitteleuropa‹ für euch und uns gleich gefährlich ist. Folgt daraus nicht, dass wir im Kampf gegen Hitlers Deutschland gemeinsame Sache machen müssten?« Seine Vision wäre eine »›große Allianz‹ unter der Ägide des Völkerbundes, eine Einheitsfront aus Großbritannien, Frankreich, der Kleinen Entente (d. h. Tschechoslowakei, Jugoslawien und Rumänien; St. B.) und der UdSSR. Heute stellt der Kommunismus keine große Gefahr für das Empire dar. Heute geht die größte Bedrohung für das Britische Empire vom deutschen Nazismus mit seiner Vision einer globalen Hegemonie aus. Deshalb scheue ich gegenwärtig keine Mühe, den Kampf gegen Hitler zu führen. Wenn eines schönen Tages die faschistische deutsche Bedrohung verschwindet und die kommunistische Bedrohung wieder ihr Haupt erhebt, dann – das sage ich Ihnen offen – würde ich die Fahne des Kampfes gegen euch erneut hissen. Ich erwarte jedoch nicht, dass das in naher Zukunft so kommt oder mindestens nicht zu meinen Lebzeiten.« Maiski merkt in seinen Notizen an, dass Churchill 63 Jahre alt war. »Bis dahin ist unser Weg derselbe«, so Churchill. »Deswegen spreche ich mich für die Idee einer ›großen Allianz‹

und vielleicht einer engeren Zusammenarbeit zwischen London, Paris und Moskau aus.«[50]

Heute wird der deutsch-sowjetische Nichtangriffsvertrag, der Pakt, als entscheidend für den Angriff auf Polen gewertet. Timothy Snyder hat mit seinen »Bloodlands« die abscheulichen Verbrechen von Hitlers Deutschland und Stalins Sowjetunion in einen großen, untrennbaren, allerdings vom Osten ausgehenden Zusammenhang gestellt, in dem jenes Gebiet zwischen Oder und Bug bzw. Don zu einer Vernichtungszone erklärt wird, in der beide Diktatoren ihren Wahn zu Lasten der Juden, deutscherseits aber auch der Slawen, ausgelebt hätten. Verhängnisvolle Nebenwirkungen großer sozialer Umbrüche, Hungersnöte und Massenerschießungen bzw. Vergasungen und die gezielte Tötung »minderwertiger Rassen« werden im gleichen Atemzug angesprochen. Für Snyder gibt es keinen Zweifel: »Dies ist eine Geschichte politischer Massenmorde. Die vierzehn Millionen waren alle Opfer einer sowjetischen oder nationalsozialistischen Mordpolitik, oft in Zusammenarbeit beider Länder, aber keine Kriegsopfer. Ein Viertel von ihnen wurde noch vor Kriegsbeginn ermordet. Weitere 200.000 starben zwischen 1939 und 1941, während Deutschland und die Sowjetunion Europa als Verbündete neu formten. Der Tod der vierzehn Millionen wurde teilweise in Wirtschaftsplänen projiziert oder durch wirtschaftliche Überlegungen beschleunigt, aber nicht durch eine wie auch immer geartete ökonomische Notwendigkeit verursacht. Stalin wusste, was geschehen würde, als er den hungernden Bauern der Ukraine 1933 die Nahrung wegnahm, genau wie Hitler wusste, was geschehen würde, als er acht Jahre später den sowjetischen Kriegsgefangenen die Versorgung mit Lebensmitteln vorenthielt. In beiden Fällen starben über drei Millionen Menschen. Die Hunderttausenden erschossenen sowjetischen Bauern und Arbeiter während des Großen Terrors 1937/38 waren Opfer von ausdrücklichen Befehlen Stalins,

50 Iwan Michailowitsch Maiski: Die Maiski-Tagebücher. Ein Diplomat im Kampf gegen Hitler 1932-1943. Hrsg. von Gabriel Gorodetsky. München 2016, S. 200.

genau wie die zwischen 1941 und 1945 vergasten und erschossenen Millionen Juden einer expliziten Politik Hitlers zum Opfer fielen.

Der Krieg veränderte das Gleichgewicht des Mordens. In den dreißiger Jahren war die Sowjetunion das einzige Land in Europa gewesen, das politische Massenmorde durchführte. In den sechseinhalb Jahren vor dem Zweiten Weltkrieg ermordete das NS-Regime nicht mehr als etwa 10.000 Menschen. Stalins Regime hatte 1939 bereits Millionen verhungern lassen und fast eine Million Menschen erschossen. Zwischen 1939 und 1941, nachdem der Pakt mit Stalin Hitler den Angriff auf Polen erlaubt hatte, näherten sich die deutschen Massenmorde den sowjetischen an. Im September 1939 griffen die Wehrmacht und die Rote Armee Polen an. Deutsche und sowjetische Diplomaten unterzeichneten einen Freundschafts- und Grenzvertrag, und ihre Truppen hielten das Land fast zwei Jahre lang besetzt.«[51]

Einmal abgesehen von der fehlenden differenzierten Analyse der Vorgeschichten, Ursachen und konkreten Zusammenhänge der hier benannten Verbrechen, aber auch von Fehlentscheidungen mit tödlichem Ausgang sowie der Wechselwirkung mit internationalen Konflikten und Bedrohungen erfolgt regelmäßig der Verzicht auf die Analyse der Handlungszusammenhänge und der Abfolge bestimmter Schritte und Entscheidungen.

Wie so oft wird vergessen, welche Daten wichtig sind und warum, ebenso die Motivationen der handelnden Akteure. Das betrifft gerade die unmittelbare Vorgeschichte des Kriegsbeginns 1939 und des Handelns bzw. Nichthandelns ihrer wichtigsten Akteure. Vergessen wird, dass dem deutsch-sowjetischen Nichtangriffsvertrag und seinen unsäglichen, aber nicht ungewöhnlichen Geheimprotokollen ein München 1938 vorherging, wo die westlichen Demokraten ohne mit der Wimper zu zucken die demokratische Tschechoslowakei dem deutschen Aggressor opferten. Das sehen heute auch kritische

51 Timothy Snyder: Bloodlands. Europa zwischen Hitler und Stalin. München 2011, S. 12.

angloamerikanische Wissenschaftler. So schreibt Arthur Upham Pope, US-amerikanischer Historiker, Sowjetunion- und Asienkenner: Der von der Münchener Konferenz kommende französische Premier Édouard »Daladier, der nach Paris mit einigen Befürchtungen zurückkehrte, dass die französische Bevölkerung sich gegen ihn erheben würde, war erstaunt über die großen Menschenmengen und deren tosende Zustimmung dafür [weil sie meinten], dass Frankreich vor den gefürchteten Schrecken des Krieges gerettet sei. Mr. Chamberlain war noch voller Illusionen. Beim Heraustreten aus dem Flugzeug in Croydon, war er jubelnd sicher, dass er den ›Frieden in unserer Zeit‹ erreicht hatte. [Der sowjetische Außenminister] Litvinoff wusste es besser. Die Moskauer Presse wusste es besser. Sie schrieb: ›München ist ein Verbrechen gegen den echten Frieden.‹ Die amerikanische Presse war auch verächtlich und skeptisch.«[52]

Während in London und Paris noch gejubelt wurde, war die Tschechoslowakei ein Bauernopfer, das nicht einmal den »Frieden dieser Zeit« langer als auch nur für elf Monate retten konnte. Die ganzen 1930er Jahre, nach dem Machtantritt Hitlers und der zunehmend aggressiven Politik seines Landes, ließen Befürchtungen aufkommen, die zum Ende des Jahrzehnts Wirklichkeit wurden. Kollektive Sicherheit als ein völkerrechtliches System schien eine Lösung zu sein: Wenn Frankreich, Großbritannien, gar die Sowjetunion und möglichst viele ost- und südosteuropäische Staaten gemeinsam handeln würden.

Der sowjetische Volkskommissar für Auswärtige Angelegenheiten, also Außenminister, Maxim Maximowitsch Litwinow war aber schon im Sommer 1937 skeptisch, denn er sah, was sich Deutschland, auch Italien in Europa leisten konnten. »Die Kräfte, die für den Frieden stehen, sind leider weniger entschlossen, haben weniger Energie und sind weniger vereint, als die Kräfte, die gegen sie stehen [...] Es ist keine Frage der Bildung militärischer Allianzen und Ligen

52 Arthur Upham Pope: Maxim Litvinoff. A Biography. New York 1943, S. 26 (eigene Übers., St. B.).

zum Zwecke der Kräftekonzentration der einen gegen die Kraft der anderen auf dem Schlachtfeld. Die Aufgabe des Augenblicks ist es unserer Meinung nach, das Potenzial des Friedens zu konsolidieren, wenn man das so sagen darf. Dieses Potenzial besteht nicht nur aus der Verteidigungskapazität der friedfertigen Staaten«. Dazu gehören die völkerrechtlichen Verträge eines friedlichen Zusammenlebens. Aber: »Das Potenzial des Friedens in seiner Gesamtheit spielt eine große Rolle bei der Verzögerung Aggression. Die Verminderung irgendeines Elements dieser möglichen Mittel ermutigt das Entfesseln von Aggression und folglich erhöht es die Gefahr des Krieges.«[53]

Die Folgemonate im Herbst und Winter 1938/39 zeigten, dass Hitler und sein Machtklüngel sich nicht mehr mit friedlichen Eroberungen zufriedengaben. Die Zeichen standen auf Krieg, es blieb nur offen: gegen wen und wann und mit welcher Konsequenz.

Der Blick auf die Kriegspolitik Deutschlands ist auch ein Blick auf die Verantwortlichen, die nicht nur in Gestalt des »Führers« und seines Machtklüngels festzumachen sind. Die Führungsfiguren des deutschen Monopolkapitals hatten klare Vorstellungen von dem, was sie in einer östlichen »Großraumwirtschaft« erwarten, ausbeuten und auspressen konnten. Sie standen bereit, die Beute zu übernehmen.

Mit dem Beginn des Krieges brachen alle Dämme: Unmenschlichkeit und Mordlust der Faschisten wurden Alltag. In Polen waren Intellektuelle und Juden Ziel von »Sonderaktionen« und ersten systematischen Massakern. In Deutschland selbst wurde die Gelegenheit genutzt, die terroristische Macht weiter zu festigen und gleichzeitig mit den Euthanasie-Morden den Weg in die industrielle Massenvernichtung unliebsamer Bevölkerungsteile zu gehen. Das Schlimme: die Deutschen, auch die Arbeiter, begannen sich an diesen Krieg zu gewöhnen und ihm zu dienen. Der Widerstand war so heldenhaft wie schwach.

53 Zitiert in: Arthur Upham Pope: Maxim Litvinoff. A. a. O., S. 424 f. (Eigene Übers., St. B.).

Dass die Deutschen ihrem Führer folgten, war verhängnisvoll und lässt nach dem Erfolg von Manipulation und Korruption fragen. Misslicher ist, dass auch die westlichen Demokratien reinem Machtkalkül und Antikommunismus erlagen und die Sowjetunion nur bedingt die Risiken ihrer Entscheidungen erkannte. Heute haben wir die Erfahrung dieses mörderischen Krieges, sehen aber, dass wenig aus ihm gelernt wurde. Gerade darum ist unverzichtbar, seine Vorgeschichte aus dem Nebel der Verklärung und Täuschung zu befreien und nach den Verantwortungen, den Wechselwirkungen und den internationalen Rahmenbedingungen zu fragen.

Eine Geschichte mit wenigen Geheimnissen, aber vielen Lügen und Fälschungen

2019 jährte sich der Beginn des Zweiten Weltkriegs zum achtzigsten Mal. Dieser Krieg, sein Verlauf, seine Opfer und seine politischen Folgen haben die Zeit des Kalten Krieges und der Systemkonfrontation nachhaltig beeinflusst. Aber bis heute sind die Weichenstellungen, Interpretationen und die geografischen Folgen für viele Staaten Europas, Afrikas und Asiens unverändert wirksam. Relativ unstrittig ist die zentrale Rolle des faschistischen Deutschlands für die Auslösung dieses Krieges, für seinen von Anfang an besonders verbrecherischen, völkermordenden Verlauf und für die aus der Niederlage des Deutschen Reiches sich ergebende Spaltung Deutschlands, aber auch Europas und der Welt. Allerdings ist die dominierende Sicht auf Hitler als Alleinschuldigen und das alleinige Herausstellen seines Anspruchs, die deutsche »Herrenrasse« gegen die anderen durchzusetzen und ihr den notwendigen »Lebensraum« im Osten zu verschaffen, gelinde gesagt verführerisch irritierend. In der verkürzten Form der Populärwissenschaft, die so modern geworden ist und eigentlich komplexe Vorgänge erklären will, ist dies auch heute zu lesen: »Hitlers Krieg«, so der Titel in einer weit verbreiteten und lesefreundlich aufgemachten Zeitschriftenreihe der *Zeit*.[54] Aber letztlich greift auch diese Populär-Darstellung wie viele sensationsheischend aufgemachte Artikel in den Medien und die einschlägigen Fernsehdokumentationen nur eine Herangehensweise auf, die seit Jahrzehnten in einer konservativen Geschichtsschreibung praktiziert wird. Stilprägend, aber weder der erste noch der letzte, der letztlich Hitler die Schuld an der deutschen Misere und dem Unglück der Welt zuschreibt, war Joachim Fest mit seinem Aufsatz »Hitlers Krieg« in den renommierten *Vierteljahresheften für Zeitgeschichte*.[55]

Wissenschaftler mit seriösem Anspruch und vielen Fußnoten in ihren Schriften sehen es aber auch nicht viel anders. Klaus Hildebrand, ein einflussreicher bundesdeutscher Historiker, kommt in einem voluminösen Band zu deutscher Außenpolitik von Bismarck bis Hitler zu der bahnbrechenden Einsicht: »Im Krieg erfüllte sich das blutige Gesetz, unter dem Hitler und der Nationalsozialismus angetreten waren. Vollends wich politisches Handeln einem atavistischen Kampf, der weit über Eroberung und Zerstörung hinaus unstillbarer Raumgier nachgab und utopischer Rassenherrschaft diente […] Es war, was die deutsche Seite betrifft, vor allem die Triebkraft des Rassischen, die das zweite Völkerringen vom ersten [1914-1918 – St. B.] fundamental abhob. Dieser Unterschied gilt ungeachtet all der Erscheinungen und Kontinuitätslinien, die beide Kriege miteinander verbinden, weil manches von dem, was Ludendorff plante und tat, an Hitler erinnert und ins ›Dritte Reich‹ führte. Die wesentliche Differenz bleibt unübersehbar: Mit dem Beginn

54 Siehe Frank Werner, u. a.: Hitlers Krieg. 1939 – Europas Weg in den Abgrund. ZEIT Geschichte. Hamburg. H. 2/2019.

55 Siehe Joachim Fest: Hitlers Krieg. In: Vierteljahreshefte für Zeitgeschichte. München (im weiteren: VfZ). H. 3/1990, S. 359-374; sein Weißwaschen der deutschen Eliten »begeistert« ähnlich wie kurz nach der Niederlage die Abrechnung von Generalfeldmarschall Erich von Manstein, der die Niederlagen auch dem Führer in die Schuhe schob, um die Generalität zu rehabilitieren und sich in den Zeiten der Remilitarisierung den neuen Mächtigen in Bonn und Washington für neue Aufgaben gegen den alten Feind anzudienen: Erich v[on] Manstein: Verlorene Siege. Bonn 1955.

der militärischen Auseinandersetzung wurden für den nationalsozialistischen Diktator ›Waffenkrieg‹ und ›Rassenkrieg‹ umgehend eins. Der Angriff auf Polen gab ein furchtbares Startzeichen: Nach und nach wurde jene bis dahin trotz aller Verletzungen vorhandene Grenze frevlerisch überschritten, die das Humane unter religiösen oder moralischen Schutz gestellt hatte. Dem Wahn des rassischen Dogmas war von nun an, vorerst noch unter weitestgehender Geheimhaltung, mit voranschreitender Zeit des sich ausweitenden Krieges jedoch zunehmend ungehindert, die abschüssige Bahn in die ›deutsche Katastrophe‹ bereitet.«[56]

Diese Fixierung auf den Rassenwahn, also einen eher irrationalen Aspekt, und die Person des Führers sind typisch für eine Geschichtsschreibung, die sich nicht auf die harten sozialökonomischen Fakten verlassen will. Hier soll keine Lanze für einen primitiv-materialistischen Ansatz gebrochen werden, der nur die Interessen der großen Kapitalisten und Junker im Blick hat. Eine dialektische Herangehensweise im Marx'schen Sinne weiß sehr wohl um die Vielgestaltigkeit der Faktoren, die politische, militärische wie ökonomische Entscheidungen beeinflussen. »Die ökonomische Lage ist die Basis, aber die verschiedenen Momente des Überbaus – politische Formen des Klassenkampfs und seine Resultate – Verfassungen, nach gewonnener Schlacht durch die siegende Klasse festgestellt usw. – Rechtsformen, und nun gar die Reflexe aller dieser wirklichen Kämpfe im Gehirn der Beteiligten, politische, juristische, philosophische Theorien, religiöse Anschauungen und deren Weiterentwicklung zu Dogmensystemen, üben auch ihre Einwirkung auf den Verlauf der geschichtlichen Kämpfe aus und bestimmen in vielen Fällen vorwiegend deren *Form.*«[57] In diesem Sinne muss Geschichtsschreibung sehr wohl zur Kenntnis nehmen, dass sich Kon-

---

56 Klaus Hildebrand: Das vergangene Reich. Deutsche Außenpolitik von Bismarck bis Hitler 1871-1945. Stuttgart 1995, S. 705.

57 Friedrich Engels: Engels an Joseph Bloch. 21./22. September 1890. In: Karl Marx / Friedrich Engels: Werke. Bd. 37. Berlin 1967 (im Weiteren: MEW), S. 463.

zepte – zur Not auch Wahnvorstellungen – in den Köpfen der führenden politischen Akteure und ihrer willfährigen, manipulierten Nachbeter verselbständigen können. Aber sie erinnert auch daran, dass solche Ideen und ihre Akteure nicht im luft- und machtleeren Raum agieren, dass sie Finanziers, Waffenschmiede, Diplomaten, Generäle benötigen und diese selbst in einer schlimmen terroristischen Diktatur ihre eigenen Vorstellungen haben. Nur dumm, wie beim deutschen Faschismus, seinen italienischen und japanischen militaristischen Pendants, Wahnideen und Herrenmenschenträume gut zusammenpassten mit imperialistischen Profitinteressen. Ohne Expansion – mit welchen Mitteln auch immer – kein Profit in der gewünschten möglichst unbegrenzten Höhe – aber auch keine Mittel, um die einfachen Bürger ruhigzustellen und sie möglichst zu Mittätern zu machen.[58]

Mit dem Ende der Blockkonfrontation und dem Untergang der Sowjetunion und der osteuropäischen realsozialistischen Staaten 1989/91 treten vermeintlich neue Argumente und Sichtweisen auf diese Vergangenheit auf. Sie stellen die lange Zeit kaum strittigen Interpretationen des Weges in diesen Krieg, der Verantwortlichkeiten und politischen wie militärischen Zusammenhänge infrage. Da ist einerseits die überbordende Interpretation der Handlungen der deutschen Seite als vornehmlich durch den Führer Hitler inspirierten, teilweise mystifizierten Entscheidungen und das alleinige Herausstellen des Holocausts als Ziel Hitlers und als Wesensgehalt dieses Krieges. Der britische Historiker und Hitler-Biograph Ian Kershaw hat mit Blick auf den Juni 1941, den Überfall auf die Sowjetunion, zutreffend gefolgert: »Der Krieg im Osten, der über die Zukunft des europäischen Kontinents entscheiden sollte, war tatsächlich Hitlers

58 Das ist im Kern die Profitgier und der Expansionsdrang des Kapitalismus, der in seiner monopolkapitalistischen Ausgestaltung und seiner aggressiven Außen- und Kriegspolitik seit dem Beginn des 20. Jahrhunderts zum Imperialismus auflief, was durchaus auch Phasen der »friedlichen« Unterwerfung anderer Völker, Staaten und Kontinente einschließen konnte und bis heute kann. Siehe ausführlicher in: Stefan Bollinger (Hg.): Imperialismustheorien. Historische Grundlagen für eine aktuelle Kritik. Wien 2004.

Krieg. Aber er war nicht nur das. Er wurde nicht einem unwilligen Land von einem tyrannischen Diktator aufgezwungen. Man stimmte ihm zu, er wurde sogar, wenn auch in unterschiedlichem Maße und aus unterschiedlichen Gründen, von allen Teilen der deutschen Elite willkommen geheißen, ob diese nun nationalsozialistisch eingestellt waren oder nicht.«[59] Gleichzeitig betont Kershaw, dass auch das Volk letztlich der faschistischen Propaganda folgte und willig mitwirkte.

Solche Einsichten sind immer noch nicht typisch bei den gängigen Darstellungen von Faschismus und Krieg. Es wird zwar heute viel stärker über die Mitwirkung, ja Mittäterschaft breiter Teile des deutschen Volkes an den Verbrechen der Nazis gesprochen, auch wenn diese Offenheit durch den Druck rechtsnationalistischer politischer Kräfte und ihrer publizistischen Handlanger langsam wieder schwindet. Aber der direkte Zusammenhang zwischen dem Wüten Hitlers und seiner Kumpane an dieser Gesamtpolitik und den Interessenlagen der Eliten wird deutlich weniger reflektiert.

Spärlich oder gar nicht wird nach der Verantwortung der deutschen Eliten, der Militärs und des Großkapitals für die frühzeitig erfolgten Vorbereitungen auf den Krieg und für die Bestimmung der ökonomischen Ziele gefragt. Genau darauf muss aber geschaut werden bei der Zielbestimmung der deutschen Aggression wie auch bei der reibungslosen Übernahme der wirtschaftlichen Verantwortung für die Ausbeutung der eroberten Gebiete, bereits in Österreich und der ehemaligen ČSR begonnen, in Polen weiterentwickelt, in den besetzten Territorien der Sowjetunion noch forciert und schließlich tragende Säule des Funktionierens des deutschen Faschismus und seiner Kriegsführung. Doch auch Kershaw als Kenner des Hitler-Regimes verkürzt, dass »das Erbe von mehr als zwei Jahrzehnten tief verwurzelter, oft fanatisch vertretener Hassgefühle gegen den Bolschewismus […] unlöslich mit dem Antisemitismus verknüpft (war), was sich in seiner ganzen Grausamkeit

59 Ian Kershaw: Hitler 1936-1945. München 2013, S. 513.

offenbaren sollte«[60]. Die Verbindung von Antikommunismus und Antisemitismus ist ohne Frage evident, zumal, wenn dieser Vernichtungsgedanke auf alle politischen Gegner mit den Kommunisten an der Spitze und auf jede Form des für die faschistischen »Übermenschen« »unwerten« Lebens anderer »Rassen« – von den Sinti und Roma bis zu den Slawen – ausgeweitet wurde. Hassgefühle aber sind das Ding des Psychiaters oder Psychoanalytikers. Es ging immer in erster Linie um ökonomische Interessen, um Vorherrschaft, Macht und Allmacht. Hier verstanden sich Kapital und Junker mit Hitler und seinen Gefolgsleuten prächtig.

Die insbesondere von den osteuropäischen Nachfolgestaaten des sowjetisch geführten Machtblocks – also speziell im Baltikum und in Polen, aber auch in der Ukraine – erfolgende Umdeutung des Krieges als Folge eines vermeintlich koordinierten gemeinsamen Handelns des deutschen und des sowjetischen Diktators zur Neuaufteilung Europas, ist heute eine ernstzunehmende Infragestellung der realen Geschichte und der besonderen Verantwortung des deutschen Faschismus. Zudem ist hier eine Quelle der Uminterpretation der Geschichte in den meisten osteuropäischen Staaten, die deren eigene diktatorische, antidemokratische und antikommunistische Vergangenheit der Zwischenkriegszeit 1917/18 bis 1939 zu einer Geschichte von Demokratie und historischer Unschuld verklärt. Die linken, prosozialistischen Entwicklungen in diesen Ländern sowohl in der Zwischenkriegs- wie in der Nachkriegszeit werden so zu allein von Moskau ausgehenden und gesteuerten Aktionen verfälscht. Auch wenn es hier seitens der neuen Eliten und der mittlerweile nationalistisch indoktrinierten Bevölkerung niemand so gerne wahrhaben möchte: Auch in jenen Ländern, die 1917 noch Teil des Russischen Reiches waren, fand damals die gleiche revolutionäre Bewegung für die Beendigung des Krieges, für den Sturz der zaristischen Selbstherrschaft und die Schaffung demokratischer Verhältnisse, aber eben auch für sozialistische Ziele der Enteignung von Ka-

60 Ebd., S. 514.

pital und Großgrundbesitz statt wie in jenen Teilen, die schließlich zur Sowjetunion wurden.[61] Im Unterschied zu diesen, der baldigen Russischen Föderativen Sowjetrepublik, großen Teilen der Ukraine und Weißrusslands, den mittelasiatischen Gebieten, gingen Bürger- und Interventionskriege im Westen für die Roten, die Bolschewiki verloren.[62] Bürgerliche Kräfte setzten sich hier blutig mit Hilfe deutscher und Ententetruppen durch und sorgten dafür, dass diese Gebiete aus dem alten russischen Staatsverband herausgebrochen wurden.

Dass Nazideutschland, seine politischen und militärischen Führer, seine Konzernchefs, seine nationalistisch-völkisch ausgerichtete Intelligenz, aber auch die verblendete Mehrheit der einfachen Bürger und Bürgerinnen nicht gut bei einer solchen Analyse wegkommen, ist naheliegend. Aber selbst wenn diese besondere Verantwortung, die Schuld des Deutschen Reiches, anerkannt wird, bleibt offen, ob allein Hitler an allem die Schuld trug oder ob eben seine Generäle, seine Konzernchefs, seine Diplomaten, das Bürgertum und auch die einfachen Arbeiter in diese Politik verstrickt waren. Genauer ist zu fragen, ob und wie weit, sicher nicht die verblendeten »einfachen« Leute, sondern die Militärs, die Kapitalisten und Junker sich als Einflüsterer, Vordenker, Interessierte an einem neuen Waffengang anboten. Weil sie Deutschland als unbestrittene Groß-, am liebsten als Weltmacht gesehen hätten; weil sie »Revanche für Versailles« nehmen wollten; weil sie den Kampf gegen jede linke, sozialistische Bedrohung ein für alle Mal erledigen wollten und weil sie endlich der deutschen »Herrenmenschenrasse« mit Brutalität und Auslöschung ihrer »lebensunwerten« Konkurrenz

61 Siehe z.B. für das Baltikum Karl-Heinz Gräfe: Vom Donnerkreuz zum Hakenkreuz. Die baltischen Staaten zwischen Diktatur und Okkupation. Berlin 2010, für die Ukraine: Andreas Kappeler: Geschichte der Ukraine. Bonn 2015, 4. überarb. u. akt. Aufl.

62 Recht unverdächtig einer prokommunistischen Parteinahme siehe: Jonathan D. Smele: The »Russian« Civil Wars 1916-1926. Ten Years That Shook the World. London 2016.

Geltung verschaffen wollten. Es wird zu zeigen sein, welche dieser Argumente wann eine entscheidende Rolle gespielt haben und dass das deutsche Eroberungsprogramm sicher nicht allein auf die Ideen von Adolf Hitlers »Mein Kampf« zurückzuführen, auf keinen Fall darauf zu reduzieren ist, auch wenn diese Kampfschrift eine verhängnisvolle Rolle spielen sollte.

Der Blick auf das faschistische Deutschland reicht aber nicht. Die Westmächte fanden sich lange an der Seite des Aggressorstaates wieder, weil sie einen anderen, für sie größeren Feind ausschalten wollten. Deutschland sollte nach dem Ersten Weltkrieg mit aller Macht kleinhalten werden. Die Westmächte hatten aber spätestens mit der politischen Verständigung in Locarno vom Oktober 1925 den alten Erzfeind, der noch vom Versailler Vertrag militärisch gefesselt und wirtschaftlich ausgepresst wurde, wieder auf die politische Bühne zurückgebracht. Aber die westlichen Siegermächte des großen Krieges – mit Unterschieden zwischen dem verbitterten Frankreich, dem in weltpolitischen Dimensionen des Empire denkenden Großbritannien und der nur scheinbar sich aus Europa heraushaltenden USA – waren bereit, Deutschland Zugeständnisse zu machen. Das war der Preis, wenn es nicht in das kommunistische Lager abgleiten und weiterhin ein Bollwerk gegenüber der Sowjetunion abgegeben sollte. Das hatte schon die Verhandlungen um den Versailler Frieden bestimmt.

Auch wenn sich Frankreich, Großbritannien, die USA, erst recht nicht die vielen alten und neuen Mitsieger des Weltkrieges in zahlreichen Fragen nicht einig waren, so vereinte sie in Versailles doch eines anderthalb Jahre nach der russischen Oktoberrevolution, wenige Monate nach den nur im letzten Moment kanalisierten Revolutionen in Berlin, Wien und Budapest sowie angesichts sozialer Erschütterungen im gesamten westlichen Machtbereich: »Gleichsam als Generalbass begleitete das sorgenvolle ›Was wird aus Russland?‹ die Erörterungen auf der Friedenskonferenz«, so der Historiker Eberhard Kolb. »Die Absicht der – ja durchweg kapitalistischen – Siegerstaaten, die Sowjetmacht zu beseitigen, führte einerseits zur alliierten Intervention im russischen Bürgerkrieg, sie wirkte sich andererseits aus auf die Beratungen über die Neuordnung im ostmitteleuropäischen und südosteuropäischen Raum, der künftig auch die Funktion einer Barriere gegenüber Sowjetrussland erfüllen sollte. Vor allem Frankreich suchte hier einen gewissen Ersatz für den Wegfall seines früheren Alliierten Russland zu finden und einen ›cordon sanitaire‹ zwischen Deutschland und Sowjetrussland zu schaffen.«[63] Deutschland musste hier eine neue Rolle zugewiesen bekommen, aber noch war offen, welche. Und die Erbmasse des Russischen, des Habsburger und des Osmanischen Reiches war zu sortieren. Welche Rolle konnte sie in einer künftigen neuartigen machtpolitischen Konstellation gegen die bolschewistische Gefahr spielen, welche wirtschaftlichen Vorteile konnte sie den Siegermächten bieten, welche neuen regionalen Kräftegruppierungen würden entstehen?

63 Eberhard Kolb: Der Frieden von Versailles. Göttingen 2005, S. 44.

II.
Weltkrieg 2 – Ein deutsches Elitenprojekt

Das besiegte Deutschland – ein schwieriger Partner?

Hier sei ein auf den ersten Blick scheinbar irrelevanter Exkurs gestattet. Die westlichen Alliierten hatten, wie betont, seit der Russischen Revolution von 1917 und der Niederlage in Interventions- und Bürgerkriegen, seit der Revolutions-, Aufstands- und Streikwelle zwischen 1917 und 1923, die Europa, aber auch den Nahen Osten, Lateinamerika und Asien überrollte, genau diese Sorge: Die kommunistische Gefahr könnte ebenso wie die nationalen Befreiungs- und Unabhängigkeitsbewegungen die vermeintlich gottgewollte kapitalistische Ordnung bedrohen.

Während der Verhandlungen zum Versailler Vertrag hat diese Besorgnis insbesondere der britische Premierminister David Lloyd George in seinem »Fontainebleau Memorandum« vom 25. März 1919 deutlich gemacht. Seine Überlegungen sind ein Schlüssel für das Handeln der politischen Akteure in Westeuropa in den nächsten beiden Jahrzehnten, auch wenn zunächst die französischen Vorbehalte als einem der Hauptleidtragenden des Krieges wegzuwischen waren. Die Briten befürchteten eine zu große Schwächung des Deutschen Reiches, denn damit würde nicht lediglich einfach nur ein Konkurrent im Ringen um Vorherrschaft geschwächt. Fast seherisch hob er an, dass »es verhältnismäßig leicht [sei], einen Frieden zurechtzuflicken, der dreißig Jahre anhält […] Die Geschichte hat bewiesen, dass ein Frieden, der in einer siegreichen Nation als ein Triumph diplomatischer Geschicklichkeit und Staatskunst, ja als ein Triumph der Mäßigung begrüßt worden war, auf die Länge sich als kurzsichtig und mit Gefahren für den Sieger geladen erwies.«[64] Revanche war zu befürchten, denn »Ungerechtigkeit und Anmaßung in der Stunde des Triumphs zur Schau getragen, werden niemals vergessen noch vergeben werden«.[65]

Zu diesem Zeitpunkt, 1919, konnten die russische Konterrevolution und ihre westlichen Unterstützer erwarten, dass der Bürger- und Interventionskrieg gegen die Revolution erfolgreich enden würde. Noch tobten jedoch auch in Deutschland und in Ungarn revolutionäre Abwehrkämpfe gegen die Konterrevolution, die auch hier versuchte, Räterepubliken im Keim zu ersticken.[66] Aber auch die Siegermächte selbst waren vom revolutionären Virus angesteckt. Und das besorgte den Briten vor allem: Im Rückbezug auf 1815, als mit dem Sieg über Napoleon I. zunächst auch die Gefahr der bürgerlichen Revolution gebannt schien, verwies er auf eine neue Qualität: »Die Revolution ist noch in ihrer Kindheit. Die extremsten Gestalten des Terrors haben noch die Gewalt über Russland. Ganz Europa ist mit dem Geist des Aufruhrs erfüllt. Tief sitzt ein Gefühl nicht nur von Unzufriedenheit, sondern von Zorn und Empörung gegen die Verhältnisse der Vorkriegszeit bei den Arbeitern. Die ganze bestehende Ordnung in ihrem politischen, sozialen und wirtschaftlichen Aspekt ist bei den Massen der Bevölkerung von einem Ende Europas bis zum andern in Frage gestellt. In manchen Ländern, wie Deutschland und Russland, nimmt die Unruhe die Form offener Rebellion an; in anderen, wie Frankreich, Großbritannien und Italien, drückt sie sich in Streiks und in einer allgemeinen Abneigung gegen das Inangriffnehmen der Arbeit aus – Anzeichen,

64 Dok. 58. David Lloyd George: Denkschrift Fontainebleau-Memorandum. Paris, 25. März 1919. In: Klaus Schwabe (Hg.): Quellen zum Friedensschluß von Versailles. Darmstadt 1997, S. 156.

65 Ebd. S. 157.

66 Siehe u. a. Axel Weipert / Stefan Bollinger / Dietmar Lange / Robert Schmieder (Hg.): Eine zweite Revolution? Das Frühjahr 1919 in Deutschland und Europa. Berlin 2020.

die ebensoviel mit dem Verlangen nach politischer und sozialer Umwälzung als mit den Lohnansprüchen zu tun haben.«[67]

Deshalb: Deutschland könnte, müsste sogar als zwar niedergeworfene, aber letztlich potente und klar antibolschewistische europäische Großmacht an der potenziellen Frontlinie zu den Bolschewisten eine ausschlaggebende Rolle spielen. Das sollte ab jetzt in den Köpfen der Politiker und in den militärischen Stäben immer im Hinterkopf präsent sein. Das war der Kern der Nachkriegsordnung. Er sollte, ging es nach den Siegermächten, ausgehend von Versailles für die nächsten Jahrzehnte bestimmend sein. Lloyd George schrieb im »Memorandum«: »Die größte Gefahr, die ich in der gegenwärtigen Lage sehe, ist die, dass Deutschland sich mit dem Bolschewismus zusammentut und seine Hilfsmittel, seinen Verstand, seine breite Organisationskraft zur Verfügung der revolutionären Fanatiker stellen könnte, deren Traum ist, die Welt mit Waffengewalt für den Bolschewismus zu erobern. Diese Gefahr ist keine bloße Chimäre. Die gegenwärtige Regierung in Deutschland ist schwach; sie hat kein Ansehen; ihre Autorität findet Widerstand; sie schleppt sich nur fort, weil außer den Spartakisten keine andere Macht da ist und Deutschland, heute, noch nicht für den Spartakismus reif ist. Aber das Argument, dessen sich gerade jetzt die Spartakisten mit starker Wirkung bedienen, ist gerade, dass sie allein Deutschland aus den unerträglichen Bedingungen erretten könnten, die ihm der Krieg hinterlassen hat. Sie bieten dem deutschen Volk an, es von der Verschuldung der Alliierten, von der Verschuldung an seine eigenen reicheren Schichten zu befreien. Sie bieten ihm die vollständige Herrschaft an in seinen eigenen Angelegenheiten und die Aussicht eines neuen Himmels über einer neuen Erde. Es ist wahr, dass der Preis hoch sein wird. Es wird zwei oder drei Jahre der Anarchie, vielleicht des Blutvergießens geben, aber zuletzt wird das Land doch bleiben, das Volk wird noch da sein, der größere Teil der Häuser und der Fabriken, und die Eisenbahn und Straßen, und Deutsch-

67 Dok. 58. David Lloyd George: Denkschrift, S. 158.

land wird, nachdem es seine Lasten abgeschüttelt, einen neuen Anlauf nehmen können.«[68]

Sodann präzisierte er die Ängste der kapitalistischen Staaten und ihrer Eliten: »Wenn Deutschland zu den Spartakisten überläuft, ist es unausbleiblich, dass Deutschland sich mit den russischen Bolschewisten zusammentut. Tritt das ein, so wird ganz Osteuropa in den Kreis der bolschewistischen Revolution verschlungen, und über ein Jahr sind wir vielleicht Zeugen des Schauspiels von fast dreihundert Millionen Menschen, die, in einer großen roten Armee unter deutschen Instruktoren und deutschen Generälen organisiert, mit deutschen Kanonen und deutschen Maschinengewehren ausgerüstet, zur Erneuerung des Angriffs auf Westeuropa bereit sind. Das ist eine Aussicht, der niemand gleichmütig gegenüberstehen kann.«[69]

Diese »weisen« Einsichten waren 1919 so noch nicht umsetzbar. Zu sehr litt Frankreich und sann auf Vergeltung. Die Sieger waren uneins. Ihre versprochene Friedensordnung mit dem Selbstbestimmungsrecht der Völker, einem Völkerbund, war doch nur die zivilisierte und verschleiernde Fortschreibung der alten kapitalistischen, imperialistischen Weltordnung mit neuen Akteuren, mit Bestraften und Unzufriedenen. Insbesondere die Kolonien und abhängigen Gebiete in Afrika, Asien und Lateinamerika sollten weitgehend leer ausgehen. Die Nachfolgestaaten der zerbrochenen Großreiche in Osteuropa wollten die Sieger unter ihrer Kontrolle behalten. Die Deutschen mussten sich noch gedulden. Aber: Das Deutsche Reich hatte trotz der verheerenden militärischen Niederlage deutlich gemacht, dass seine bürgerlichen Kräfte, egal, ob offen nationalistisch-reaktionär oder gemäßigt-sozialreformerisch, diese bolschewistische Gefahr begriffen hatten und sich ihr mit aller Härte und Brutalität in den Weg stellten.[70]

68 Ebd., S. 158 f.

69 Ebd.

70 Vgl. ausführlicher in: Stefan Bollinger: November ’18. Wie die Revolution nach Deutschland kam. Berlin 2018. Siehe auch Axel Weipert: Die Zweite Revolution. Rätebewegung in Berlin 1919/1920. Berlin-Brandenburg 2015, Klaus Gietinger: Kapp-Putsch. 1920 – Abwehrkämpfe – Rote Ruhrarmee. Stuttgart 2020.

Es ist sinnvoll, sich die Situation Deutschlands nach dem Ersten Weltkrieg zu vergegenwärtigen.[71] Jenseits einseitiger Schuldzuweisungen an das Deutsche Reich, wie sie dann im Versailler Vertrag festgeschrieben wurden, war doch die aktive deutsche Rolle bei der Auslösung des Weltkrieges klar definiert. Die territorialen Kriegsziele Deutschlands lagen hauptsächlich im Westen, richteten sich gegen Frankreich und Belgien. Und das Deutsche Reich wollte vor allem das Britische Empire herausfordern und diesem seine Weltherrschaft streitig machen. Gleichzeitig war aber auch frühzeitig klar, dass es im Osten scheinbar unbegrenzte Möglichkeiten für neue Märkte, für den Zugriff auf Rohstoffe und die Ausweitung des Großgrundbesitzes gab. Entsprechend radikal wurden die deutschen Kriegsziele formuliert und die politische Reichsleitung sah sich dabei in Übereinstimmung und gefördert von den Wirtschaftsinteressen des Großkapitals wie des Großgrundbesitzes. Die Weiten eines hoffentlich zu zertrümmernden Russischen Reiches boten sich als Objekt der Begierde an: Polen, das Baltikum, die Ukraine, möglichst weitere Teile des bisherigen Russischen Reiches, natürlich traditionell auch weiterhin die Staaten Südosteuropas. Hier waren sich Großkapital und Großagrarier durchaus einig und die politische wie militärische Führung hörte sie wissbegierig und diensteifrig an.

Nebenbei bemerkt ist dieser »Drang nach dem Osten«, ähnlich wie der nach Kolonien in Asien oder Afrika, getragen von klaren Wirtschaftsinteressen und der festen Überzeugung der Überlegenheit der »weißen Rasse« gegenüber den anderen Völkern.[72] Das ist insofern auch wichtig, weil dieser »Drang nach dem Osten« mit dem Sieg der Oktoberrevolution eine zusätzliche politische Aufladung erhielt. Aber auch zuvor schon waren Russland und die von Russland abhängigen oder einverleibten Völker als Slawen

71 Ausführlich in Stefan Bollinger: Weltbrand, »Urkatastrophe« und linke Scheidewege. Fragen an den »Großen Krieg«. Berlin 2014.

72 Siehe auch Hannes Hofbauer: Feindbild Russland. Geschichte einer Dämonisierung. Wien 2016.

vor allem Expansions- und erforderlichenfalls Unterdrückungsraum.[73] Sie nahmen kein Blatt vor den Mund, die Ruhrbarone und Kriegsgewinnler. Einer der rührigsten war Emil Kirdorf, Industrieller im Ruhrgebiet, der mit seinen Bemerkungen zur Kriegslage im Mai 1915 nicht hinterm Berg hielt und die militärisch-politische Führung des Reiches mit klaren Zielsetzungen motivieren wollte. In seinem Papier verdeutlicht er: »Russland müssen wir so weit als möglich nach Osten zurückdrängen, damit es dahin seine Machterweiterung sucht; wir müssen uns damit nach Osten zugleich gesichertere Grenzen schaffen und Besiedelungsland erwerben. Nur wenn wir gegenüber der zunehmenden industriellen Entwickelung Deutschlands, die leider die Volksvermehrung und Volkskraft ungünstig beeinflusst, eine gleichmäßige Entwickelung der Landwirtschaft und damit Vermehrung der bäuerlichen Bevölkerung schaffen, wofür solches Land unentbehrlich ist, können wir uns die erforderliche Wehrkraft erhalten und die Ernährung unserer Bevölkerung in neuen Kriegen sicherstellen.«[74]

Und diese Ausdehnung in Richtung Osten war nicht die gern unterstellte Befreiungsmission für die unter zaristischer Knute darbenden Völker des Russischen Reiches, da ließ Kirdorf keinen Zweifel aufkommen: »Dass mit den eroberten und dadurch zu erwerbenden Gebieten die Eingliederung von Fremdvölkern möglichst zu vermeiden ist, keinenfalls diesen, wenn sie aufgenommen werden müssen, ein Mitbestimmungsrecht über das Geschick Deutschlands eingeräumt werden darf, soll hier nur kurz gestreift

73 Exemplarisch für diese Strategie: Fritz Fischer: Griff nach der Weltmacht. Die Kriegszielpolitik des kaiserlichen Deutschland 1914/18. Königstein im Taunus 1979, 2. Aufl. [1967, 1. Aufl.]. Nahtlos stellte Fischer, damals und erst recht heute massiv attackiert, weil er die deutsche Expansionspolitik klar zeichnet, eine Verbindung zwischen den Zielsetzungen von 1914 und 1939 her: Fritz Fischer: Hitler war kein Betriebsunfall. Aufsätze. München 1993, 3. Aufl.

74 Dok. 22: Kriegsziel-Denkschriften von Hugo Stinnes und Emil Kirdorf vom 15. Mai 1915. In: Reinhard Opitz (Hg.): Europastrategien des deutschen Kapitals. A. a. O., S. 335.

werden. Nach dieser Richtung liegen sachverständige Vorschläge berufener Stellen vor.«[75]

Zum Leidwesen der deutschen Eliten hatten sie die Potenziale des Reiches deutlich überschätzt und die Gegner unterschätzt. Die Resultate des Waffenganges sind bekannt. Das Deutsche Reich musste sich auf einen entwürdigenden Waffenstillstand, faktisch eine Kapitulation einlassen. Die Militärs verstanden es allerdings, die Schuld dem Reichstag und seiner nach Jahren begeisterter Kriegsunterstützung nun eher friedensbereiten Majorität von Mehrheitssozialdemokaten, Zentrum und DDP zuzuschieben und erfolgreich von einem »Dolchstoß« zu fabulieren. Die untreue Heimat habe die Niederlage den »im Felde unbesiegten deutschen Soldaten« zugefügt. Die russischen Revolutionen, insbesondere die Oktoberrevolution, hatten in der Tat die Unzufriedenheit im Deutschen Reich angefacht, so dass schließlich der Wunsch nach einem Ende des Krieges – nach dem politischen Eingeständnis der Generalität über die Niederlage und den Bemühungen der nun vorgeschobenen zivilen Regierung nach einem Waffenstillstand – letztlich zur Revolution, zur Novemberrevolution, führte.

Hauptsorge der neuen deutschen Regierung unter dem Mehrheitssozialdemokraten Friedrich Ebert, aber auch der siegreichen westlichen Ententemächte war es, dass der revolutionäre Bazillus isoliert blieb. Demokratische Reformen und das Ende des Kaiserreiches waren sinnvoll, auch soziale Zugeständnisse, aber das bolschewistische Virus sollte auf keinen Fall auf Deutschland und die anderen Mächte übergreifen. Schnell war klar, dass das zwar zu bestrafende, aber doch offenbar treu zum Kapitalismus stehende Deutsche Reich auch unter seinen neuen Führern ein wichtiges Bollwerk, Element eines unüberwindlichen cordon sanitaire gegen die sowjetrussischen Bolschewisten sein musste.

Zu Beginn der 1920er Jahre zeigte sich, dass das Deutsche Reich erfolgreich eine radikale Linkswendung von Politik und Gesell-

75 Ebd.

schaft mit Gewalt niederhalten konnte. Dafür reichten die in Versailles zugebilligten militärischen Kräfte und die verdeckte Unterhaltung zusätzlichen Militärs, geduldet von den Siegermächten, aus. Allerdings sorgte sich der Westen ob des Ausbruchsversuchs deutscher Regierungen, Militärs und Wirtschaft aus einem möglichen, wenn auch zu diesem Zeitpunkt schwer vorstellbaren, engen Bündnis mit den anderen westlichen Großmächten. Mit Entsetzen mussten Frankreich, Großbritannien, auch die USA zur Kenntnis nehmen, dass die Deutschen nicht bereit waren, sich mit einer zweiten Geige, als Paria der Weltpolitik abzufinden und nur langfristig und in treuer Erfüllung der Versailler Auflagen sich zu bekehren. Während im April und Mai 1922 in Genua Verhandlungen über die weitere, vor allem wirtschaftliche Ausgestaltung der Nachkriegsordnung geführt wurden und das Deutsche Reich sich faktisch ausgeschlossen sah, hatten dessen Diplomaten mit dem anderen Paria der Weltpolitik, mit Sowjetrussland, Fühlung aufgenommen. Der Rapallo-Vertrag stellte die 1918 während der Novemberrevolution vom noch kaiserlichen mehrheitssozialdemokratischen Staatssekretär, d.h. Minister, und baldigen Volksbeauftragten Philipp Scheidemann abgebrochenen diplomatischen Beziehungen wieder her. Beide Seiten verzichteten auf Ansprüche aus den Kriegsfolgen und Enteignungen und eröffneten eine Perspektive für einen gedeihlichen Wirtschaftsaustausch.[76]

In der Tat, es gelang einen Weg zu finden, um sich mit Sowjetrussland zu verständigen. Sebastian Haffner, der kritische liberale Publizist schrieb später, dass das »Wort ›Rapallo‹ … am Ostersonntag 1922 Europa wie ein Donnerschlag (erschütterte)«. Hier hatten sich »ohne Warnung und ohne sichtbare Vorbereitung, Deutschland und Russland verständigt – und zwar mitten in einer europäischen Konferenz, mit der ganz anderes beabsichtigt war, hinter dem Rücken der westlichen Siegermächte des Ersten Weltkrieges und auf

76 Siehe Der deutsch-russische Vertrag (Rapallo-Vertrag), 16. April 1922. In: 100(0) Schlüsseldokumente zur russischen und sowjetischen Geschichte (1917-1991). Erlangen – 1000dok.digitale-sammlungen.de (PDF).

ihre Kosten«. Rapallo sei »eine chiffrierte Kurzformel, die zweierlei bedeutet: Erstens, dass auch ein kommunistisches Russland und ein antikommunistisches Deutschland sich unter Umständen gegen den Westen zusammenfinden und zusammentun können; und zweitens, dass dies sehr plötzlich geschehen kann, buchstäblich über Nacht. Das zweite noch mehr als das erste hat das Wort ›Rapallo‹ zu einem Schreckenswort für westliche Ohren gemacht, dessen Schockwirkung noch heute nachzittert.«[77]

Diese Verständigung, der Vertrag vom Rapallo vom 16. April 1922, wurde nicht nur zu einem Musterwerk »friedlicher Koexistenz«, welche sich die sowjetische Politik in dieser Zeit als Strategie vorgenommen hatte. Die Wiederherstellung diplomatischer Beziehungen, die fortgeschriebenen Vereinbarungen über wirtschaftliche Zusammenarbeit und Handel,[78] vor allem aber die teilweise schon zuvor getroffenen geheimen Absprachen zum Durchbrechen der militärischen Benachteiligungen Deutschlands zeigten den Willen beider Staaten, wieder als ernstzunehmende Akteure auf die Bühne der Weltpolitik zurückzukehren. Diese Entwicklung wurde in den Folgejahren auch unter neuen Regierungen in Berlin fortgeschrieben, vor allem mit einem faktischen Freundschafts- und Neutralitätsvertrag vom 24. April 1926.

Bereits vor dem Rapallo-Vertrag und in geheimen Übereinkünften mit Wirtschaft und Reichswehr waren Weichen für eine militärische und militärtechnische Zusammenarbeit gestellt. Das deutsche Militär, weltkriegserfahren und inzwischen auch beschlagen im Kampf gegen die Spartakisten, sah ebenso wenig wie die politische und militärische Führung der Roten Armee ein Problem darin, die Isolation von der Welt durch eigene Rüstungsprojekte für eine moderne Panzer- und Luftwaffe und selbst für chemische Waffen

77 Sebastian Haffner: Der Teufelspakt. Die deutsch-russischen Beziehungen vom Ersten zum Zweiten Weltkrieg. Zürich 1988 [Erstausgabe 1968], S. 92.

78 Bereits im Vorjahr war ein deutsch-sowjetrussisches Handelsabkommen unterzeichnet worden und eine sowjetrussische Handelsvertretung fungierte faktisch als diplomatische Repräsentanz in Berlin.

zu durchbrechen. Sie wollten voneinander lernen, Embargos und Verbote umgehen und waren sich doch sicher, irgendwann wieder gegeneinander zu kämpfen.[79] Anzumerken bleibt, dass diese Zusammenarbeit, die heute gerne verteufelt wird und schon zu Zeiten der Weimarer Republik insbesondere durch die Sozialdemokratie[80] angefeindet wurde, keineswegs so gradlinig und vertragstreu verlief wie versprochen. Natürlich hatten weder die Verantwortlichen in Berlin noch in Moskau vergessen, dass sie klassenmäßig Todfeinde waren. Ob immer abgestimmt im eigenen Lager oder nicht, der Untergrundkampf gegen das jeweils andere feindliche System lief weiter. Am spektakulärsten war der Versuch, 1923 einen »deutschen Oktober«[81] zu inszenieren. Das bedeutete auch unmittelbare sowjetische Einmischung in den deutschen Klassenkampf und ebenso scharfe deutsche politische wie diplomatische Reaktionen. Das bedeutete aber auch das Verstricken deutscher Stellen in Geheimdienst- und Wirtschaftssabotageoperationen gegenüber der Sowjetunion. Man schenkte sich auch in Zeiten der offiziellen wie verdeckten Zusammenarbeit wenig. 1927 z. B. waren deutsche Militärs und Geheimdienstler einträchtig mit britischen und niederländischen Diensten sowie antisowjetischen Oppositionellen in einen Versuch verstrickt, die Sowjetunion mittels gefälschter Banknoten zu Fall zu bringen, in der sogenannten »Tscherwonzenaffäre«.[82]

---

79 Eine gute Übersicht bieten: Olaf Groehler: Selbstmörderische Allianz. Deutsch-russische Militärbeziehungen 1920-1941. Berlin 1992; Manfred Zeidler: Reichswehr und Rote Armee 1920-1933. Wege und Stationen einer ungewöhnlichen Zusammenarbeit. München 1993. Polemisch in der Bewertung: Sebastian Haffner: Der Teufelspakt. A. a. O.

80 Ich habe das ausführlich dargestellt in: Stefan Bollinger: Meinst du, die Russen wollen Krieg? Über deutsche Hysterie und ihre Ursachen. Berlin 2016, S. 90 ff.

81 Siehe dazu z. B. Harald Jentsch: Die KPD und der »Deutsche Oktober« 1923. Rostock 2005; Bernhard H. Bayerlein / Leonid G. Babicenko / Fridrich I. Firsov / Aleksandr Ju. Vatlin (Hg.): Deutscher Oktober 1923. Ein Revolutionsplan und sein Scheitern. Berlin 2003.

82 Plastisch wird dies, wenn auch gefärbt in der Sprache des Kalten Krieges, beschrieben bei: Albert Norden: Fälscher. Zur Geschichte der deutsch-sowjetischen Beziehungen. Berlin 1970, 8. Aufl., bes. S. 93-133.

Für die westlichen Mächte war Rapallo ein Signal, die konkrete Politik gegenüber Deutschland mittelfristig zu überprüfen. Die besonders von Frankreich getragene Politik des Niederhaltens Deutschlands erschien nicht zuletzt aus klassenpolitischer Sorge um ein Ausdehnen des kommunistischen Einflusses fragwürdig. Das Deutsche Reich mit seinen sozialdemokratischen und bürgerlich-demokratischen Politikern konnte nicht auf Dauer abgeschrieben werden. Zur Not müsste auch eine Verständigung mit den konservativ-reaktionären Kräften zu finden sein.

Das war auch das Kalkül der politischen Führer der Weimarer Republik, denen die notgedrungen erfolgte Anlehnung an die Sowjetunion trotz der unübersehbaren ökonomischen und der geheim gehaltenen militärischen Vorzüge gegen den Strich ging. Lavieren zwischen der in ihrer Situation interessanten Großmacht im Osten mit gewichtigen ökonomischen und militärischen Ressourcen einerseits, andererseits mit dem ideologisch und ordnungspolitisch nahestehenden, vor allem antikommunistischen Westen. Das war damals in Deutschland wichtigen Teilen der politischen und wirtschaftlichen Eliten klar, das wussten auch durchblickende Intellektuelle. Sie hatten zum Ende des Ersten Weltkriegs in Deutschland, Österreich, in weiteren Teilen Europas, Nordafrikas, Lateinamerikas revolutionäre Erschütterungen erlebt. Das sowjetrussische Beispiel vermochte zu inspirieren und soziale Kämpfe zu befeuern. So schlussfolgerte Ernst Troeltsch, Philosoph, Publizist, liberaler Politiker der DDP, schon 1920 zum Weltsystem der Entente: »Der Bolschewismus in seinem wirklichen russischen Verstand, der sich von den bei uns im Allgemeinen so benannten verschiedenen Radikalismen und Aufgeregtheiten sehr unterscheidet, ist eine Weltmacht, mächtig durch Militär, Diplomatie und Propaganda. Er bedroht militärisch vor allem die asiatischen Positionen Englands, hat seine Helfer in allen Staaten bei gewissen Teilen des Proletariats und seiner (sic!) Intellektuellen, verfügt über den diplomatischen Trumpf des allgemeinen Begehrens nach russischen Rohstoffen und Handel mit Russland. Unter diesen Umständen sind seine Diplomaten und

Cäsaren sehr wohl befähigt, Weltpolitik zu treiben, umso mehr, als sie über beträchtliche diplomatische Talente und neue verwirrende Methoden der Diplomatie verfügen. In diesem diplomatischen Spiel ist das Deutsche Reich ein Objekt neben anderen, besonders wichtig nur insofern, als es in eine Ausfallspforte des Bolschewismus gegen den westlichen Kapitalismus verwandelt werden kann.«[83]

Der Klasseninstinkt dieser Eliten hinsichtlich der Zweischneidigkeit einer Zusammenarbeit mit der Sowjetunion war total berechtigt. Sie nahmen, wie gesagt, zur Kenntnis, dass die Sowjetunion durchaus die Politik der kommunistischen Parteien, also auch der KPD, unter den Vorbehalt der sowjetischen Interessen stellte. Aber das bedeutete nicht das Ende der Klassenkonflikte im Deutschen Reich, die zwar seit 1924 dank der relativen Stabilisierung der kapitalistischen Wirtschaft und Gesellschaft nicht wieder in revolutionäre und bürgerkriegsähnliche Formen abglitten, die aber unverändert vorhanden waren. Mit den Reichsexekutionen gegen Sachsen und Thüringen mit ihren linken Arbeiterregierungen, der Niederschlagung des Hitler-Putsches in München und die Einführung der Rentenmark zur Beendigung der Hyperinflation hatten sie Ende 1923 die Lage beruhigt. Trotz eines gewissen wirtschaftlichen Aufschwungs gärten die sozialen Konflikte aber weiter. Die deutschen Kommunisten blieben die radikalsten Kritiker des Kapitalismus und unüberhörbar einflussgewinnende Konkurrenten der deutschen Sozialdemokratie.

Unter diesen Voraussetzungen waren die Signale, die von Großbritannien, Frankreich, den USA ausgingen, das Deutsche Reich wieder fest in ein westliches, d. h. kapitalistisches System auch der politischen Zusammenarbeit einzubeziehen, nicht zu überhören. Die unmittelbaren Konflikte um die Erfüllung der finanziellen und materiellen Verpflichtungen des Versailler Vertrages waren bis 1923/24 abgeklungen. Mit dem Dawes-Plan[84] vom 16. August 1924,

---

83 Ernst Troeltsch: Die Fehlgeburt einer Republik. Spektator in Berlin 1918-1922. Berlin 2018, überarb. Ausgb., S. 143.

84 Benannt nach dem US-amerikanischen Vorsitzenden der Reparationskommission der Siegermächte Charles Gates Dawes, einem Banker und Politiker.

von Washington inspiriert, waren die Reparationsforderungen der Siegermächte für Deutschland erträglicher gestaltet worden. Es blieben zwar die 132 Milliarden Goldmark-Forderungen, aber der Druck zu ihrer Begleichung wurde deutlich gemildert. Nicht zuletzt hatte die Stabilisierung der politischen Verhältnisse im Osten, in Polen und den baltischen Staaten dazu beigetragen, dass die Auseinandersetzungen und Aufstände um abzutretende Gebiete abgeflaut waren. Insbesondere die USA suchten in dieser Phase der wirtschaftlichen Stabilisierung Deutschlands, durchaus in Konkurrenz mit Frankreich, ihren wirtschaftlichen Einfluss auszubauen. Über 26 Milliarden Reichsmark flossen als Kredite, insbesondere aus den USA, zwischen 1924 und 1930 dem Deutschen Reich zu. Zum kleineren Teil in die öffentlichen Haushalte, zum überwiegenden Teil in die Industrie. Bergbau, Schwerindustrie, chemische und elektrotechnische Unternehmen profitierten davon und gerieten unter Einfluss US-amerikanischer Anteilseigner. Das sorgte für Kapitalzufluss und bei den großen Konzernen für einen Aufschwung, eine weitere Kapitalkonzentration und die Formierung neuer Großkonzerne, wie die IG Farben und die Vereinigten Stahlwerke. In ihren Wirtschaftsbereichen hatten sie die Wirtschaft faktisch unter Kontrolle und beherrschten sie.[85]

Bei allem Spiel um die machtpolitischen Konstellationen, Deutschland und seine Eliten blieben konservativ, kapitalistisch, hingen noch den alten Großmachträumen nach und suchten vor allem eines: Die Chance zur Revision von Versailles und die Wiederherstellung einer Vormachtrolle in der Mitte Europas und für ganz Europa. Vielleicht waren momentan andere Schwerpunkte zu setzen, es blieb offen, welche Mittel dafür probat waren. Wenn es ge-

85 Siehe Wolfgang Ruge: Deutschland 1917-1933. (Von der Großen Sozialistischen Oktoberrevolution bis zum Ende der Weimarer Republik). Berlin 1978, 3. Aufl., S. 284-286. Zur Rolle der deutschen und ausländischen Wirtschaftseliten siehe Kurt Gossweiler: Großbanken, Industriemonopole, Staat. Ökonomie und Politik des staatsmonopolistischen Kapitalismus in Deutschland 1914-1932. Berlin 1971 [Neuausgabe Köln 2013].

länge, die schlimmsten Lasten der Reparationen und Produktionsbeschränkungen zu lockern, zu vertagen oder gar abzuschütteln, würden die deutschen Spielräume größer.

Zu den typischen Geschichtsinterpretationen, die den Aufstieg Hitlers, seiner NSDAP zu Macht und aggressiver Außenpolitik begleiten, gehört die Mär, dass das Vertragswerk von Versailles letztlich diese desaströse Wende deutscher Politik provoziert habe. Zwanzig Jahre nach dem Ende des Ersten wäre nun der Zweite Weltkrieg die Rache, die Revanche für die erlittene Schmach und Niederhaltung gewesen. Das entspricht tatsächlich der politischen Stimmung der nicht nur rechten Akteure der deutschen Politik, sondern auch dem Fühlen eines großen Teiles des deutschen Volkes. Diese Ablehnung des Vertrages bestimmt das politische Klima der Weimarer Republik. Die Lasten, die der Versailler Vertrag vom 28. Juni 1919 dem Deutschen Reich, seiner Wirtschaft, vor allem seinen Bewohnern aufdrückte, waren gewaltig. Vor allem war diese Last unverhältnismäßig und widersprach den blumigen Versprechungen der Ententeführer, insbesondere des US-Präsidenten Woodrow Wilson. Der hatte eine neue, friedliche Weltordnung und Völkerverständigung versprochen. Es sollte »offene Friedensverträge, die offen zustande gekommen sind« geben »und danach sollen keine geheimen internationalen Vereinbarungen irgendwelcher Art mehr getroffen werden, sondern die Diplomatie soll immer offen und vor aller Welt arbeiten«. In dieser neuen Weltordnung erfolge die »Beseitigung aller wirtschaftlichen Schranken, soweit möglich, und Errichtung gleicher Handelsbeziehungen unter allen Nationen, die dem Frieden zustimmen und sich zu seiner Aufrechterhaltung zusammenschließen«. Es käme zum »Austausch ausreichender Garantien dafür, dass die nationalen Rüstungen auf das niedrigste, mit der inneren Sicherheit zu vereinbarende Maß herabgesetzt werden«.[86]

86 Die 14 Punkte der Botschaft des Präsidenten der Vereinigten Staaten von Amerika Woodrow Wilson an den US-Kongress (8.1.1918). In: documentArchiv.de [Hg.].

Davon war dieser dem Deutschen Reich ohne das Recht auf ernsthafte Widerrede und substanzielle Korrektur aufgezwungene Vertrag weit entfernt. Anzumerken ist, dass auch andere Verträge dieses Komplexes von 1919 insbesondere zu Lasten Ungarns und Bulgariens vor allem in Gestalt einer zum Nachteil dieser Länder erfolgenden Grenzziehung jenen Unmut anschwellen ließen. Das führte diese Länder zwei Jahrzehnte später an die Seite Hitlerdeutschlands. Deutschland wurde die Alleinschuld für den verlorenen Krieg zugewiesen. Der war, wie es der Russe Lenin in Übereinstimmung mit der zwischenzeitlich allerdings obsolet gewordenen Meinung der internationalen Sozialdemokratie formulierte, ein »imperialistischer Krieg«. Er wandte sich gegen die damals auch unter den Linken verbreitete Vorstellung von der besonderen Schuld, respektive Verteidigungswürdigkeit bestimmter Länder. Denn »am Ausbruch des imperialistischen Krieges 1914 [ist] die ›Böswilligkeit‹ der Regierungen und der Bourgeoisie aller ›Groß‹mächte – Englands wie Frankreichs, Deutschlands wie Russlands – gleichermaßen schuld«.[87] Nicht zuletzt war für ihn wie für viele Sozialdemokraten aller Richtungen ein wirklicher Frieden nur ohne Annexionen und Kontributionen denkbar.

Dazu konnten und wollten sich die Sieger von 1918 nicht durchringen, und der Frust in Deutschland war nachvollziehbar. Alle Staaten hatten mitgemacht, sie aber sollten die Schuld alleine tragen? Die Kriegsschuldfrage wurde eindeutig zu Lasten des Deutschen Reiches entschieden, ohne auch nur ein Quäntchen selbstkritischen Eingestehens der eigenen Mitverantwortung. Demzufolge wurden Völkerrechtsbrüche wie der Einmarsch in das neutrale Belgien 1914 oder Kriegsverbrechen etwa gegen die belgische Zivilbevölkerung allein der deutschen Seite zugeschrieben und die Entente-Mächte selbst entlastet. Auch wenn dem Deutschen Reich, seiner politischen und militärischen Führung 1914 eine besondere Verantwor-

87 Wladimir Iljitsch Lenin: Die Sophismen der Sozialchauvinisten. In: LW Bd. 21, S. 175.

tung für die Auslösung einer Kettenreaktion zuzuschreiben war, die dann am 1. August 1914 den Krieg beginnen ließ, bleibt die Rolle nicht nur der Verbündeten Deutschlands, sondern auch der Gegner in Paris, London, Belgrad oder St. Petersburg bestehen. Hier ist niemand »hineingeschlittert« oder »schlafwandlerisch« zum Kriege[88] gekommen, sondern hier wurde bewusst gehandelt, durch das Deutsche Reich mit seinen Verbündeten wie durch die Gegner.

Die politische Entscheidung, Deutschland zum Alleinschuldigen zu machen, widersprach der historischen Wahrheit, vor allem aber wusch sie die Gegner rein und konnte politisch wie moralisch das zentrale Kriegsziel der Ententemächte rechtfertigen: Deutschland, die zu spät gekommene Großmacht, auf Dauer als Konkurrenten auszuschalten. Dass hierbei auch die Interessen der Siegermächte variierten, dass Frankreich mehr und die Angelsachsen weniger rabiat vorgehen wollten, änderte zunächst nichts an den fatalen Auflagen des Vertrages. Letztlich war es nicht der versprochene große Frieden nach dem Großen Krieg, nicht die Anerkennung des Selbstbestimmungsrechtes der Völker und ein Völkerbund, der allein auf friedlichen Ausgleich orientiert war. Es sollte eine Weltordnung der Siegermächte sein und die kleineren Länder, ganz zu schweigen von den Kolonien und abhängigen Gebieten – selbst wenn sie nun von der deutschen Kolonialherrschaft zu der des Völkerbundmandats wechselten –, sollten die wohlgeformte Weltordnung zugunsten der Imperialisten aufrechterhalten und festigen. Es war nur der aufdringlichste Konkurrent auszuschalten. In diesem Sinn ist der jüngsten sehr trockenen Würdigung des Historikers Eckart Conze für die Versailler Friedensordnung nur beizupflichten: »Bestimmend waren […] mit Blick auf die europäische Nachkriegsordnung der Primat der Sicherheit vor Deutschland, der nicht nur die französische Politik leitete, aber auch der Wunsch, das revolutionäre Russland einzudämmen. Vor diesem Hintergrund war es aus westlicher

88 Für diese neue Welle des Geschichtsrevisionismus, nun zugunsten Deutschlands, siehe Christopher Clark: Die Schlafwandler. Wie Europa in den Ersten Weltkrieg zog. München 2013, 4. Aufl.

Sicht zweitrangig, ob Polen und andere Staaten, die ein Bollwerk gegen den revolutionären Bolschewismus bilden sollten, demokratisch oder autoritär verfasst waren. Die internationale Ordnung, die in Paris 1919 Gestalt annahm, war von den Machtinteressen der Siegermächte bestimmt.«[89]

Die Auflagen des Versailler Vertrages waren ebenso eindeutig wie hart.[90] Zentraler Punkt war aus deutscher Sicht die ausdrückliche Zuweisung der Kriegsschuld im Artikel 231 und den erweiterten Vertragspapieren: »Die alliierten und assoziierten Regierungen erklären, und Deutschland erkennt an, dass Deutschland und seine Verbündeten als Urheber für alle Verluste und Schäden verantwortlich sind, die die alliierten und assoziierten Regierungen und ihre Staatsangehörigen infolge des ihnen durch den Angriff Deutschlands und seiner Verbündeten aufgezwungenen Krieges erlitten haben.«[91] Deutschland verlor seine Kolonien, erhebliche Teile des Reichsgebietes zum Teil im Westen, vor allem aber im Osten, dort an die wieder- bzw. neugegründeten Staaten Polen und Litauen. Die einst so mächtige und »schimmernde Wehr« des Reiches wurde drastisch in der Stärke reduziert, ihre strategische Führung ausgeschaltet, aller modernen Waffen wie Panzer, schwerer Artillerie, U-Booten, nicht zuletzt Flugzeugen, aber auch chemischen Waffen entkleidet. Dem deutschen Kaiser sowie Generälen und Offizieren drohten Gerichtsverfahren wegen tatsächlicher oder vermeintlicher Kriegsverbrechen.

Für die Zeitgenossen war eindeutig, dass hier die Sieger – nicht zuletzt im Unterschied zu früheren Kriegen – ihre Machtrolle zu Lasten der Besiegten ausspielten und die früheren Vorstellungen eines »ritterlichen« Umgangs miteinander nicht mehr gelten ließen. Auch die Friedensbedingungen im Deutsch-Französischen Krieg 1870/71

---

89 Eckart Conze: Die große Illusion. Versailles 1919 und die Neuordnung der Welt. München 2018, S. 23.

90 Eine knappe, aber gute Zusammenfassung gibt: Eberhard Kolb: Der Frieden von Versailles. A. a. O.

91 Der Friedensvertrag von Versailles. Unter Hervorhebung der abgeänderten Teile. Berlin 1919, hier Artikel 231.

waren gegenüber Frankreich hart gewesen, aber die Form wurde gewahrt. Nach diesem neuen, vierjährigen Weltgemetzel mit seinen zig Millionen Opfern war die Zeit der Großmut endgültig vorbei. Die Zeitgenossen, aber auch die heutigen Betrachter der Szene blenden allerdings gerne aus, dass diese Art der Kriegsbeendigung genau die war, die das Deutsche Reich nur 15 Monate zuvor der russischen Revolutionsregierung im Raubfrieden von Brest-Litowsk vom März 1918 aufzwang (der allerdings durch den Waffenstillstand und den Friedensvertrag nun aufgehoben wurde).

Gemäß des Friedensvertrages von Versailles vom 28. Juni 1919 musste das Deutsche Reich auf seine Kolonien verzichten (Art. 119) und binnen neun Monaten seine Streitkräfte demobilisieren (Art. 159) und auf die Wehrpflicht verzichten (Art. 173). Dem Reich wurden noch 100.000 Soldaten in 10 Divisionen zugebilligt (Art. 160.1), die »nur für die Erhaltung der Ordnung innerhalb des deutschen Gebietes und zur Grenzpolizei bestimmt« seien, außerdem 15.000 Mann für die Marine (Art. 183). Der Generalstab sei ersatzlos aufzulösen (Art. 160.3), die Einfuhr von Waffen etc. ist verboten, ebenso die Ausfuhr (Art. 170). Deutschland musste gemäß Art. 171 auf jegliche moderne Waffen verzichten, sowohl hinsichtlich der Produktion wie des Imports. Das betraf Panzer, Flugzeuge, Chemiewaffen.

Zusätzlich zur Dezimierung der deutschen Streitkräfte wirkten vor allem die erzwungenen Gebietsabtretungen mit ihren demografischen und wirtschaftlichen Folgen als eine reale wie psychologische Belastung der Deutschen. Neben dem Verlust der Kolonien, die das Deutsche Reich letztlich viel später als ihre Rivalen zu einem »Platz an der Sonne« verhelfen sollten, traf es große Teile des Reiches. Insgesamt 13 Prozent des Territoriums und 10 Prozent der Bevölkerung gingen verloren. Vor allem hatten die territorialen Verluste – zusammen mit den Reparationsleistungen – eine deutliche Verschlechterung der deutschen Wirtschaftsleistung zur Folge. Das Land verlor vier Fünftel seiner Eisenerzvorkommen, 70 Prozent der Zinkerze und über ein Viertel seiner Steinkohleförderung, ebenso zwei von fünf Hochöfen. 15 Prozent der agrarisch nutzbaren Flächen gingen verloren, Getreideaufkommen und Viehbestand reduzierten sich deutlich. 90 Prozent der deutschen Handelsflotte wurden eingebüßt und generell ging der Anteil des Reiches am Weltexport von 1913 mit 13,2 Prozent auf knapp 9 Prozent zurück.[92]

Dazu kamen Gebietsverluste im Westen, vor allem das erst 1871 Frankreich im Deutsch-Französischen Krieg gemeinsam mit erheblichen Reparationen abgetrotzte Elsass-Lothringen, aber auch deutschsprachige Teile Belgiens (Eupen und Malmedy) und Teile Schleswigs, die an Dänemark gingen. Als besonders demütigend wurde der Verlust weiter Regionen im Osten an den wiedererrichteten polnischen Staat empfunden. Das betraf die unmittelbare Übergabe der Provinz Posen und nach einer Volksabstimmung und einem Aufstand der polnischen Bürger in diesem Territorium auch Ostoberschlesien. Dass dies eine Antwort auf die dreimalige Teilung Polens durch Preußen, Russland und Österreich-Ungarn war, die 1772, 1793 und 1795 letztlich 122 Jahre den polnischen Staat von der Landkarte verschwinden ließen, blieb in deutscher Sicht irrelevant, ebenso die Benachteiligung der polnischstämmigen Staatsbürger des Deutschen Reiches über Jahrzehnte hinweg.

Zudem wurde das Hultschiner Ländchen der neu gegründeten Tschechoslowakei zugesprochen. Das Saargebiet sowie Danzig, aber auch das Memelland wurden dem Völkerbund unterstellt und sollten zu einem späteren Zeitpunkt über ihr Schicksal entscheiden. 1923 sorgten allerdings im Memelland litauische Truppen dafür, dass dieses Gebiet in den litauischen Staatsverband eingegliedert wurde, später wurde auch die zunächst zugestandene Autonomie kassiert.

Unmittelbar auf die politische, wirtschaftliche und soziale Lage in Deutschland wirkten sich die Reparationsforderungen aus. Sie sollten zu 52 Prozent Frankreich, zu einem knappen Viertel (22 Prozent) Großbritannien und zu jeweils 10 Prozent Italien und 8 Prozent Belgien zu Gute kommen. Angesichts der Schwäche der sich

92 Siehe Heike Knortz: Wirtschaftsgeschichte der Weimarer Republik. Eine Einführung in Ökonomie und Gesellschaft der ersten deutschen Republik. Göttingen 2010, S. 18-21.

neu organisierenden deutschen Wirtschaft und der hinhaltenden Erfüllung der Verpflichtungen sorgte die – von der Reichsregierung durchaus provozierte – Besetzung insbesondere des Ruhrgebietes durch französische und belgische Truppen 1923 bis 1925 für zusätzlichen Unmut und patriotisch firmierten Widerstand. Dabei waren die konkrete Summe wie auch die realen Leistungen zunächst umstritten. Idealerweise hofften die Sieger, hier insbesondere das durch den Krieg besonders in Mitleidenschaft gezogene Frankreich, auf bis zu 269 Milliarden Goldmark, bis schließlich der bereits erwähnte Dawes-Plan diese Summe auf 132 Milliarden Goldmark ohne konkretes Zahlungsende festlegte. Die kamen erst nach einem erneuten Zugeständnis an die deutsche Seite 1929 in Gestalt des Young-Planes[93] mit dem Zahlungsziel 1988 zustande.[94] Während der Weltwirtschaftskrise sorgte der Young-Plan nochmals für eine Anpassung der Leistungen zugunsten Deutschlands. Die Verhandlungen in Haag und schließlich das Inkrafttreten des neuen Planes 1930 standen allerdings bereits unter dem düsteren Stern der gerade begonnenen Weltwirtschaftskrise. Unter diesen Bedingungen, so die Einsicht der Gläubiger, aber vor allem der USA, waren derartige Forderungen, immerhin zwei Milliarden Reichsmark im Jahr, nicht durchzusetzen. Der US-amerikanische Präsident Herbert C. Hoover erließ deshalb im Juni 1931 ein Moratorium für die Zahlungen, faktisch kamen damit die unmittelbaren deutschen Reparationszahlungen zum Erliegen, auch wenn nach 1945 die Bundesrepublik noch einige Verpflichtungen übernahm. Das eigentliche Ziel Hoovers, einen Zusammenbruch des deutschen Wirtschaftssystems zu verhindern, misslang allerdings. Dies alles geschah zu Zeiten, da die aufstrebende NSDAP vehement gegen das »Versailler Diktat« wetterte und diesbezügliche Probleme lösen wollte, die schon längst erledigt waren.

---

93 Benannt nach dem Verhandlungsführer, dem US-amerikanischen Industriellen und Diplomaten Owen D. Young.

94 Siehe detailliert: Philipp Heyde: Das Ende der Reparationen. Deutschland, Frankreich und der Youngplan 1929-1932. Paderborn/München/Wien/Zürich 2000.

Inzwischen hat sich für manche Historiker das Bild des Versailler Vertrages ins Positive gewendet. Er habe »eine vielversprechende Periode, in der sich die europäische Wirtschaft erholte und der Völkerbund die Weltordnung zu festigen schien« eingeleitet.[95] Denn der Vertrag habe diesen Völkerbund gebracht, dem Deutschland übrigens erst im Ergebnis der Verhandlungen von Locarno 1925 beitreten konnte, Versailles rief die Internationale Arbeitsorganisation (ILO) ins Leben. Also unterm Strich eigentlich eine Erfolgsgeschichte. Die britische Historikerin Margaret MacMillan hat in einem hochgelobten Buch unter der vielversprechenden Titelei »Die Friedensmacher« in der Tat eine positive Bilanz gezogen. Sie schreibt gegen den schlechten Ruf des Vertragswerks an: »Mit anderen Führungen an der Spitze der westlichen Demokratien, mit einer stärkeren Demokratie in Deutschland und ohne die Verheerungen durch die Weltwirtschaftskrise wäre die Geschichte möglicherweise anders verlaufen. Und ohne Hitler als Mobilisator des Grolls der Deutschen, der zudem mit dem schlechten Gewissen in den westlichen Demokratien zu spielen verstand, wäre Europa vielleicht ein weiterer Krieg so bald nach dem letzten erspart geblieben. Den Versailler Vertrag trifft keine Schuld. Er ist nie konsequent umgesetzt worden, sondern gerade weit genug, um den deutschen Nationalismus zu reizen, ohne die Fähigkeit Deutschlands zu begrenzen, den Frieden in Europa zu stören. Nach dem Triumph Hitlers und der Nationalsozialisten hatte es eine Regierung, deren Ziel es war, den Versailler Vertrag zunichtezumachen.«[96]

Sie blendet aus, dass von den großen Versprechungen einer internationalen Friedensordnung wenig blieb. Die Grenzziehungen zu Lasten Deutschlands brauchten noch Jahre, um halbwegs festgezurrt zu werden und sie behielten – wie etwa mit der Freien Stadt Danzig inmitten eines polnischen Staates – einen latent explosiven Status.

95 Margaret MacMillan: Die Friedensmacher. Wie der Versailler Vertrag die Welt veränderte. Berlin 2015 [engl. Erstausgabe 2001], S. 11.

96 Ebd., S. 632.

Die neuen Staaten in Ost- und Südosteuropa erwiesen sich als nur bedingt lebensfähig, ihre wirtschaftliche Schwäche, ihre unsichere geopolitische Lage mit den Konflikten mit ihren Nachbarn und die sozialen Spannungen sorgten dafür, dass die meisten dieser Staaten, mit Ausnahme der ČSR, in autoritäre, teils faschistische Machtstrukturen abstürzten.[97] Die politischen Eliten dieser Länder trieb die Angst vor Umsturz und Revolution um. Sie selbst sahen sich, so der Historiker Erwin Oberländer, »mit ihren Staatsstreichen einem inzwischen europaweiten Trend (folgend), da sich die Demokratie zur Bewältigung der aktuellen politischen, ökonomischen und sozialen Probleme nicht bewährt habe und allenthalben von autoritären Regimen abgelöst werde«.[98] Aus heutiger Sicht waren die damit in der Regel verknüpften Angstvorstellungen vor kommunistischen, prosowjetischen Umstürzen in der Regel unberechtigt. Oft standen diese Regime hinter verschlossenen Türen im Kontakt mit Moskau, was zumindest über politische Stabilität und das gegenseitige Misstrauen der Diktatoren untereinander entscheiden sollte. Fakt war: Demokratische Rechte wurden beschnitten, die Opposition verfolgt, Linke drangsaliert, nationalistische Töne sollten zumindest den Titularnationen die Vorherrschaft sichern, nationale Minderheiten wurden unterdrückt oder bestenfalls benachteiligt.[99]

Es passt in die Wirkungsgeschichte des Versailler Vertragswerkes. Erst recht wurden die großen Erwartungen in den kolonialen und abhängigen Gebieten auf eine Anerkennung ihrer Eigenständig-

97 Für das Baltikum beschrieben bei: Karl-Heinz Gräfe: Vom Donnerkreuz zum Hakenkreuz. A. a. O.; zu ähnlichen, wenn auch weichgespülten Befunden, die den Faschismusbezug vehement verweigern, kommt auch: Erwin Oberländer (Hg.): Autoritäre Regime in Ostmittel- und Südosteuropa 1919-1944. Paderborn 2017, 2., erg. Aufl.; siehe ähnlich Georg von Rauch: Geschichte der baltischen Staaten. München 1990, 3. Aufl.

98 Erwin Oberländer (Hg.): Autoritäre Regime in Ostmittel- und Südosteuropa 1919-1944. A. a. O., S. 6f.

99 Siehe z. B. Martin Scheuermann: Minderheitenschutz contra Konfliktverhütung? Die Minderheitenpolitik des Völkerbundes in den zwanziger Jahren. Marburg 2000.

keit, gar ihrer nationalstaatlichen Unabhängigkeit weitgehend mit Füßen getreten. Vorrangig Frankreich und Großbritannien sorgten dafür, dass die nun unter Völkerbundmandat stehenden deutschen Kolonien, aber auch die Überreste des Osmanischen Reiches, insbesondere im Nahen und Mittleren Osten, ihrem politischen und wirtschaftlichen Einfluss unterlagen.

MacMillan hat natürlich recht, den Versailler Vertrag trifft keine Schuld, aber sehr wohl die politischen und wirtschaftlichen Kräften der beteiligten Großmachte, die dafür sorgten, dass nicht Ausgleich, sondern neue Konfliktstoffe angehäuft wurden. Vor allem, da ist MacMillan zuzustimmen, »hatten die Friedensmacher einige der großen Probleme, vor denen sie am Anfang der Konferenz gestanden hatten, nur aufgeschoben. Der russische Bolschewismus war vielleicht eingedämmt worden, aber der lange Krieg zwischen dem kapitalistischen Westen und dem kommunistischen Osten halte gerade erst begonnen. Die deutsche Frage bildete weiterhin einen Unruheherd in Europa. Der alliierte Sieg war nicht vernichtend genug gewesen, und Deutschland war stark geblieben.«[100]

Die Siegermächte hatten wider besseren Wissens und mit vorrangigem Blick auf den eigenen ökonomischen Vorteil und die eigene Vorherrschaft einen politischen Flickenteppich und ausreichend Brennstoff für neue Konflikte hinterlassen: Durch oft willkürliche Grenzziehungen und zerschlagene Reiche wie Wirtschaftsräume fühlten sich Nationen und Staaten gedemütigt. Über 30 Millionen Menschen lebten mit der »falschen« Nationalität in den neuen Staaten. Bevölkerungsaustausche sollten das Allheilmittel sein, waren aber eher Vertreibungen und Zwangsaussiedlungen.[101] Wirtschaftliche Verflechtungen wurden zerrissen.

Die Sieger gaben sich mit Regimen zufrieden, die eine Ausweitung des sowjetrussischen Bazillus verhindern sollten. Insofern war

100 Margaret MacMillan: Die Friedensmacher. A. a. O., S. 634.

101 Siehe die zwiespältige Bilanz z. B. in: Martin Scheuermann: Minderheitenschutz contra Konfliktverhütung? A. a. O.

die prekäre Lage Deutschlands keine so große Besonderheit. Allerdings mit zwei Einschränkungen: *Zum einen* war Deutschland nach seinem Selbstverständnis wie seiner Geschichte und wirtschaftlichen Entwicklung bis 1918 eine zumindest europäische Großmacht. Die war nun zwar militärisch geschlagen und niedergedrückt, aber ihre wirtschaftlichen, wissenschaftlichen und militärischen Potenzen in Verbindung mit der europäischen Zentrallage mussten Deutschland über kurz oder lang wieder zu einer solchen Großmacht auferstehen lassen. Allerdings mussten die territorialen und wirtschaftlichen Verluste den Drang zur Revision von Versailles und vor allem der neuen Grenzen noch begünstigen.

Zum zweiten war Deutschland eben keine gefestigte Demokratie. Mit der Republikwerdung wurden zwar im Unterschied zum Kaiserreich nun demokratische Mechanismen eingeführt, eine scheinbar freie Parteienkonkurrenz etabliert, konnten die Bürger ihre Regierungen auf der Grundlage einer potenten, demokratischen, auch sozialpolitisch anspruchsvollen Verfassung in freien, gleichen und geheimen Wahlen küren. Aber diese Revolution litt vom ersten Tag an daran, dass die sich an ihre Spitze stellenden mehrheitssozialdemokratischen Politiker, schließlich die Weimarer Koalition von SPD, Zentrum und DDP, zur »Verteidigung der Demokratie« der übelsten, reaktionärsten und brutalsten Soldateska auslieferten, die Weltkrieg und antibolschewistischer wie antipolnischer Kampf im Osten hervorgebracht hatten. Die demokratische Republik vollzog keinen Bruch der Eliten. Die alte Ministerialbürokratie war im Amte geblieben. Das Eigentum des am Krieg gut verdienenden Großkapitals und der Großagrarier blieb unangetastet. Die alten (und jüngeren) Militärs behielten ihre Dienstposten oder zumindest ihren Einfluss. Das galt nicht minder für den größten Teil des Beamtenapparats, allen voran die Justiz. Vor allem aber blieb die Grundausrichtung weiter Teile der bürgerlichen Klasse, des Adels sowieso, und erheblicher Teile der Intelligenz stockreaktionär. Sie trauerten dem Kaiser und der einstigen »deutschen Größe« nach. Mit der erfolgreichen Niederschlagung revolutionärer, prosozialistischer Bewegungen 1919 bis 1923 durch Freikorps und Reichswehr gewann präfaschistisches, antikommunistisches, chauvinistisches, antisemitisches und rassistisches Gedankengut, schon seit der Kaiserzeit präsent, immer mehr an Einfluss. In einer günstigen inneren und weltpolitischen Situation konnte aus diesen Positionen, aus diesen Kräften eine Massenbewegung werden: Wenn sie die Stimmung in einer deprimierten, vielleicht krisengeschüttelten Gesellschaft richtig erkannte, wenn sie Führungspersönlichkeiten, Ideologie und Manipulationsmechanismen hervorbrachte, wenn sie einen entsprechenden Apparat der Massenmobilisierung und des Terrors etablierte und wenn sie die Unterstützung der Eliten – moralisch und finanziell – gewann. Gegen das »Versailler Diktat«, für die Wiederherstellung des Deutschen Reiches in seinen alten Grenzen, für die Wehrhaftmachung des Reiches, das konnten probate Losungen sein – und sie wurden es auch.

Startbereit für eine neue Runde Großmacht

Die wirtschaftlichen, militärischen und politischen Eliten des am Boden liegenden Deutschland suchten eine neue Perspektive für alten Glanz und neue Eroberungen, für eine Kriegsrevanche, für »Lebensraum«. An dieser Stelle wären bereits Zitate aus Hitlers während seiner Festungshaft geschriebenen Werkes »Mein Kampf« zu erwarten, die schon 1925 seine Eroberungspläne vorwegnahmen. Diese Zitate werden noch folgen, aber 1925, ja die meiste Zeit der krisengeschüttelten, dann »goldenen« Zwanziger waren Adolf Hitler und seine Partei, die NSDAP, eher Randfiguren der deutschen Innenpolitik und außenpolitisch kaum ernst genommen. Leider, muss hinzugefügt werden, denn der Aufstieg und die Massengewinnung, die konzentrierte antikommunistische, chauvinistische, antisemitische und rassistische Ideologie und Politik waren schon früh zu erkennen gewesen und hätten entschiedener und von einer breiten demokratischen Mehrheit bekämpft werden müssen. Die aber gab es nicht, und keineswegs nur deshalb, weil die beiden Arbeiterparteien heillos zerstritten und verfeindet waren.

Nach der erfolgreichen Umorientierung der Novemberrevolution hin zu einer nicht einmal vollendeten bürgerlich-demokratischen Umwälzung mussten die herrschenden Eliten nicht um ihre Macht im Inneren fürchten. Die radikale Linke war gewaltsam geschwächt worden, die Wirtschaftsverhältnisse standen nicht zur Disposition und die reaktionäre Ministerialbürokratie, die Justiz, der Sicherheitsapparat und vor allem das Militär waren unversehrt auf ihren Posten. Die strikt antikommunistische und antisowjetische Ausrichtung dieser Kräfte wurde durch die alle – zumindest alle bürgerlichen – Parteien durchziehende Ablehnung des »Versailler Diktats« noch nationalistisch untermauert. Hier konnten diejenigen anknüpfen, die auf Revanche sannen und dafür alles unternahmen, egal, welches Parteibuch der jeweilige Reichswehrminister oder Reichskanzler besaß, ob als Sozialdemokrat, Zentrumspolitiker, DVP- oder DDP-Politiker. Auch wenn sie nicht immer alles wussten, was Militärs und Wirtschaftsführer ausheckten, waren sie Verfechter eines wiederzuerstarkenden Deutschen Reiches, das sich seiner Nachbarn zumindest zu erwehren hatte. Sie sorgten dafür, dass die Stimmung im Lande so blieb, dass die alten Frontkämpfer, nun in großen Massenorganisationen organisiert, diese Verantwortung auf sich nahmen. Die Anti-Versailles-Propaganda tat ihre Wirkung und drückte zunehmend weite Teile der Mittelschichten, in den späteren Jahren aber auch eine Minderheit der Arbeiterschaft in Richtung der radikalen Rechten.

Die deutschen Militärs gingen pragmatisch mit der Situation um. Zum einen suchten sie nach Wegen, ihre Kampfkraft und Arbeitsplätze zu sichern und sich für die inneren Konflikte im Reich ebenso bereitzuhalten wie für die Auseinandersetzungen vor allem mit Polen an der neuen deutschen Ostgrenze. Das Engagement für die Konterrevolution gegen die Novemberrevolution und ihre radikalen linken Vertiefungsversuche war blutig »erfolgreich«. Egal ob die Januarkämpfe 1919, der Kapp-Putsch 1920 oder die Niederwerfung des Mitteldeutschen Aufstands 1921. Überall waren Reichswehr, Freikorps, terroristische Feme-Organisation wie die »Organisation Consul« und die faktisch als »Schwarze Reichwehr« unterhaltenen Kräfte aktiv. Die Restriktionen des Versailler Vertrages interessierten ebenso wenig wie die Kritik der Linken in der Weimarer Republik. Und selbst der bürgerlich-demokratische Teil der neuen Macht war vor Mord und Verfolgung nicht sicher, wie die Morde an Matthias Erzberger oder Walther Rathenau belegten.

Zum andern aber bereiteten die gerade im Großen Krieg gescheiterten Generäle den militärischen Wiederaufstieg und die Revanche vor. Der Chef der Heeresleitung, dem Ersatzorgan für den verbotenen Großen Generalstab, Generaloberst Hans von Seeckt, brachte 1922 »Strategische Überlegungen« zu Papier. In ihnen entwickelte er sein Credo für die ebenso notwendige geistige Wiederbewaffnung. »Deutschland wird nicht bolschewisiert, auch nicht durch eine Verständigung mit Russland in äußeren Fragen. Das deutsche Volk soll in seiner sozialistischen Mehrheit einer aktiven Politik, die mit Kriegsmöglichkeiten rechnen muss, abgeneigt sein. Es ist zuzugeben, dass der Geist, der über der Versailler Friedensdelegation schwebte, noch nicht verschwunden ist und dass der törichte Ruf: ›Nie wieder Krieg‹ verbreiteten Nachhall findet. Er findet ihn auch in manchen pazifistischen bürgerlichen Kreisen, aber es gibt auch unter den Arbeiterkreisen, auch in der offiziellen Sozialdemokratischen Partei, viele, die nicht gewillt sind, den Franzosen und Polen aus der Hand zu fressen. Gewiss besteht im deutschen Volk weitgehendes und erklärliches Friedensbedürfnis. Am klarsten wird das Für und Wider des Krieges in militärischen Köpfen abgewogen werden, aber Politik treiben, heißt führen. Dem Führer wird trotz allem das deutsche Volk in einen Kampf um seine Existenz folgen. Diesen Kampf vorzubereiten, ist die Aufgabe; denn erspart wird er uns nicht.«[102]

102 [Hans von] S.[eeckt]: Deutschlands Stellung zum russischen Problem. Antwort auf ein Promemoria des Grafen Brockdorff-Rantzau an den Reichskanzler vom 11. September 1922. In: John W. Wheeler-Bennett: Die Nemesis der Macht. Die deutsche Armee in der Politik 1918-1945. Düsseldorf 1954, S. 158.

Das Bezeichnende am Vorgehen der eher rechten, konservativen und nationalistisch gestimmten deutschen Eliten war, dass sie fast vom ersten Tag des Friedens an erfolgreich daran gearbeitet haben, die Auflagen des Versailler Vertrages und die Perspektive eines friedliebenden Deutschland in einem sich wandelnden Europa zu untergraben.

Im Kontext des Rapallo-Vertrages ist bereits auf die schon zuvor beginnende militärische und wehrtechnische Zusammenarbeit von Reichswehr und Roter Armee hingewiesen worden, nicht zuletzt auch begünstigt durch die Abneigung gegenüber dem wiedererstandenen polnischen Staat, den beide aus jeweils eigenen Gründen nicht wollten. Deutschland litt unter der expansiven Wiederherstellung des polnischen Staates zu Lasten seiner Gebiete und Wirtschaftsstandorte sowie unter den Konsequenzen der Umsiedlung Deutscher ins Reich bzw. der polnischen Assimilierungspolitik. Sowjetrussland hatte ebenfalls Gebiets- und Bevölkerungsverluste zu beklagen und in den militärischen Auseinandersetzungen mit Polen einen erbitterten antikommunistischen Feind erlebt. Auch wenn die Zusammenarbeit letztlich beiden Seiten nicht den großen strategischen oder rüstungstechnischen Fortschritt gebracht hatte und selbst deutsche Rüstungskonzerne zurückhaltend blieben, bestimmte diese Zusammenarbeit einige Jahre das Verhältnis beider Staaten positiv. Von der gemeinsamen Arbeit zur Entwicklung der (für Deutschland verbotenen) Panzerwaffe, Luftwaffe oder den chemischen Waffen profitierten mittel- und langfristig beide Seiten. Die militärische Schulung wichtiger Militärs an den Waffen und bei ihrem verbundenen Einsatz auf dem Schlachtfeld sicherte den Zugang zu einer modernen Kriegsführung. Das schlug sich dann bei den faschistischen Truppen im Zweiten Weltkrieg und gegen die Sowjetunion nieder. Bekanntester Vertreter ist der spätere Generaloberst Heinz Guderian, der nicht zuletzt als Leiter der Panzerschule Kama bei Kasan in der Sowjetunion erste Erfahrungen als späterer Befehlshaber großer Panzerverbände sammelte. Das bereicherte ebenso das strategische Denken und die entsprechende Streitkräfteentwicklung in der Sowjetunion. Hier ist anzumerken, dass wichtige Erfahrungsträger dieser Entwicklungen wie Marschall der Sowjetunion Michail Nikolajewitsch Tuchatschewski Opfer der Stalin'schen Säuberungen wurden, vermutlich als Opfer gezielter deutscher Desinformation und Stalins krankhaften Misstrauens.[103]

In der ersten Hälfte der 1920er Jahre zeigte es sich allerdings schnell, dass diese Zusammenarbeit neben einigen praktischen Ergebnissen vor allem eine psychologische Bedeutung haben konnte. Hier sei aus einem Brief des sowjetrussischen Außenhandels-Volkskommissars Leonid Borissowitsch Krassin vom Sommer 1921 an Lenin zitiert. Seine Momentaufnahme offenbarte die ganze Widersprüchlichkeit dieser Kooperation und deutet Gründe für ihren letztlich zwar spektakulären, aber von der Bedeutung her doch begrenzten Charakter an: »Mit den Erbsenzählern und Geizhälsen aus den Wirtschafts- und Finanzkreisen, die von England eingeschüchtert werden und sich jetzt mit ihm gut stellen wollen, werden wir in Militärangelegenheiten nichts ausrichten können. Wenn die Militärspezialisten aus Deutschland und überhaupt alle, die ernsthaft an Revanche denken, endlich zu dem auf der Hand liegenden Schluss gekommen sind, dass man im Inneren Russlands unverzüglich Rüstungsfabriken und -betriebe aufbauen muss, und wenn sie bereit sind, für diese Angelegenheit eine Menge Geld zu Verfügung zu stellen, dann kann man sich bereits zum jetzigen Zeitpunkt an die Organisierung einer zwar nicht zu großen, aber gut aufgestellten Rüstungswirtschaft in Russland nach einem von den Militärs streng umrissenen technischen Programm machen […] Ein kommerzielles Gehirn kann eine solche Fragestellung nicht bewältigen; die Militärs jedoch, die eine Befreiung vom Joch der Entente wünschen, müssen eine solche Idee begrüßen und einen entsprechenden Goldfonds für ihre Verwirklichung ausfindig machen […] Die Angelegenheit muss so organisiert werden, dass sie vor England völlig

103 Siehe durchaus widersprüchliche Untersuchungen dazu: Ivan Pfaff: Prag und der Fall Tuchatschewski. In: VfZ. H. 1/1987, S. 95-134; Igor Lukes: Stalin, Benesch und der Fall Tuchatschewski. In: ebd. H. 4/1996, S. 527-547.

verborgen bleibt.«[104] Krassin erkannte hier bereits in den Anfängen einen Dauerkonflikt auf deutscher Seite. Die professionellen Interessen der Reichswehr waren nicht identisch mit den politischen und antikommunistischen Positionen wichtiger Kreise der Wirtschaft, trotz der auch für sie oft profitablen Möglichkeiten. Auf einem anderen Blatt stehen die dann 1926 seitens der SPD geführten politischen Angriffe sowohl gegen die Reichswehr und ihre geheime Rüstung als auch gegen die Sowjetunion, die sich der deutschen Militaristen bediene.[105]

Letztlich blieben diese Vorgänge nicht geheim und die erwarteten Geld- und Goldströme gab es so auch nicht. Trotzdem: Über Jahre hinweg suchten Militär und Reichsregierung die Kontrolleure der Siegermächte hinsichtlich der abzuliefernden Bewaffnung und der Bestandsreduzierungen hinters Licht zu führen. Das gelang zwar nur bedingt, aber trotzdem waren die deutschen Anstrengungen wirkungsvoll. Geheimorganisationen wie die »Organisation Consul« als eher terroristische Struktur oder die »Orgesch« als rasch mobilisierbare »Verfügungseinheiten« oder diverse »Arbeitskommandos« sollten die Kontinuität der Freikorps sichern. Insgesamt wurde durch staatliche und militärische Stellen eine »Schwarze Reichswehr« unterhalten, die besonders auf den ostelbischen Gutshöfen noch Jahre fortexistierte.

Diese Kräfte waren *einerseits* eine wichtige Reserve für den gegen die Linke immer noch erwarteten Bürgerkrieg. Im Zweifelsfall sollten sie auch die demokratisch gewählten Regierungen stürzen.[106] Mit

---

104 Dok. 55: Bericht Leonid Krasins an Lenin über die Verhandlungen mit deutschen Industriellen und Financiers in Berlin zur geheimen militärischen Zusammenarbeit. 26.9.1921. In: Hermann Weber / Jakov Drabkin / Bernhard H. Bayerlein (Hg.): Deutschland, Russland, Komintern – II. Dokumente (1918-1943). Teilband 1. A. a. O., S. 202.

105 Ausführlich in: Stefan Bollinger: Meinst du, die Russen wollen Krieg? A. a. O., S. 90 ff.

106 Diese praktischen konterrevolutionären Erfahrungen wurden seit 1918/19 in wiederholten bürgerkriegsähnlichen Konflikten, verbunden mit massiven Massakern unter politischen Gegnern und Zivilisten, gesammelt. Erinnert sei

ihren Fememorden sorgten sie zudem für eine latente Unsicherheit unter den Gegnern der Reaktion und potenziell Abtrünnigen in den eigenen Reihen.[107] Diese Aktivitäten waren zwar noch improvisiert, aber mit preußisch-deutscher Gründlichkeit. Allein während der Herbstkrisen 1923 gelang es binnen kürzester Zeit und im Bruch des Versailler Vertrages ca. 40.000 »Zeitfreiwillige«[108] zur Verstärkung der Truppe zu mobilisieren. Zu bedenken ist auch, dass von den 220.000 entlassenen Offizieren mindestens 116.000 in Offiziersvereinigungen zusammengefasst waren und für einen Tag X bereitstanden.[109]

Auch wenn hier aus naheliegenden Gründen die deutsch-sowjetische Zusammenarbeit mit ihren fatalen Langzeitfolgen thematisiert wurde, bleibt anzumerken, dass deutsche Regierung, Reichswehr und interessierte Wirtschaftskreise sehr wohl in breitem Umfang europa- und weltweit nach Möglichkeiten der Fortsetzung der rüstungstechnischen Entwicklung gesucht haben. Das wird heute gerne ausgeblendet, weil es in das antisowjetische bzw. antirussische Feinddenken besser passt. Es wirft aber auch einen irritierenden

an die Januar- und Märzkämpfe 1919, die Niederwerfung der Bremer und der Münchner Räterepubliken, die Aktionen 1921 gegen aufständische Arbeiter oder die Reichsexekutionen gegen die Arbeiterregierungen in Sachsen und Thüringen 1923. Im März 1920 haben diese Kräfte, mit Duldung oder wohlwollender Neutralität der regulären Reichswehr, unter Leitung von Generallandschaftsdirektor Wolfgang Kapp und General der Infanterie Walther Freiherr von Lüttwitz gegen die deutsche Regierung geputscht und nach dem Scheitern gemeinsam mit regulären Reichswehr- und Polizeiverbänden die mobilisierten Arbeiter, die die Republik verteidigen wollten, rücksichtlos angegriffen und niedergeworfen.

107 Anschaulich beschrieben bei: Bernhard Sauer: Schwarze Reichswehr und Fememorde. Eine Milieustudie zum Rechtsradikalismus in der Weimarer Republik. Metropol Verlag Berlin 2004.

108 Zur ursprünglichen Bürgerkriegsfunktion der Zeitfreiwilligen siehe: Erwin Könnemann: Einwohnerwehren und Zeitfreiwilligenverbände. Ihre Funktion beim Aufbau eines neuen imperialistischen Militärsystems (November 1918 bis 1920). Berlin 1971.

109 Siehe Hermann Rahne: Mobilmachung. Militärische Mobilmachungsplanung und -technik. A. a. O., S. 162, 159.

Blick auf die Interalliierte Militär-Kontrollkommission (aus Franzosen, Belgiern, Briten, Italienern und Japanern), die offensichtlich mehr wusste, als sie bereit war zu verhindern.

Auf ein besonders spektakuläres und in mehrfacher Hinsicht gegen den Versailler Vertrag und dem Sinne nach zumindest gegen das Völkerecht verstoßendes Vorgehen sei hier noch verwiesen. Die mit Frankreich abgestimmte Unterstützung Spaniens in dessen beider Krieg gegen die Rif-Kabylen unter dem Führer der Unabhängigkeitsbewegung, Mohammed Abd al-Karim, 1923-26. Deutsche Unternehmen und Spezialisten sorgten durch die Lieferung von Technologien, von noch in Deutschland vorhandenen Kampfstoffen bzw. Ausgangsprodukten sowie Bereitstellung von aktiven Militär- und Industrieberatern für den »Erfolg« der Kolonialtruppen. Die spanischen und französischen Kräfte erhielten durch deutsche Ingenieure die notwendige technische und taktische Unterstützung für den Einsatz von Lost/Senfgas-Kampfstoffen gegen die Aufständischen in Nordafrika. Dieser Chemiewaffeneinsatz sicherte den Sieg Spaniens und Frankreichs gegen die um ihre nationale Unabhängigkeit kämpfenden Berber.[110]

Ein wenig Licht in diese Beziehungen bringt eine Reise von Hauptmann Grauert und Leutnant Jeschonnek von April bis Juli 1925 nach Spanien In ihrem geheimen Bericht[111] dazu heißt es: »Der

110 Ausführlich bei: Rudibert Kunz / Rolf-Dieter Müller: Giftgas gegen Abd-el-Krim. Deutschland, Spanien und der Gaskrieg in Spanisch-Marokko 1922-1927. Freiburg im Breisgau 1990; siehe auch: Dirk Sasse: Franzosen, Briten und Deutsche im Rifkrieg 1921-1926. Spekulanten und Sympathisanten, Deserteure und Hasardeure im Dienste Abdelkrims. München 2006.

111 Dok. 6. Auszug aus dem geheimen Bericht von Hauptmann Grauert und Leutnant Jeschonnek über die Reise nach Spanien von April bis Juli 1925. In: Rudibert Kunz / Rolf-Dieter Müller: Giftgas gegen Abd-el-Krim. A. a. O., S. 199-214. Ulrich Grauert und Hans Jeschonnek waren für diese Aufgabe »beurlaubt« worden und sie waren auch im Einsatz in spanischen Flugzeugen. Sie machten beide Karriere in der Wehrmacht, wurden Generaloberste der Luftwaffe, Jeschonnek zuletzt als Generalstabschef der Luftwaffe. Grauert, als Befehlshaber des I. Fliegerkorps, er wurde ironischerweise 1941 von einem polnischen Flieger in der britischen Royal Air Force abgeschossen.

Reise lag der Gedanke zugrunde, 2 Offizieren die Möglichkeit zu geben, einige Zeit in einem Fliegerverbande an der Front Dienst zu tun, um dabei besondere Erfahrungen im Gaskampf aus der Luft zu sammeln. Ihr Charakter musste daher inoffiziell sein. […] Zu Beginn des Abschnittes über den Gaskampf in Marokko muss betont werden, dass die Firma St. […][112] uns auf unserer Reise in Marokko außerordentlich unterstützt hat. Insbesondere der Vertreter der Firma in Melilla, der sich dort bereits 1½ Jahre befindet, hat uns durch seine Kenntnis des Landes und seinen sehr großen Bekanntenkreis innerhalb des spanischen Offizierskorps in Marokko sehr geholfen […]. Bevor die Firma nach Marokko kam, stellten die Spanier in ihr unter französischer Anleitung Gasbomben her, über deren geringe Wirkung die Spanier ein vernichtendes Urteil fällen. Die innere Anlage ist dann von der Firma in sehr kurzer Zeit zur Aufnahme der Yperitherstellung neu geschaffen worden. Die Einrichtung erscheint sehr einfach und praktisch. Heute arbeitet die Fabrik mit einer Belegschaft von drei Offizieren und zweihundert Soldaten. An deutschem Personal ist lediglich der Leiter der Fabrik und ein Werkmeister vorhanden. Die zur Herstellung des Yperits[113] erforderlichen Stoffe, Oxol, Salzsäure und Schwefelsäure, werden von der Firma aus Hamburg geliefert.«[114]

Spätestens nach 1923 war dieses »Unwissen« der Siegermächte und ihrer Kontrollorgane in Deutschland nicht mehr nur mit der

112 Auslassung im Original. St. steht für Hugo Stolzenberg, im Ersten Weltkrieg Spezialist für die chemische Kriegsführung. Er sollte, inzwischen verabschiedet, die Beseitigung der deutschen chemischen Waffen gemäß Versailler Vertrag organisieren, u. a. in einem entsprechenden Objekt im Munsterlager. Mit seiner Chemiefirma sicherte er aber den Fortbestand dieser Waffen in Deutschland und suchte erfolgreich Wege, Produktion und Forschung in anderen Staaten fortzusetzen. Als Unternehmer sicherte er die entsprechende Ausrüstung Spaniens während des Rifkrieges. Seine Spezialistenkarriere endete erst im hohen Alter und immer noch nachgefragt in der BRD.

113 In diesem Zusammenhang sind Yperit, Lost und Senfgas Bezeichnungen für die gleiche Familie hautschädigender chemischer Kampfstoffe.

114 Dok. 6. Auszug aus dem geheimen Bericht von Hauptmann Grauert und Leutnant Jeschonnek. A. a. O.

Verschleierung durch deutsche Stellen zu erklären, sondern offenbar auch mit dem Wissen, dass deutsches Militär und deutsches Rüstungs-Know-how wieder gebraucht wurden. Deutsche Ingenieure hatten Panzerentwicklungen etwa in Schweden vorangetrieben (die Landsverk-Reihe). Krupp stieg mit erheblichen Summen in die schwedischen Bofors-Werke ein und sammelte so Erfahrungen bei der Entwicklung moderner Artillerie- und Flugabwehrwaffen.[115] Krupp konnte sich später rühmen, die gesamte für den 1939 beginnenden Krieg benötigte Artilleriebewaffnung bereits in den 1920er Jahren konzipiert, entwickelt und erprobt zu haben. Zu diesen Waffen gehörte beispielsweise die legendäre 8,8 cm große Flak 18, das Rückgrat der Luftverteidigung im Kriege, aber auch die effektivste Panzerabwehrwaffe und schließlich auch wichtige Bewaffnung deutscher Panzer, vor allem des »Tigers«. In Holland wurden Tarnfirmen etabliert, die Schaltstellen für eine fortgesetzte und weltweit begehrte und natürlich illegale U-Boot-Entwicklung waren, die die Marinen der Türkei, Spaniens, Japans oder Finnlands beglückte. Die »schwarze Waffenproduktion« war mit deutscher Tüchtigkeit, der Negierung von Verboten und der geschickten politischen und wirtschaftlichen Kontaktpflege die Grundlage dafür, dass mit dem Zerbrechen des »Versailler Diktats« durch Hitler binnen kürzester Zeit die Aufrüstung des Reiches möglich wurde.[116]

Mitten im Zweiten Weltkrieg rühmte sich Gustav Krupp, nach dem Krieg Hauptangeklagter des Nürnberger Militärtribunals, der aus gesundheitlichen Gründen von Strafverfolgung verschont wurde, während sein Sohn nach drei Jahren aus der Haft freikam, seines aktiven Beitrags für die deutsche Kriegsvorbereitung. »Ich sehe also nicht ein […], wieso die Fabrikation von Kriegsmaterial ein

115 Näheres bei Michael Epkenhans: Grundprobleme des Verhältnisses von Staat, Militär und Rüstungsindustrie in Deutschland, 1871-1933. In: Moving the Social: Journal of Social History and the History of Social Movements. Bochum. Vol. 28 (2003), S. 81-112.

116 Ausführlicher zu Krupps Aktivitäten: William Manchester: Krupp. Zwölf Generationen. München 1968, S. 337-346.

finsteres Gewerbe sein soll! Nein: Kriegsmaterial ist lebensparend für das eigene Volk und stolz darf sein, wer auch immer in dieser Sphäre werkt und wirkt; das Unternehmertum zumal findet hier seine höchste Bewährung. Diese Bewährung [...] erhärtete sich besonders auch in jener Zeit des ›Interregnums‹, in den Jahren zwischen 1919 und 1933, als Deutschland entwaffnet darniederlag. [...] Es ist ein einmaliges Verdienst der gesamten deutschen Wehrwirtschaft, dass sie in diesen bösen Jahren nicht untätig gewesen ist, mochte ihre Wirksamkeit auch aus erklärlichen Gründen dem Lichte der Öffentlichkeit entzogen sein. In jahrelanger stiller Arbeit wurden die wissenschaftlichen und sachlichen Voraussetzungen geschaffen, um zu gegebener Stunde ohne Zeit- und Erfahrungsverlust wieder zur Arbeit für des Reiches Wehrmacht bereitzustehen. [...] So wie damals ein 100000-Mann-Heer die Tradition der alten ruhmreichen Armee wahrte, so gab es, bildlich gesprochen, auch ein 100000-Mann-Heer der Wirtschaft, das die Überlieferung der Rüstungsindustrie aufrechterhielt. [...] Nur durch diese verschwiegene Tätigkeit deutschen Unternehmertums, aber auch auf Grund der mit dem Friedensmaterial inzwischen gewonnenen Erfahrungen, konnte nach 1933 unmittelbar der Anschluss an die neuen Aufgaben der Wiederwehrhaftmachung erreicht [...] werden«.[117]

Andererseits sollten Reichswehr und geheime Rüstungen den Grundstock abgeben für den Aufbau einer neuen starken deutschen Streitmacht. Die Reichswehr sollte als »Kaderarmee«, als »Führerarmee« aufgestellt und entwickelt werden. Bei politisch günstiger Lage und entsprechenden rüstungsseitigen Voraussetzungen sollte sie in kürzester Frist zu einem Millionen-Mann-Heer anwachsen. Die potenziellen Gegner waren ausgemacht: Sicher die Mächte im Westen, also Frankreich vor allem, auch wenn in absehbarer Zeit nicht erfolgreich bekämpfbar. Allerdings spielten Militärs und Politiker zeitweilig mit dem Gedanken, aus dem »Ruhrkampf«, also der

117 Dok. 160. Aus dem Entwurf einer Rede Krupps, die er Ende 1943 oder Anfang 1944 vor der Deutschen Akademie in Berlin halten wollte. In: Ulrike Hörster-Philipps: Großkapital und Faschismus 1918-1945. A. a. O., S. 206

Besetzung des Ruhrgebietes 1923 durch französische sowie belgische Truppen und dem Widerstand gegen diese Besetzung, einen Krieg gegen Frankreich vom Zaune zu brechen. Aus dem von der Reichsregierung angeordneten »passiven Widerstand« mit seinen Terroranschlägen und Vergeltungsmaßnahmen sollte ein Verzweiflungskampf das »Versailler Diktat« diskreditieren und die Siegermächte zum Einlenken bewegen.

Im Osten hatten die Gebietserweiterungen zuvörderst durch Polen stets die Frage aufgeworfen, ob die hier nicht klar fixierten Grenzen durch einen Krieg wieder verschoben werden konnten. Gerade im Osten schlugen die Gebietsverluste, besonders in Oberschlesien, mit den herben Einschränkungen von Agrarproduktion und vor allem der Rohstoff- und Schwerindustrie ins Kontor. Wenn schon keine Revanche im Westen möglich war, boten sich die lange unter deutscher und anderer Fremdherrschaft gedrückten Slawen mit ihren noch jungen Staaten allemal als Objekte der Begierde an. Hier verbanden sich die Interessen der Wirtschaft mit denen des Militärs. Schon im Oktober 1922 berichtete ein US-Diplomat von einem Gespräch mit der damals zentralen Figur des deutschen Großkapitals, Hugo Stinnes, dass dieser »seine Interessen in ganz Deutschland und Österreich [konsolidiert], [er] erwirbt Interessen in Italien, der Tschechoslowakei und Schlesien, um so, wenn auch mehr auf industriellem als auf militärischem Gebiet, das alte deutsche Kaiserreich wieder herzustellen«. Seine wirtschaftlichen Aktivitäten zielten auf »einen riesenhaften Trust, einen deutschen Trust mit französischem Schwanz, der sicherlich versuchen würde, die Welt zu beherrschen. Die Vision von Stinnes reicht weit. Er sieht, wie der Weg gen Osten sich wieder öffnet, das Verschwinden von Polen, die deutsche wirtschaftliche Ausbeutung von Russland und Italien. Seine Absicht ist friedlich und auf Wiederaufbau gerichtet.« Und der Diplomat fragte sich und seine Leser im Washingtoner State Department: »Wird sie nicht vielleicht doch zu einem neuen Krieg führen, falls wir und der Rest der Welt nicht gewillt sind, uns unter deutsche Oberherrschaft zu begeben?

Ich bin dessen nicht sicher, doch ist die Idee es wert, in Betracht gezogen zu werden.«[118]

»Nicht kleckern, sondern klotzen«, ein Wort, das der Wehrmachtsoffizier Heinz Guderian zur Zeit des Zweiten Weltkriegs prägen wird, kennzeichnete sichtlich die Handlungsmaxime der deutschen militärischen Führung schon in der frühen Weimarer Republik. Die Zielstellung hatte Generaloberst Hans von Seeckt schon 1922 klar und unmissverständlich formuliert – und dabei mögliche Bündnisse jenseits aller ideologischen Vorbehalte abgesteckt: »Polens Existenz ist unerträglich, unvereinbar mit den Lebensbedingungen Deutschlands. Es muss verschwinden und wird verschwinden durch eigene innere Schwäche und durch Russland – mit unserer Hilfe. Polen ist für Russland noch unerträglicher als für uns; kein Russland findet sich mit Polen ab. Mit Polen fällt eine der stärksten Säulen des Versailler Friedens, die Vormachtstellung Frankreichs. Dieses Ziel zu erreichen, muss einer der festesten Richtungspunkte der deutschen Politik sein, weil er ein erreichbarer ist. Erreichbar nur durch Russland oder mit seiner Hilfe. Polen kann niemals Deutschland irgendwelchen Vorteil bieten, nicht wirtschaftlich, denn es ist entwicklungsunfähig, nicht politisch, denn es ist Vasall Frankreichs. Die Wiederherstellung der Grenze zwischen Russland und Deutschland ist die Voraussetzung beiderseitiger Erstarkung.«[119]

Klar war, mit den zugestandenen 100.000 Mann in sieben Infanterie- und drei Kavallerie-Divisionen, ohne modernes Kriegsgerät wäre weder eine effektive Verteidigung, geschweige denn ein Revanchekrieg gegen die alten Feinde zu führen. Generaloberst von Seeckt hatte schon 1923 einen »Großen Plan« für die Wiederaufrüstung

---

118 Auszug aus dem politischen Tagebuch des Chefs der Westeuropäischen Abteilung des U. S. Department of State, W. R. Castle [Tagebucheintragung, datiert 19. November 1922, zu einem Gespräch am 30. Oktober mit Hugo Stinnes in der US-Botschaft]. In: George W. F. Hallgarten: Hitler, Reichswehr und Industrie. Zur Geschichte der Jahre 1918-1933. Frankfurt/M. 1962, 3. Aufl., S. 58.

119 [Hans von] S.[eeckt]: Deutschlands Stellung zum russischen Problem. Antwort auf ein Promemoria des Grafen Brockdorff-Rantzau an den Reichskanzler vom 11. September 1922. A. a. O., S. 156.

des Reiches verbreitetet. 102 Divisionen zuzüglich weiterer Kräfte waren sein Ziel, ein Kriegsheer mit 2,3 bis 3 Millionen Mann wollte er aufgestellt wissen. Ein weitsichtiger Plan, der letztlich tatsächlich in dieser Größenordnung und mit nur wenigen Korrekturen bis zu dem damals noch nicht abzusehenden Kriegsbeginn 1939 stoisch betrieben wurde. Aber makaber: Die Jahreszahl 1939 war von Seeckts Planungszahl.[120] Tatsächlich wurden systematisch Rekrutierung der Freiwilligen, Ausbildung der Offiziere ebenso wie die geheimen im Ausland betriebenen Rüstungen, die Entwicklung von neuer moderner Kampftechnik und -strategie auf dieses Ziel bereits in den 1920er Jahren ausgerichtet. Ein diktatorisches Regime sollte im Selbstverständnis dieser vermeintlich republikanischen Armee den Übergang zu neuer Größe erleichtern, die geistige »Wehrhaftmachung« des Volkes wurde als unverzichtbar angesehen. Mit der Machtübernahme durch die Faschisten konnte dieser Weg nur entschlossener und spätestens ab 1934/35 auch vollkommen offen eingeschlagen werden.[121]

Aber auf einem Weg, der in tiefster Weimarer Republik durch die Militärs bis ins Detail vorgezeichnet wurde. 1924 entwickelte Oberst Joachim von Stülpnagel,[122] Leiter der Heeresabteilung im Truppenamt des Reichsheeres, seine Ideen »Über den Krieg der Zukunft«. Pathetisch formulierte er: »Heute geht schon ein Erwachen durch einen großen Teil des Volkes, ein Erkennen, dass ein Volk ohne eigene Rüstung in dieser waffenklirrenden Zeit nur ein Spielball anderer Völker ist, aber auch, dass das Diktat von Versailles nur der Abschluss eines Kriegsabschnitts war, dem ein neuer, mit größter Erbitterung geführter Kriegsabschnitt gefolgt ist, der das Ende

120 Siehe Carl Dirks / Karl-Heinz Janßen: Der Krieg der Generäle. A. a. O., S. 13.

121 Dok. I. Gedanken über den Krieg der Zukunft. Vortrag von Oberst Joachim von Stülpnagel, Leiter der Heeresabteilung (T 1) im Truppenamt des Reichsheeres, Februar 1924. In: Carl Dirks / Karl-Heinz Janßen: Der Krieg der Generäle. A. a. O., S. 193 f.,198, 209.

122 Der belesene Generalstabsoffizier Joachim von Stülpnagel schied nach Querelen mit seinen Vorgesetzten 1931 als General der Infanterie aus dem aktiven Dienst aus, wurde 1939 kurzeitig Befehlshaber des Ersatzheeres, aber wegen Kritik an der Kriegsführung bald entlassen.

Deutschlands, die Vernichtung seines politischen, wirtschaftlichen und kulturellen Eigenlebens zum Ziel hat. Entweder Deutschland kapituliert für ewig – der Gedanke ist gottlob allen Deutschen heute schon unerträglich – oder Deutschland versucht noch einmal in einer großen Erhebung mit den Waffen die Frage zu entscheiden, ob 100 Mill. Deutsche die Sklaven von 40 Mill. Franzosen werden müssen. ›Die Geschichte kennt kein Volk‹ – sagt [Oswald] Spengler mit Recht – ›dessen Weg tragischer gestaltet wäre, als der unsere. In den großen Kriegen kämpften alle um Sieg oder Verlust. Wir kämpfen immer um Sieg oder Vernichtung.‹[123]«[124]

Der militaristische Vordenker formulierte seinen Anspruch an Führung für das deutsche Volk, um den Revanche- und Welteroberungskrieg führen zu können: »Diktatorische Gesetze, strengste Zucht, höchste Ansprüche an die Führer jeden Grades sind selbstverständlich. Opfer müssen von jedem Volksgenossen verlangt werden. Gegenseitiges Vertrauen und Kenntnis der wahren Lage wecken den Gemeinsinn, an dem es uns im letzten Kriege vielfach fehlte, in dem allzu viele aus Unkenntnis oder Selbstsucht wie zwischen Scheuklappen sich bewegten. […]«[125] Dass – bei allen Unterschieden und Konflikten im Detail – eine breite rechte, profaschistische Stimmung herrschte ist unübersehbar. Der Obrist weiß: »Noch ist die Zeit zum Handeln nicht reif. Wir brauchen noch Geduld, aber zu dieser führt unmittelbar die Erkenntnis, dass eine Bewegung, die ein ganzes Volk ergreift, Zeit braucht. *Wir müssen sie stärken und führen, denn es ist für uns keine andere Wahl, als dass wir entweder zu Grunde gehen oder uns durchsetzen.* Nichts Großes geschieht in der Welt ohne Leidenschaft. Wir müssen heute unser heißes Herz noch oft bezwingen, das nenne ich nationale Disziplin. Es ist den Männern der Befreiungskriege auch nicht anders gegangen, und

---

123 Ein etwas freies Zitat aus: Oswald Spengler: Preussentum und Sozialismus. München 1920, S. 6.

124 Dok. I. Gedanken über den Krieg der Zukunft. A. a. O., S. 193 f.,198, 209.

125 Ebd., S. 193 f., 198, 209.

so kann ich nicht besser schließen als *mit* den Worten von [August Neidhardt von] *Gneisenau* im Jahre 1808: ›Ein gewisses *Vorgefühl sagt mir, dass der Tag der Rache kommen wird* – auf die Möglichkeit dieses Tages sollen alle unsere Bemühungen gerichtet sein.‹[126]«[127]

In der Tat war die Polen-Phobie der gemeinsame Nenner mit der Sowjetunion. In der Schlussphase der Bürger- und Interventionskriege in Sowjetrussland wollte Polen seine Territorien im Osten, in der Ukraine, aber auch gegen Litauen erweitern und gleichzeitig die Sowjetmacht bekämpfen. Die Kämpfe zogen sich seit 1919 hin und erreichten 1920 ihren Höhepunkt. Der Polnisch-Sowjetische Krieg bescherte 1920 Moskau und Warschau wechselndes Kriegsglück.[128] Schien es zunächst, dass die sowjetischen Truppen erfolgreich die polnische Aggression beantworten konnten und es endlich die Möglichkeit gab, die Revolution nach Westen zu tragen, so musste doch bald eine Niederlage eingesteckt werden. Lenin und seine Regierung setzten schließlich im Konflikt mit Polen alles auf eine Karte. Sie wollten »mit dem Bajonett die Reife Polens für eine soziale Revolution testen« und »diese Reife war gering«.[129] Denn die erwartete Revolutionsbegeisterung der polnischen Arbeiterklasse blieb aus. Sie stand wie die bäuerliche Mehrheit patriotisch zu ihrem neuen Staat und machte sich wenig Gedanken, dass sie dieses wiedergewonnene Land letztlich für polnische Kapitalisten und Grundbesitzer und ihre westlichen Bundesgenossen verteidigten. Das »Wunder an der Weichsel« wurde sprichwörtlich, als Polens starker Mann und Heer-

126 Zit. in Max Lehmann: Scharnhorst. Zweiter Teil. Seit dem Tilsiter Frieden. Leipzig 1887, S. 166.

127 Dok. I. Gedanken über den Krieg der Zukunft. A. a. O., S. 193 f., 198, 209.

128 Einen Überblick aus eher polnischer Perspektive bietet: Adam Zamoyski: Warsaw 1920. Lenin's Failed Conquest of Europe. London 2008; siehe auch Stephan Lehnstaedt: Der vergessene Sieg. Der Polnisch-Sowjetische Krieg 1919/20 und die Entstehung des modernen Osteuropa. München 2019.

129 Vladimir Lenin.: Political Report of the Central Committee RKP(b) to the Ninth All-Russian Conference of the Communist Party (20.09.1920). In: Richard Pipes (Ed.): The Unknown Lenin. From the Secret Archives. New Haven / London 1996, S. 100 (eigene Übers., St. B.).

führer Józef Piłsudski mit anglofranzösischer Unterstützung die sowjetrussischen Verbände schlug. Die hatten sich zu weit von ihrem Hinterland entfernt, ihre Nachschublinien überdehnt. Die Truppenführer der Roten Armee hatten zu viel Ehrgeiz und zu wenig Koordination.

Im Frieden von Riga 1921 musste die Sowjetunion erhebliche Teile der Sowjetukraine und Sowjetbelorusslands Polen überlassen. Die Hoffnung, auf revolutionärer Grundlage die verlorenen Gebiete des alten Russischen Reiches zurückzugewinnen, scheiterte. Zugleich waren für den polnischen Staat wie für die Beziehungen zum damaligen Sowjetrussland langfristige Folgen vorprogrammiert. Im Friedensvertrag wurde entgegen einer 1919 auf Veranlassung des damaligen britischen Außenministers George Curzon definierten Sprachgrenze zwischen den polnischen und den anderen Bevölkerungsgruppen, der sogenannten »Curzon-Linie«, eine Grenzziehung 250 Kilometer ostwärts dieser Linie zu Lasten Sowjetrusslands und seiner Verbündeten vorgenommen. Polen erhielt damit Gebiete mit starken ukrainischen, belorussischen, auch litauischen Minderheiten. Warschau bekam damit im Osten ein neues Minderheitenproblem, wie es im Westen des Landes eines bereits mit der nunmehrigen deutschen Minderheit hatte.

Führende polnische Politiker, so auch Piłsudski, hatten die Wiedergeburt eines polnischen Staates als Gelegenheit betrachtet, die Grenzen des Jahres 1795 wiederherzustellen. Idealerweise sollte ein Staatsgebilde Polen-Litauen, die alte Königliche Republik, die Rzeczpospolita, wieder auf der Landkarte verankert werden. 125 Jahre politischer, aber auch wirtschaftlicher, und dies hieß kapitalistischer Entwicklung, zu überspringen, die wie in vielen Regionen der Welt entflammten nationalistischen Gefühle anderer Völkerschaften zu akzeptieren, das brachte auch der wiedergeborenen Republik Polen Konflikte. Vorteil Polens nach seiner Staatsgründung als Zweite Polnische Republik am 11. November 1918 (also nach der deutschen Niederlage) war seine frühzeitige enge Bindung an die westlichen Großmächte (nachdem Piłsudski im Ersten Weltkrieg als Führer der Polnischen Legion rechtzeitig mit den Mittelmächten gebrochen hatte). Der neue Staat profitierte von der Tatsache, dass die strittigen Gebiete im Osten durch die militärischen Erfolge Deutschlands und seiner Verbündeten durch den Vertrag von Brest-Litowsk aus dem Russischen Reich herausgebrochen waren. Insbesondere das Deutsche Reich stärkte in all diesen Ländern nationalistische Kräfte und war mit diesen bestrebt, die aus dem verbleibenden Russland herüberschwappenden demokratischen, schließlich gar sozialistischen Revolutionsbestrebungen gewaltsam zu unterdrücken. Weder deutsche noch polnische noch baltische Kapitalisten und Großgrundbesitzer waren daran interessiert, sich mit einer sozialistischen Massenbewegung, gar Revolution abgeben zu müssen. In dieser Konstellation sahen polnische Politiker die Chance für einen eigenständigen Staat. Hatten die Mittelmächte, also Berlin und auch Wien, für einen polnischen Rumpfstaat in ihrem Fronthinterland gesorgt, konnten Piłsudski und seine Getreuen weitergehen. Nun schüttelte Polen die Geburtshelfer eines polnischen Staates, die ja früher auch seine Besatzer waren, ab und verpflichtete sich der Entente.

Polen hatte sich auf der Grundlage des Versailler Vertrages gegenüber Deutschland territorial erweitert, nun durch Krieg auch im Osten zu Lasten des sowjetischen Machtbereiches. Auch aus der Erbmasse des Habsburger Reiches wurde sich mit dem Eingliedern wichtiger Teile Ostgaliziens (1919) und von Wolhynien (1921) bedient. Gegenüber der ebenfalls aus der Reduzierung des Russischen Reiches entstandenen baltischen Republik Litauen annektierte der neue polnische Staat die Region Wilna (Vilnius) nach einem kurzen Krieg im Oktober 1920. Polen schloss diese Gebiete, letztlich durch den Völkerbund de facto akzeptiert, 1922 dem polnischen Staatsgebiet an.

Die militärischen und wirtschaftlichen Eliten des Deutschen Reiches hatten klare Feindbilder: Im Innern die radikale Linke – damit vermittelt nach außen auch die Sowjetunion und die kommunistische Weltbewegung, aber auch die siegreichen Kriegsgegner und die aus deutscher Sicht unverdienten Profiteure der deutschen Niederlage. Sie wollten Revanche, mit welchen Mitteln auch immer, ein Krieg blieb dabei – wenn es die eigene Rüstung nur zuließ – das Mittel der Wahl.

Entlastung für die Deutschen und Hitler?

Heute ist in revisionistischen Geschichtskonzepten gerne die These im Schwange, dass Hitlerdeutschland, und auch schon die Weimarer Republik, vor allem von Großbritannien und den USA gedrängt wurden, einen neuen Krieg – natürlich im Osten – vorzubereiten und auszulösen. Lassen wir einmal deutsche revisionistischen Autoren außen vor, die mit großem Aufwand und in hoher Auflage versuchen, das faschistische Deutschland von einer Verantwortung für den Zweiten Weltkrieg freizusprechen und damit mehr oder minder auch die Verantwortung Hitlers, aber ebenso und noch mehr der deutschen Eliten zu leugnen oder kleinzureden.[130] Ty-

130 Aus der Fülle der seit Jahrzehnten breit publizierten Literatur der Geschichtsrevisionisten mit unterschiedlichen biografischen, nationalen und politischen Hintergründen, aber mit dem festen Willen, eine andere Geschichtsinterpretation durchzusetzen, seien hier nur einige wenige ohne Anspruch auf Vollzähligkeit genannt: Z. B. ein gerne von rechten Publizisten herangezogener, einst linker, pazifistischer Politiker, Résistance-Kämpfer, KZ-Häftling und späterer Geschichtsrevisionist und Holocaustleugner: Paul Rassinier: Die Jahrhundertprovokation. Wie Deutschland in den Zweiten Weltkrieg getrieben wurde. Mit einem Nachwort von David Irving. Tübingen 1989 [frz. 1967]. Oder ein früherer Generalmajor der Bundeswehr: Gerd Schultze-Rhonhof: 1939 – Der Krieg, der viele Väter hatte. Der lange Anlauf zum Zweiten Weltkrieg. München 2003, 2., durchges. Aufl. (zuletzt Reinbek 2018, 10., überarb. u. erw. Aufl.). Der frühere sowjetische Armeeoffizier und Nachrichtendienstler Suworow, der 1978 nach Großbritannien überlief und vor allem mit der breit publizierten, von Historikern abgelehnten Präventivkriegsthese, nach der Stalin 1941 Deutschland überfallen wollte und Hitler ihm nur zuvor gekommen sei, große Aufmerksamkeit geschenkt bekam: Viktor Suworow: Der Eisbrecher. Hitler in Stalins Kalkül. Stuttgart 2001, 11. Aufl. [Erstausgabe 1989]. Der Historiker und AfD-Politiker Scheil, der in der jüngsten Vergangenheit immer wieder in die Diskussion eingreift: u. a. Stefan Scheil: Fünf plus

pisch für diese Herangehensweise seien hier sehr offen dargelegte Positionen von David Irving zitiert, der sich den Ruf als Vordenker und Provokateur in Fragen des Geschichtsrevisionismus und der Holocaustleugnung erworben hat. Inzwischen wegen solcher Positionen mehrfach vorbestraft, war er bis Ende der 1980er Jahre ein durchaus anerkannter, anregender Vertreter der Historikerzunft gewesen. Wenn er Klartext schrieb oder redete, war guter Geschmack und ein forschender Zugang nicht zu erwarten. Nicht nur für ihn begann »der Zweite Weltkrieg […] auf eine schier unglaubliche Weise: er entstand im wesentlichen aus einer Reihe örtlicher Streitigkeiten, an denen keiner der späteren Gegner überhaupt ein Interesse hatte. Es gab seit 1933 einen Streit zwischen Nationalsozialisten und Juden sowohl innerhalb wie außerhalb Deutschlands.« Wie er meinte, ein »aufreizende[r], häßliche[r], unbedeutende[r] Streit«. Dieser »Streit wurde seit Anfang 1939 durch den weit größeren Konflikt aufgesogen, der zwischen Deutschland und Polen entstand. Bei diesem Streit handelte es sich, rückblickend betrachtet, um nichts weiteres als um unbedeutende Grenzspielereien […].«[131] Letztlich hätten die Juden, Churchill, Roosevelt und Stalin Schuld, nicht der nur auf sichere Grenzen und vielleicht auf einige Grenzveränderungen im Osten setzende Hitler. Die anderen wären die Kriegstreiber gewesen, sie hätten nur ein wenig mehr mit Hitler verhandeln müssen.

In einer spezifischen Form artikuliert dies aus ungewohnter Perspektive der russische nationalistische Publizist, Politiker und Historiker Nikolai Wiktorowitsch Starikow, der ausführlich und durchaus überzeugend die in den 1930er Jahren wohlwollende Außenpolitik Großbritanniens und der anderen Westmächte

---

Zwei. Die europäischen Nationalstaaten, die Weltmächte und die vereinte Entfesselung des Zweiten Weltkriegs. Berlin 2009, 4. Aufl.; ders.: Churchill, Hitler und der Antisemitismus. Die deutsche Diktatur, ihre politischen Gegner und die europäische Krise der Jahre 1938/39. Berlin 2009, 2., durchges. Aufl.

131 David Irving: Nachwort: Wie die Weltkriege begannen [September 1989]. In: Paul Rassinier: Die Jahrhundertprovokation. A. a. O., S. 345 f.

gegenüber einem expandierenden Hitlerdeutschland darstellt. In einem Punkt aber spitzt Starikow zu: »Großbritannien hat planmäßig Hitler-Deutschland auf Russland gehetzt. Und letztendlich ist es den Briten auch gelungen, den Führer zu zwingen, unser Land zu überfallen. Die grenzenlose Liebe von Hitler zu Großbritannien hat ihm einen bösen Streich gespielt. Der Führer von Deutschland handelte gegen jeden gesunden Menschenverstand, er liebte seinen britischen Feind und glaubte deshalb an die von ihm versprochene Neutralität.«[132]

All diese Spekulationen, Verfälschungen und Lügen nützen allerdings wenig, um die Geschichte des Zweiten Weltkrieges, und wohl nicht nur diese, wirklich zu verstehen. Natürlich können diese Fragen als reine Glaubensfragen abgetan werden: Hier die Auflassung der Mainstream-Historiker, dort die mehr oder minder überzeugenden Argumente der Geschichtsrevisionisten. Oder ganz anders, wie wir meinen, die kritische Sicht auf die politischen Zusammenhänge, auf die Ideologien, die politischen und sozioökonomischen Grundlagen und Rahmenbedingungen politischer Entscheidung, auf ihr dialektisches Zusammenwirken mit ihren Widersprüchen und neuen Schlüssen.

Für das Deutsche Reich war die Situation nach dem verlorenen Großen Krieg eine Herausforderung. Sichtlich waren die konservativen politischen Kräfte nicht bereit, sich mit dem Verlust der deutschen Vorrangstellung abzugeben, wobei die rechten und rechtesten Kräfte dies mit aller Entschiedenheit auch durch einen neuen Waffengang erledigt wissen wollten.

Sie konnten sicher sein, dass die derzeitige Konkurrenzsituation mit den Siegermächten in ihrer Zuspitzung nicht ewig funktionieren würde. Natürlich erlebten sie insbesondere seitens der vom Krieg besonders schwer gebeutelten und nun auf Rache oder zumindest Wiedergutmachung setzenden französischen Seite ein hartes Vor-

132 Nikolay Starikov: Wer hat Hitler gezwungen Stalin zu überfallen? Studien zur Visual History des 20. und 21. Jahrhundert. o. O. (Vilnius) 2017, S. 382.

gehen. Aber sie konnten sicher sein, dass Deutschland wieder gebraucht wurde – als Konkurrent gegen andere Großmächte, vor allem aber als ein schnell wieder zu errichtendes Bollwerk gegen den von Osten anstürmenden Bolschewismus und seine Verbündeten in den kapitalistischen Metropolen selbst. Das pfiffen längst die Spatzen von den Dächern, und aufmerksame Intellektuelle schrieben es auf.

Ian Kershaw, der britische Historiker und detaillierte Kenner des Hitler-Systems, hat für die in Vorkriegs-England herrschenden Eliten wohl zutreffend, wenn auch nicht hinsichtlich der Klasseninteressen, den westlichen Umgang mit dem Naziregime charakterisiert: »Einige Aspekte, wie die Wiederherstellung der Ordnung, die rasche wirtschaftliche Erholung, die Neubelebung des nationalen Lebens und die Zerschlagung des Kommunismus, fanden durchaus ihre Zustimmung, während sie andere verurteilten, insbesondere die extreme Gewalttätigkeit der Nazihorden gegenüber Juden und politischen Gegnern. Mit einer solch zwiespältigen Einstellung ging häufig die Sorge darüber einher, wie sich ein wieder erstarktes Deutschland international aufführen würde. Dabei fand man angesichts der als ungerecht angesehenen Regelungen, die Deutschland 1919 durch den Versailler Vertrag aufgezwungen worden waren, einen gewissen Aplomb auf dem internationalen Parkett sowohl unvermeidlich als auch nicht ganz unberechtigt. Auf jeden Fall war man weithin der Ansicht, dass Großbritannien trotz aller unangenehmen Seiten des Hitlerregimes irgendwie mit ihm zusammenarbeiten sollte und dass sich ein starkes Deutschland als nützlich erweisen könnte als Bollwerk gegen das noch abstoßendere, brutalere und fremdartigere Glaubensbekenntnis des Bolschewismus, ein Schreckgespenst, das als künftige Bedrohung für die westliche Zivilisation betrachtet wurde.«[133] Dass auch die Weltmacht Großbritannien und die demokratischen Verhältnisse bedroht werden

133 Ian Kershaw: Hitlers Freunde in England. Lord Londonderry und der Weg in den Krieg. München 2005, S. 44f.

könnten, das wollte damals noch keiner wissen. Und dabei ging es nicht nur um jene kleine Gruppe offener Nazis auf den Inseln oder um »Hitlers Freunde«, sondern um eine verbreitete Position in den herrschenden Eliten des Westens.

Sollten die politischen Konfrontationen und die schlimmsten Kriegserinnerungen an den verhassten, weil aggressiven und lange erfolgreichen deutschen Gegner verblasst sein, dann könnten britische, US-amerikanische und deutsche Geschäftsleute gut miteinander auskommen. Ihre nationalen Arbeiterbewegungen und die Revolutionsgefahr mochten sie nicht. Das bolschewistische Sowjetrussland war für sie im wahrsten Sinne ein rotes Tuch und geschäftlich bestand zumindest für Großbritannien und die USA eine gute Chance, mit dem deutschen Wiederaufsteiger nicht unbedingt ins Gehege zu kommen. Beide, wie auch Frankreich, das diesbezüglich sorgenvoller war, hatten genügend internationale Märkte, etwa die Kolonien und die von ihnen abhängigen Staaten Afrikas, Asiens und Lateinamerikas, wo sie erfolgreich sein konnten. Zunächst interessierte der Profit. Die großzügigen Kreditgaben seitens der USA seit Mitte der 1920er Jahre sorgten nicht nur dafür, dass der Druck auf Deutschland schwächer wurde. Sie sicherten auch die Rückflüsse dieser Gelder an die Siegermächte und natürlich an die geldgebenden Banken selbst. Hier war zunächst gleichgültig, wer dieses Nachkriegsdeutschland repräsentierte, wobei die konservativen Kräfte etwa um den langjährigen Außenminister Gustav Stresemann den Bonus von Verlässlichkeit und Standesgemäßheit besaßen. Gleichzeitig blieben aber auch die aufstrebenden »Nationalsozialisten« eines Adolf Hitler für viele Machtexponenten interessant. Man sympathisierte von Henry Ford bis zum Rockefeller-Clan mit dieser radikalen antikommunistischen Kraft, die versprach, nicht nur zu reden, sondern auch durchzugreifen. Auch der Antisemitismus schreckte nicht ab, denn er war wie jeder Rassismus auch in den westlichen Gesellschaften durchaus akzeptabel.

Es sollte sich bald zeigen, dass insbesondere in Großbritannien diese wohlwollende, akzeptierende Politik für einen deutschen Wiederaufstieg in Gestalt der Appeasement-Politik[134] für die konservativen Politiker in Downing Street 10 und im Außenministerium oder in der britischen Botschaft die Strategie der Wahl waren, zumal nach dem Machtantritt Hitlers. Und es war nicht ein britisches Handlungsmuster allein, auch in Paris und in Washington fanden sich Fürsprecher für dieses »neue Deutschland«. Natürlich kamen unterschiedliche Aspekte zusammen, die diese Entscheidung begünstigten. Die seit 1929 tobende Weltwirtschaftskrise hatte alle Staaten des Westens in eine tiefe Rezession mit Massenarbeitslosigkeit, Verelendung und zunehmenden sozialen Spannungen gestoßen. Auswege waren nur mühsam und langwierig zu finden. Wenn sich hier Wege eines nicht zerstörerischen Wettbewerbs mit der wieder aufstrebenden Macht jenseits des Rheins anbot, die britischen Exportbedürfnisse in Südosteuropa nicht wesentlich beschränkt werden würden, umso besser.[135]

Genau diese Appeasement-Politik ist bis heute umstritten, weil sie die Frage aufwirft, ob der aggressive, antidemokratische und rassistische Charakter der faschistischen Diktatur in Deutschland (und das betrifft ebenso Italien wie Japan) gesehen wurde und entweder in das Kalkül der zivilisierten demokratischen Führer in London, aber vermittelt auch in Paris oder Washington passte. Wenn es dort Sympathien für die Nazis gab, hieß das auch, dass die Regierungen deren Politik gegen die Arbeiterbewegung und den Weltkommunismus zumindest akzeptierten und Kollateralschäden bereitwillig hinnehmen mochten.

In diesem Kontext ist auch der Blick auf die USA hilfreich. Der US-amerikanische Historiker Stephan Wertheim konstatiert für

134 Siehe neuerdings: Tim Bouverie: Appeasing Hitler. Chamberlain, Churchill and the Road to War. London 2019; vgl. Auch: Stephanie Seul: Appeasement und Propaganda, 1938-1940. Chamberlains Aussenpolitik zwischen NS-Regierung und deutschem Volk. Florence 2005.

135 Siehe Scott Newton: Profits of Peace. The Political Economy of Anglo-German Appeasement. Oxford / New York 1996; siehe schon Bernd-Jürgen Wendt: Appeasement 1938. Wirtschaftliche Rezession und Mitteleuropa. Frankfurt/M. 1966; Carroll Quigley: Appeasement. Die britische Mitschuld am Zweiten Weltkrieg. Berlin 2010.

die ausgehenden 1930er Jahre, dass die Vertreter einer aktiven US-Politik »Deutschlands Diktator oft als Meister der Staatskunst, vorausschauend, klug und mutig dar(stellten). Während Amerika und Großbritannien schliefen, plante Hitler akribisch seine Eroberungen, so vermuteten die Amerikaner. Die scheinbare Entschlossenheit und Weitsicht der Diktaturen verstärkten die amerikanischen Ängste aus den 1930er Jahren, dass parlamentarische Demokratien weniger in der Lage sein könnten, im Notfall zu handeln und die Probleme der Massengesellschaft zu lösen.«[136] Noch hielten sich in den USA abwartendes Zusehen, die Unterstützung des britischen Verbündeten oder ein eigenes Eingreifen die Waage. Der überraschend reibungslose Siegeszug Hitlers 1940 belehrte sie eines Besseren. Der Angriff auf die eigentlich verhasste Sowjetunion gab schließlich den Ausschlag. Eine aktive und aggressive Großmacht in Europa und Nordafrika zerstörte die bestehende Weltordnung, und gleichzeitig erwuchs in Asien mit Japan eine Gefahr, die 1940/41 offenkundig auch die USA bedrohte.

Außenpolitische, ja militärische Konflikte müssten Kraft, Ressourcen, Aufrüstung einfordern, die aus Sicht der herrschenden Politiker im besonders geforderten London (und auch Paris) nicht aufzubringen waren. Und überhaupt: Der neue Geist und die praktische Politik im Deutschen Reich imponierten, waren die Verkörperung wohl nicht nur der geheimsten Wünsche reaktionärer Politiker, die sich daheim mit diesen Wirtschaftsproblemen und sozialen Trostpflastern im Interesse einer Beruhigung der Stimmung abgeben mussten. Antikommunismus, das Vertrauen in den »vernünftigen Mann« in der Reichskanzlei, die Überzeugung, dass die Interessen der imperialistischen Politik des Empire von den Deutschen nicht ernsthaft bedroht würden, bestimmten die Politik nicht nur in Downing Street 10.[137]

---

136 Stephen Wertheim: Tomorrow, the World. The World The Birth Of U.S. Global Supremacy. Cambridge, Massachusetts/London 2020 (Kindle), S. 61 (eigene Übers., St. B.).

137 Siehe ausführlicher Jonathan Haslam: The Spectre of War. International Communism and the Origins of World War II. Princeton/Oxford 2021, 11. Kap.

Ihnen sprach der britische Außenminister Edward Wood, Lord Halifax, bei seiner Begegnung mit Hitler auf dem Obersalzberg am 19. Dezember 1937 sicher aus der Seele, wenn er betonte, dass er »und andere Mitglieder der Englischen Regierung davon durchdrungen [seien], dass der Führer nicht nur in Deutschland selbst Großes geleistet habe, sondern dass er auch durch die Vernichtung des Kommunismus im eigenen Lande diesem den Weg nach Westeuropa versperrt habe und dass daher mit Recht Deutschland als Bollwerk des Westens gegen den Bolschewismus angesehen werden könne. Der englische Premierminister[138] sei der Ansicht, dass es durchaus möglich sei, durch offenen Meinungsaustausch Lösungen zu finden. Die Lösung selbst schwieriger Probleme könne durch gegenseitiges Vertrauen erleichtert werden.«[139] Ironie der Geschichte, der hier gelobhudelte Führer des Deutschen Reiches hatte knapp zwei Wochen zuvor mit seinen Generälen den strategischen Plan für den bevorstehenden Krieg ausgebreitet. Darauf wird zurückzukommen sein.[140]

Diese Lobpreisungen waren verbunden mit einer Verkennung des aggressiven Wesens des deutschen Faschismus (und seiner italienischen und japanischen Pendants). Die Risiken für demokratische und freiheitliche Verhältnisse wurden eklatant unterschätzt. Die deutschen Faschisten stellten die kapitalistische Grundstruktur nicht in Frage, nahmen sich allerdings das Recht heraus, zu bestimmen, wer über dieses Eigentum und die Profite verfügen können sollte – Juden und politische Gegner auf keinen Fall. Trotzdem blieb das übergreifende Motiv dieser Appeasement-Politik die Erwartung,

138 Das war seit Mai 1937 der Tory Neville Chamberlain.

139 Dok. 31: Geheime Reichssache – Aufzeichnung über die Unterredung zwischen dem Führer und Reichskanzler und Lord Halifax In Anwesenheit des Herrn Reichsaussenministers am Obersalzberg am 19. November 1937. In: ADAP. Bd. D.1: September 1937 - September 1938, S. 47.

140 Dok. 19: Niederschrift über die Besprechung in der Reichskanzlei am 5. November 1937 [sog. Hoßbach-Protokoll]. In: ADAP Bd. D.1: September 1937 - September 1938, S. 25-32.

die hier Lord Halifax so prägnant auf den Begriff gebracht hatte: Der unverzichtbare Kampf gegen die kommunistische Gefahr und gegen das strategische Mutterland dieser Gefahr, die Sowjetunion.[141] Das hatte bereits die gesamte Nachkriegszeit seit 1917 bestimmt. Lange grassierte die Furcht vor einem wie auch immer zustande kommenden Bündnis der Sowjetunion mit Deutschland. Das war nun tatsächlich, wie die Politiker in den westlichen Hauptstädten glaubten, auf Dauer abgewandt.

Antikommunismus, Revanche, Weltherrschaft – Militär und Kapital waren sich seit 1918 einig

In die DNA des deutschen Imperialismus, wie jedes Imperialismus, eingebrannt, hier aber besonders rücksichtslos, mit großer Risikobereitschaft und unter Brechen aller bürgerlichen und völkerrechtlichen Einhegungen, war die Expansion, die Aggression, die Bereitschaft zu ungebremster Profitmacherei. Die von Karl Marx aufgedeckten »immanenten Gesetze der kapitalistischen Produktion« galten längst auch dort, wo Monopole und Staat zusammenwirken konnten: »Je ein Kapitalist schlägt viele tot.«[142] Das betraf die konkurrierenden Staaten, ihre Wirtschaften, das konnte im Einzelfall das Schicksal eines einzelnen Kapitalisten bedeuten. Den Tod oder die Verstümmelung hielt das Schicksal oft für jene bereit, die für diesen Staat als Soldat oder Rüstungsarbeiterin im Feld oder im Hinterland stand.

141 In dieser Richtung argumentiert Halperin, während sonst die antikommunistisch-antisowjetische Stoßrichtung dieser Appeasement-Politik meist eher unter Vorbehalt und mit Verweis auf Verschwörungstheorien abgehandelt wird, wenn überhaupt. Siehe Sandra Halperin: The Politics of Appeasement: The Rise of the Left and European International Relations During the Interwar Period. In: David Skidmore (Ed.): Contested Social Orders and International Politics. Nashville/London 1997, S. 128-164.

142 Karl Marx: Das Kapital. I. Band: Der Produktionsprozeß des Kapitals. In: MEW Bd. 23, S. 790.

Das war schon vor dem Ersten Weltkrieg Ausdruck dafür, wie Lenin es damals formulierte, dass »der deutsche Imperialismus frischer, kräftiger, organisierter ist und höher steht als der englische, es beweist aber keineswegs die ›Überlegenheit‹ des freien Handels, denn hier kämpft nicht Freihandel gegen Schutzzollsystem und koloniale Abhängigkeit, sondern Imperialismus gegen Imperialismus, Monopol gegen Monopol, Finanzkapital gegen Finanzkapital«.[143] Mit der Auslösung des Weltkrieges wurde dieser wirtschaftliche, politische, geheimdienstliche Konkurrenzkampf nun auch militärisch ausgetragen. Die deutschen Eliten aus Großkapital und Junkern, unter massiver Manipulation der »einfachen Leute«, betrieben eine Aggressions- und Expansionspolitik bis zum bitteren Ende der militärischen Niederlage. Gegen jeden Konkurrenten, gegen bürgerliche »Bedenkenträger«, erst recht gegen jede linke Vorstellung eines friedlichen, solidarischen, völkerverbindenden deutschen Staates, seiner Gesellschaft und Wirtschaft.

Das sollte sich auch nicht ändern, nachdem klar war, dass das Deutsche Reich mit seinem Weltherrschaftsanspruch angesichts der erdrückenden Überlegenheit der Entente gescheitert war. Noch in den letzten Zuckungen des militärischen Widerstandes hatte der strategische Kopf der Obersten Heeresleitung, General der Infanterie Erich Ludendorff, die »rettende« Idee, die »Unschuld« der militärischen Eliten und der bisher herrschenden Kräfte von Junkertum und Großkapital am militärischen Zusammenbruch zu sichern: Die Dolchstoßlegende! Nicht der Feind, nicht die eigene Schwäche waren an der nun nicht mehr zu vermeidenden Niederlage und einem Frieden mit dem Feind schuld. Die Spartakisten, die Linken haben die im Felde unbesiegte Armee verraten. Deshalb seien »jetzt auch diejenigen Kreise an die Regierung zu bringen, denen wir es in der Hauptsache zu danken haben, dass wir so weit gekommen sind. Wir werden also diese Herren jetzt in die Ministerien einziehen sehen.

143 Wladimir Iljitsch Lenin: Der Imperialismus als höchstes Stadium des Kapitalismus. Gemeinverständlicher Abriß. In: LW Bd. 22, S. 295 f.

Die sollen nun den Frieden schließen, der jetzt geschlossen werden *muss*. Sie sollen die Suppe jetzt essen, die sie uns eingebrockt haben!«[144]

Mit dieser Linie wurde den Linken, selbst den aufgrund ihrer unbedingten Vaterlandsvereidigungsbereitschaft für die Wehrkraftzersetzung kaum verantwortlichen Mehrheitssozialdemokraten und den von Anfang an blutig bekämpften Spartakisten, Unabhängigen Sozialdemokraten, schließlich den Kommunisten und Anarchisten und sogar Politikern der bürgerlichen Mitte der Schwarze Peter zugeschoben. Militärs saßen weder im Wald von Compiègne bei der Unterzeichnung des Waffenstillstands noch bei den Friedensverhandlungen in Versailles verantwortlich am Tisch. Dort waren nur die verhassten Zivilisten präsent.

Aber noch während diese Verhandlungen liefen begann die militärische Führung, durchaus geduldet, gedeckt und ermuntert von den Regierungsvertretern der SPD und der bürgerlichen Regierungsparteien, von den Rechtsparteien sowieso, die Revanche vorzubereiten. Der neue Generalquartiermeister Generalleutnant Wilhelm Groener hatte schon in einer Rede vor der Obersten Heeresleitung am 19./20. Mai 1919, während noch in Versailles um Deutschland gepokert wurde, eine klare Vision: » Bei der ganzen Lage, in der wir uns befinden, sehe ich jetzt schon mehr in die Zukunft als in die Gegenwart. Diese sieht sehr trübe aus, und die Zukunft sieht nur dann trübe aus, wenn man kein klar erkennbares Ziel vor Augen hat. Ich habe mich damit abgefunden, dass Deutschland zu einer Macht zweiten Ranges durch diesen Krieg herabgesunken ist. Das Ziel, das wir […] zu verfolgen haben, ist: die 60 Millionen deutschen Volkes fest zusammenzuhalten in einem einigen Staate, möglichst in einem Einheitsstaate«. Dieser müsse basieren auf Preußen. »[M]it neuen eisernen Trägern statt der alten Friedrich Wilhelms I. versehen, muss [Preußen] ausgebaut werden zum neuen Deutsch-

144 So bei Albrecht von Thaer: Generalstabsdienst an der Front und in der O.H.L. Aus Briefen und Tagebuchaufzeichnungen 1915-1919. Siegfried A. Kaehler (Hg.), unter Mitarbeit von Helmuth K.-G. Rönnefarth. Göttingen 1958, S. 235.

land.« Politisch geschlossen, auf die Jugend setzend, müsse dieses neue Reich erwachsen. »Das neue Deutschland wieder fest aufzubauen, wirtschaftlich und politisch wieder nach den Forderungen seiner geographischen Lage zu stärken, das wird einigen von Ihnen zu erleben vielleicht noch vergönnt sein. Ich persönlich habe nur das Ziel, solange ich kann darauf hinzuwirken, dass das deutsche Volk zusammenbleibt, dass wir einen Einheitsstaat bekommen und dass uns möglichst nichts von sogenannten Republiken, d.h. Vasallenstaaten Frankreichs und Polens, abgesprengt wird.«[145]

Wir haben bereits oben gesehen, dass dies in der Tat mit großer Schläue, Verschlagenheit und Konsequenz realisiert wurde. Von Seeckts »Großer Plan« nahm mehr und mehr Gestalt an. Entsprechend kühner wurden auch die politischen Positionierungen, obwohl nach wie vor nur ein 100.000-Mann-Heer zur Verfügung stand. Die deutsche Seite selbst war bereit, die gerade dank des Völkerbundes laufenden Abrüstungsverhandlungen in ihrem Sinne umzufunktionieren. Wenn Deutschland schon ungewollt in Vorleistungen gehen musste, dann sollten nun die potenziellen Gegner folgen und Deutschland überdies die Chance zu einer Aufrüstung einräumen.

Der uns schon bekannte philosophierende Oberst Stülpnagel hatte 1926 im Kontext der laufenden Abrüstungsverhandlungen herausgearbeitet, wie der sicher gut gemeinte Aspekt einer neuen Nachkriegspolitik macht- und militärpolitisch aggressiv umgedeutet werden konnte. »Auch für Deutschland ist die Abrüstungsfrage keine rein militärische, juristische oder moralische Angelegenheit, sondern eine entscheidende politische. Für Deutschland handelt es sich darum, mit der Lösung der Abrüstungsfrage einen wesentlichen, vielleicht entscheidenden Schritt zum Ausgleich seiner augenblicklichen politischen Unterlegenheit vorwärts zu tun. Es ist überflüssig, gerade angesichts der Nachkriegspolitik zu begründen, wie nötig die deutsche Politik eines Rückhaltes durch militärische

145 Wilhelm Groener: Um den Frieden. In: ders.: Lebenserinnerungen. Jugend – Generalstab – Weltkrieg. Hrsg. von Friedrich Frhr. Hiller von Gaertringen. Göttingen 1957, S. 495.

Machtmittel bedarf. Ebenso klar ist es, dass es sich zunächst dabei nur um die Wiederherstellung eines gesunden Zahlenverhältnisses zu dem Rüstungsstande vor allem unserer Nachbarn und nicht um eine deutsche Aufrüstung schlechthin zu handeln braucht.«[146] Das richtete sich vor allem gegen die damals stärkste europäische Landmacht, die Französische Republik. Wenn sie abrüstete, ihre Truppen reduzierte, hätte das Deutsche Reich eine neue Chance. Deshalb ging es der Reichswehr, die der Oberst repräsentierte, als »nächste[s] Ziel deutscher Politik« um »die Wiedergewinnung der vollen Souveränität über das Deutschland verbliebene Gebiet, die feste Verschmelzung der ihm z. Z. entzogenen deutschen Gebietsteile und die Wiederangliederung der für das deutsche Wirtschaftsleben unentbehrlichen Teile, d. h. 1.) Befreiung des Rheinlandes und des Saargebietes, 2.) Beseitigung des Korridors und Wiedergewinnung Polnisch-Oberschlesiens, 3.) Anschluss Deutsch-Österreichs, 4.) Beseitigung der entmilitarisierten Zone.

Diese nächsten politischen Ziele bringen vor allem Auseinandersetzungen mit Frankreich und Belgien und dem von ihm abhängigen Polen, dann mit der Tschechoslowakei und endlich auch mit Italien. Es kann kein Zweifel sein, dass die politische und militärische Macht Polens und insbesondere der Tschechoslowakei allein auf der militärischen Hilfe Frankreichs basiert ist.«[147]

Um den möglich gewordenen radikalen Kurswechsel der deutschen Politik, Wirtschaft und Rüstung nach der Machtübergabe an die Nazipartei zu verstehen, bedarf es eines differenzierten Blicks auf die Politik der Zwischenkriegszeit und das Wirken insbesondere der wirtschaftlichen und national-konservativen Kreise. In der marxistischen Geschichtsschreibung zum deutschen Faschismus wurde immer sehr genau nach den Interessenlagen der einzelnen

146 Dok. 144: Denkschrift des Leiters der Abrüstungsabteilung des Truppenamtes, Oberst Otto von Stülpnagel für das Auswärtige Amt, 6. März 1926: Die Abrüstungsfrage nach realpolitischen Gesichtspunkten betrachtet. In: ADAP. Bd. B.1.1: Dezember 1925 bis Juli 1926, S. 342 f.

147 Ebd.

Monopolfraktionen gefahndet. Die Schwerindustrie mit ihrer unmittelbaren Waffenproduktion war immer als besonders aggressiv und kriegswütig eingestuft. Die modernen Industrien der Chemie oder der Elektrotechnik galten eher als abwartend und auch für andere Formen der Expansion und der Wiederherstellung, auch Ausweitung deutscher »Weltgeltung«, anheischig. Wer allerdings die Fülle der teilweise akribisch überlieferten Dokumente all dieser Monopolgruppen durchsieht, erkennt, dass die Scheidung zwischen den besonders gefährlichen und den eher abwartenden Kräften relativ wenig bringt.[148] Die entscheidende Zäsur für das Handeln und die Zielsetzungen dieser Wirtschaftsführer waren der innigst herbeigesehnte Übergang zu einer offen terroristischen, gegen die Arbeiterbewegung wie gegen alle demokratischen Kräfte gerichteten Innenpolitik und die recht zügige, spätestens ab März 1935 mit der Wiedereinführung der allgemeinen Wehrpflicht, der Aufstockung der Wehrmacht und der Errichtung einer deutschen Luftwaffe, faktisch also dem Beginn der offenen Wiederaufrüstung.

Das deutsche Großkapital, wie jeder andere Monopolkapitalismus, war immer bereit, im Interesse der Profitmaximierung auf der gesamten Tastatur der Politik von der Diplomatie über die wirtschaftliche Durchdringung fremder Territorien bis hin zur offenen militärischen Aggression zu spielen. Insofern ist Imperialismus nicht zwangsläufig das Synonym für die gewaltsame, militärische Neuaufteilung der Welt, aber der ökonomische Zwangsmechanismus, um mit allen erdenklichen Mitteln den Profit zu maximieren.

Friedrich Naumann, der vorgebliche Wegbereiter des modernen Liberalismus, von Götz Aly allerdings zu Recht als »Leiche im Keller der FDP«[149] bezeichnet, hatte mitten im Ersten Weltkrieg ein

148 Siehe insbesondere: Wolfgang Schumann / Ludwig Nestler (Hg.): Weltherrschaft im Visier. A. a. O.; Ulrike Hörster-Philipps: Großkapital und Faschismus 1918-1945. Dokumente. Köln 1981, 2. Aufl.

149 Götz Aly: Die Leiche im Keller der FDP. In: Berliner Zeitung vom 25. Januar 2011. – Naumann gilt als geistiger Vorläufer der FDP und ist Namensgeber ihrer Parteistiftung.

Konzept entwickelt, das unter der Überschrift »Mitteleuropa« geeignet schien, deutsche Vormachtstellung mit allen Mitteln – nach dem Erfolg der Bajonette auch mit den Mitteln der wirtschaftlichen Durchdringung mit einem einheitlichen »mitteleuropäischen Wirtschaftsvolk«, später wird man von einem deutsch dominierten »Großwirtschaftsraum« sprechen – durchzusetzen. Er entwickelt eine wirtschaftspsychologisch verbrämte, eigentlich rassistische Sichtweise auf den Erfolg der deutschen Wirtschaft im Vergleich zu den anderen Europäern. Der Triumph der deutschen Waffen (und der ihrer Verbündeten, der Mittelmächte) war gut. Entscheidend sei aber etwas anderes: »*Die deutsche Wirtschaftskonfession soll in Zukunft immer mehr der Charakter von Mitteleuropa werden.* Damit steigt der militärische Verteidigungsbund zur inneren Gemeinschaft. Über alle Verfassungsgrenzen hinweg bildet sich ein zusammengehöriges Wirtschaftsvolk.«[150] Er schrieb – auch unter dem Eindruck des ausgebliebenen raschen deutschen Sieges – die Kriegsziele fort, die Reichskanzler Theobald von Bethmann Hollweg und die deutschen wirtschaftlichen und politischen Eliten seit Kriegsbeginn 1914 entwickelt hatten.[151] Beachtenswert ist allerdings die Verschiebung von der allein militärischen Durchsetzung hin zu einer Verschränkung von gewaltsamen mit wirtschaftlichen Mitteln.

Naumanns »Vorbild« für die Europäische Union[152] unserer Tage sollte unter allen politischen Machtkonstellationen und bei allen Möglichkeiten des Militärs und des Terrors jeweils gut angepasst funktionieren. Militär und Wirtschaft sollten Hand in Hand gehen, wobei unter der Überschrift »Mitteleuropa« zugleich ein ideologisches Konzept entwickelt wurde, das sehr wohl unterschied: Das deutsche respektive deutsch dominierte europäische Wirtschafts-

---

150 Friedrich Naumann: Mitteleuropa. Berlin 1916, 80-100. Tausend, S. 114.

151 Siehe das sogenannte »Septemberprogramm« von 1914 und die weitere Entwicklung der deutschen Kriegsziele: In: Fritz Fischer: Griff nach der Weltmacht. A. a. O., u. a. S. 93 ff.

152 Siehe knapp und konzentriert: Hannes Hofbauer: Europa. Ein Nachruf. Wien 2020, bes. Kap. 2.

volk und jene Staaten und Völker, die nicht direkt dazugehörten. Das schloss Kritik an halbherzigen politischen Schritten ein, die Warnung, nationale Gefühle der interessierenden Gebiete zu unterschätzen, wie Naumann es in Bezug auf den von Gnaden Deutschlands und Österreich-Ungarns gewährten polnischen Staat anmahnte.[153]

Die seit 1915 in Massenauflage gedruckte Schrift wirkte. Die Folgen erlebte der bereits 1919 verstorbene Naumann nicht mehr. Sein Gedankengut war und ist aber wichtiges Bindeglied für unterschiedliche Fraktionen der herrschenden Klassen und probates Mittel, breite Massen zu gewinnen für die scheinbar so harmlose, völkerverbindende und grenzöffnende Politik mit dem Ziel einer deutsch dominierten europäischen Welt. Das Fundament für ein deutsch dominiertes Mitteleuropa wurde für Naumann in diesem Krieg gelegt, der die Klassenschranken und auch die Schranken zwischen den einzubeziehenden Völkern zwischen Ostende und Bug aufgebrochen habe. »Heute wissen wir noch gar nicht, wie anders wir alle in ganz Mitteleuropa nach dem Kriege geworden sein werden. Wir haben Weltpolitik in voller Wucht und Härte gewaltig erlebt, haben mehr Kinder und Brüder verloren als je ein Geschlecht, aber auch mehr Gottes- und Menschenhilfe erfahren als je die Tapferen einer früheren Zeit. Wir verloren im Krieg vieles von unseren sozialen Härten, es schmolz der Klassenkampf zur Interessenvertretung, es fanden sich frühere Feinde als treu verbündete Helden, es reichten sich Nationen die Hände, die sich vorher nur scheelen Blickes ansahen […] Mit diesem Krieg im Rücken können wir Berge versetzen. Jetzt oder nie wird die dauernde Einheit zwischen Ost und West, wird Mitteleuropa zwischen Russland und den westlichen Mächten.«[154]

Bei der Lektüre dieses Buches hatte seinerzeit der noch marxistische sozialdemokratische Theoretiker Karl Kautsky geweissagt: »Die

153 Siehe ders.: Was wird aus Polen? Berlin 1917.

154 Friedrich Naumann: Mitteleuropa. A. a. O., S. 32.

Idee Mitteleuropas wird getragen von der Überzeugung, dass der kommende Frieden nur ein Waffenstillstand sein kann, in dem es gilt, sich für den nächsten Krieg zu rüsten.«[155]

Es ist wichtig auf solche Scharniere zwischen den unterschiedlichen politischen Ausrichtungen der maßgeblichen politischen und wirtschaftlichen Kräfte des Reiches zu verweisen. Sie erklären den – trotz aller mannigfacher Positionen und zunehmender Richtungskämpfe untereinander – letztlich doch eher gradlinigen Weg zur Revision von Versailles und zur Wiederherstellung »deutscher Größe«. Das schloss nicht aus, dass manche Exponenten der Wirtschaft wie Fritz Thyssen oder Hjalmar Schacht, die wesentlich zur Etablierung der Naziherrschaft und ihrer auch wirtschaftlichen Konsolidierung beitrugen, nach einem Stück des Weges das Vertrauen Hitlers oder das Vertrauen in ihn verloren und sich mehr oder minder abwendeten. Das trifft auch auf viele der Verschwörer des 20. Juli 1944 zu, die in den Anfangsjahren, oft auch noch im Krieg glühende oder zumindest loyale Anhänger der Rüstungs- und Aggressionspolitik Hitlers waren und sich spät gegen ihn verschworen. Ihre Vorgeschichte als Träger oder zumindest Wegbereiter und Praktiker des Faschismus wird heute gerne ausgeblendet angesichts ihrer späten Entscheidung gegen das Terrorregime. Ihr Schicksal erinnert an die Widersprüchlichkeit von Politik und politischem Handeln, die sich selten in einfache Schwarz-Weiß-Muster pressen lässt.

Allerdings wird gern vergessen, dass das Deutsche Reich und seine Wirtschaftsmagnaten seit dem Eintritt in den Imperialismus um die Wende zum 20. Jahrhundert immer zwei Optionen auf dem Tisch hatten. Nur die eine, die militärische, war 1918 gescheitert. Die ökonomische war aber immer präsent. Ihr Erfolg konnte ebenso den deutschen Einfluss über Kapitalexport, Unternehmensbeteiligungen und Firmenneugründungen oder über gewinnträchtige Vertragsbeziehungen die Rückkehr zu alter Größe ermöglichen.

155 Karl Kautsky: Die Vereinigten Staaten Mitteleuropas. Stuttgart 1916, S. 56.

Südosteuropa, der Nahe und Mittlere Osten waren schon vor dem Ersten Weltkrieg Belege für diese Erfolgsstrategie, deren spektakulärstes Beispiel einst die Bagdad-Bahn war. Nach der militärischen Niederlage bot eine solche Wirtschaftsstrategie Ersatz für die eingeschränkten politischen und militärischen Möglichkeiten und funktionierte selbst bei gerupfter Reichsgröße in Folge der erzwungenen Abtretungen.

Diese Strategie des wirtschaftlichen Durchdringens konnte dann erfolgreich werden, wenn die Siegermächte sich der besonderen Potenzen Deutschlands als Bollwerk gegen einen unsicheren, für den Kapitalismus existenzbedrohenden Osten besannen. Darauf war die deutsche Außenpolitik in den 1920er Jahren immer stärker fixiert, und maßgeblich der spätere Friedensnobelpreisträger, Reichsminister des Auswärtigen Gustav Stresemann von der national-liberalen Deutschen Volkspartei, erwies sich als geschickter Taktierer. Er verlor die strategischen Ziele der Wiederherstellung »deutscher Größe« und der Beseitigung der Versailler Zwänge nicht aus dem Blick. Das Deutsche Reich hatte 1922 noch versucht durch das Herstellen normaler, auch klandestiner, d.h. verdeckter Verbindungen mit Sowjetrussland die westlichen Siegermächte zu provozieren. Das wurde, trotz der zwischenzeitlichen Normalisierung der Beziehungen zu den westlichen Mächten, am 24. April 1926 mit dem Berliner Vertrag zwischen dem Deutschen Reich und der Sowjetunion fortgeschrieben. Dieser Vertrag war ein Freundschaftsvertrag, der vor allem die Neutralität der jeweiligen Vertragspartner im Falle eines Angriffs auf einen von ihnen durch eine dritte Macht versprach und ebenso das Mitwirken an Boykott-Koalitionen gegen die eine oder andere Vertragsseite ausschloss. Beide Seiten profitierten wirtschaftlich, was besonders in der Weltwirtschaftskrise ab 1929 für Deutschland lukrativ war.

Längst aber gingen die Intentionen von Außenminister Stresemann und der Reichsregierung in eine andere Richtung. Sie waren bestärkt worden durch die zwischenzeitlich aus den USA, aber auch Großbritannien zu vernehmenden pragmatischen Töne zu den deutschen Problemen und den eingeleiteten Schritten für eine Minderung des ökonomischen Drucks des Versailler Vertrags, vor allem aber auch die US-amerikanischen Kapital- und Kreditströme nach Deutschland.[156] Die deutsche Regierung wusste, was für die westlichen Mächte der wichtigste Anreiz zur Eingliederung des Deutschen Reiches in die westliche Welt sein konnte, und sie suchte nach den Jahren der Zurücksetzung, Beschneidung und Drangsalierung den Preis hochzuschrauben und eine weitere Milderung, wenn nicht gar Überwindung der Versailler Lasten zu erreichen. Stresemann war hier seinen politischen Widerparts aus Großbritannien und Frankreich zumindest ebenbürtig. Auch wenn er später gemeinsam mit Aristide Briand, seinem Pariser Amtskollegen, den Friedensnobelpreis erhalten sollte, waren seine Erwartungen unzweideutig und in der veränderten machtpolitischen Konstellation auch erfolgreich. Als im Herbst 1925 im malerischen Tessin wieder führende Politiker Frankreichs, Großbritanniens, Belgiens, Italiens und Deutschlands zusammentrafen, ging es um eine Konsolidierung der Nachkriegsordnung. Die westlichen Siegermächte suchten mit Deutschland einen Weg des normalisierten Umgangs miteinander. Zeitweise wurden auch Vertreter Polens und der Tschechoslowakei beigezogen. Die ideale Lösung eines gedeihlichen Zusammenlebens sollte der Völkerbund abgeben, der nach sechs Jahren Existenz endlich auch für Deutschland sich öffnete. Auch wenn die Interessen der westlichen Mächte unterschiedlich waren, Frankreich unverdrossen den Deutschen misstraute, so sollten doch ein gemeinsames Vorgehen in Wirtschaftsfragen, nach dem Auslaufen von entsprechenden Regelungen von Versailles zu Lasten Deutschlands, eine klare Abkehr von der deutschen Rapallo-Politik gegenüber der Sowjetunion, die Minimierung der angeblichen bolschewistischen Gefahr und die Anerkennung der Grenzen auf der Grundlage des Versailler Vertrages das Ziel sein.

156 Siehe z. B. Werner Link: Die amerikanische Stabilisierungspolitik in Deutschland 1921-32. Düsseldorf 1970, bes. 2. und 3. Teil.

Die westlichen Mächte hatten verständliche außenpolitische Erwartungen. Deutschland sollte eine Bastion gegen die behauptete sowjetische Bedrohung abgeben, offensichtlich im Wissen um die relative Schwäche und Gebrechlichkeit der neuen Staaten in Osteuropa. Gustav Stresemann parierte diese Erwartungen mit unzweideutigen Forderungen: »Wenn wir im Falle eines russischen Angriffs Russland als Angreifer bezeichnen und die Einstimmigkeit des Völkerbundes dadurch sichern, so stünden wir auf der Seite des Völkerbundes mit dem ganzen Schwergewicht unseres moralischen Ansehens. In dieser Beziehung seien wir eine der ersten Großmächte.«[157] Das war für ihn unstrittig und er kümmerte sich wenig um die gewissermaßen guten Beziehungen zu Moskau. Die politischen Erwartungen des Westens müssten aber Konsequenzen haben. »Wenn Deutschland nicht in der Lage ist, sich militärisch an einer Aktion zu beteiligen, so dürfe ich Herrn Briand darauf hinweisen, dass diese Ungleichheit zwischen dem Militarismus der Alliierten und der Machtlosigkeit Deutschlands von Deutschland sicherlich nicht gewollt ist. In aller Offenheit müsse den Alliierten gesagt werden, dass sie das Prinzip der Abrüstung gegen Deutschland übertrieben haben […] Wenn Herr Briand davon gesprochen habe, dass 100.000 Mann doch eine ziemliche Macht seien […], so dürfe ich darauf hinweisen, dass der Kampf im Falle eines russischen Angriffs Deutschland selbst in die Lage setzen wird, Gegenmaßregeln für die Beruhigung im Innern zu treffen. Moskau kann auf die Dauer nur siegen, wenn es Weltrevolution treibt. In einem Kampfe Russlands gegen Deutschland werden ihm heimliche Helfer in Deutschland entstehen, und es ist zweifelhaft, ob die Polizeimacht und die Reichswehr überhaupt dazu ausreichen, die Ordnung im Innern aufrechtzuerhalten.«[158]

Stresemann versuchte es mit schlichter Erpressung: »Man hat Deutschland außerstande gemacht, Krieg nach außen zu führen.

157 Tagebuchaufzeichnungen des Reichsministers des Auswärtigen Stresemann über die Konferenz von Locarno. Locarno, 8. Oktober 1925. In: Bd. ADAP. A.14. 14. August bis 30. November 1925, S. 694.

158 Ebd.

Welch ein Widerspruch, wenn man auf der einen Seite gerade von alliierter Seite den Charakter der deutschen Reichswehr als Armee bestreitet und davon spricht, dass sie nur Grenzpolizei darstelle, andererseits aber die militärische Mitwirkung dieser Grenzpolizei in einem Kriege verlange. Ich müsse Herrn Briand ersuchen, sich an die Tatsachen zu halten, wie sie sind und wie sie geworden sind, nicht nach dem Willen Deutschlands, sondern gegen den Willen Deutschlands.«[159]

Diesbezüglich ließen sich Briten und Franzosen noch nicht erpressen. Aber in der Frage der Grenzen in Mitteleuropa waren London und Paris bemüht, eine sichere Lösung für die Nachbarn im Westen zu erreichen und die östlichen Besorgnisse Deutschlands zu Lasten der dortigen Nachbarn zu beachten. In dem Vertragswerk anerkannte das Deutsche Reich die Unverletzlichkeit der Grenzen zu Frankreich und Belgien. Der Locarno-Vertrag von 1925 garantierte im Artikel 1 »die Aufrechterhaltung des sich aus den Grenzen zwischen Deutschland und Belgien und zwischen Deutschland und Frankreich ergebenden territorialen Status quo, die Unverletzlichkeit dieser Grenzen, wie sie durch den in Versailles am 28. Juni 1919 unterzeichneten Friedensvertrag oder in dessen Ausführung festgesetzt sind, sowie die Beobachtung der Bestimmungen [...] des bezeichneten Vertrages über die demilitarisierte Zone«. Im Artikel 2 wird ein Nichtangriffsversprechen fixiert: »Deutschland und Belgien und ebenso Deutschland und Frankreich verpflichten sich gegenseitig, in keinem Falle zu einem Angriff oder zu einem Einfall oder zum Kriege gegeneinander zu schreiten.«[160]

Genau diese Garantie wurde von Deutschland für seine Ostgrenzen nicht verlangt. In den beiden zum Vertragswerk gehörenden Abkommen mit der Republik Polen und der Tschechoslowakischen Republik finden sich neben wenigen blumigen Eingangsphrasen

159 Ebd., S. 694 f.

160 Vertrag zwischen Deutschland, Belgien, Frankreich, Großbritannien und Italien (16.10.1925). In: documentArchiv.de [Hg.].

nur nachgeordnete Regelungen, die auf die Lösung strittiger Fragen durch Schiedsgerichte verweisen.[161] Es war allen beteiligten Mächten klar, künftige Konflikte würden sich an den ungeliebten Grenzen im Osten und den dort aufgegebenen Gebieten entzünden. Der Reichsaußenminister lobte sich vor den Landsmannschaften, also Verbänden, die sich unter revanchistischen Vorzeichen der Angelegenheiten der verlorenen Territorien auf politischem, kulturellem und Brauchtumsgebiet annahmen, im Oktober 1925. Er habe es bezüglich des Ostens verhindert, dass es dort zu Regelungen gekommen wäre, die »man mit dem englischen Ausdruck non-aggression-Pakt nennt, nämlich einen Pakt, bei dem wir uns verpflichteten, von jedem Angriff abzusehen. Diese Verpflichtung sind wir im Westen eingegangen, wir haben sie für den Osten abgelehnt. Auch der Eintritt in den Völkerbund schließt den Krieg nicht aus.«[162]

Auch wenn die westlichen Mächte große Erwartungen hatten, es reichte nicht, Deutschland zu bändigen und zu einem verlässlichen Partner zu machen. Wenige Jahre später wurde das Deutsche Reich von einem Führer regiert, der fast genau nach zehn Jahren, im März 1935, unter nichtigem, allerdings aus den Intentionen der damaligen Vertragspartner gar nicht abwegigen Gründen das Vertragswerk aufkündigte. Die Grenzgarantien auch im Westen erledigten sich fünf Jahre später mit dem deutschen Angriff auf Frankreich und Belgien, das Elsass wurde wieder einmal dem Deutschen Reich angeschlossen, Lothringen faktisch einverleibt, Eupen wieder Teil des Reiches. Im Osten wurden die Grenzen noch nachhaltiger neu gezogen.

Für die politisch und wirtschaftlich maßgeblichen Kreise in Deutschland eröffneten sich auf jeden Fall neue Perspektiven. Noch

---

161 Schiedsabkommen zwischen Deutschland und Polen (16.10.1925), hier Artikel 1. In: documentArchiv.de [Hg.]. Die Formulierungen sind identisch mit denen im entsprechenden Vertrag mit der ČSR.

162 Rede Dr. Stresemanns vor der »Arbeitsgemeinschaft Deutscher Landsmannschaften in Gross-Berlin«, 14. Dezember 1925. In: ADAP Bd. B.1.1: Dezember 1925 bis Juli 1926, S. 740.

war offen, wie sie angegangen würden, ob mit der wieder wachsenden wirtschaftlichen Stärke des Reiches in den verlorenen Gebieten in Osteuropa weitergehende Interessen befriedigt werden konnten. Es stand auch die Frage, ob und wie die deutschen Minderheiten für eine Revision der Weltordnung nach 1919 genutzt werden konnten. Selbst die militärischen und rüstungswirtschaftlichen Optionen standen wie beschrieben im Raum. Spätestens mit der Weltwirtschaftskrise ab 1929 wurden auch in Deutschland die Prioritäten neu gesetzt. Die Linke aus Sozialdemokraten und Kommunisten bekämpfte sich bitter, ohne die Chancen der deutschen Revolution von 1918 auch nur im Ansatz wieder aufgreifen zu wollen und zu können. Das bürgerliche Lager sortierte sich neu. Gaben bislang die Konservativen der Deutschnationalen Volkspartei um Alfred Hugenberg und der Deutschen Volkspartei um Stresemann die rechten Vorreiter für eine Politik gegen die Linke, für eine wie auch immer geartete zumindest autoritäre Führung im Reich, am liebsten natürlich die Wiederherstellung der Monarchie, und für eine Revision des Versailler Vertrages ab, so schob sich nun eine neue starke, gewaltbereite und mit der Zuspitzung der Krise auch immer mehr Masseneinfluss gewinnende Kraft in den Vordergrund – die Nationalsozialistische Deutsche Arbeiterpartei eines Adolf Hitler.

Das deutsche Großkapital hat diese neuen Konstellationen dankend aufgegriffen. Seine Emissäre waren schon lange – wie zu Zeiten vor dem Ersten Weltkrieg – im Osten und Südosten Europas aktiv. Sie sorgten für Kapitalspritzen, für Firmenbeteiligungen und einen intensiven Handelsaustausch. Das stieß bei den neuen Freunden im Westen, den Briten und Franzosen, nur auf ein geteiltes Echo. Gleichzeitig unternahm die Reichsregierung alles, um den Kontakt, genauer die Einflussnahme hinsichtlich der durch Versailles verlorenen Ostgebiete nicht abreißen zu lassen. Stresemann hatte noch im Umfeld von Locarno, pikanterweise auch in einem Schreiben an den Ex-Kronprinzen, die diesbezüglichen Ziele seiner Außenpolitik umrissen: »Das Wichtigste ist für die [...] Frage der deutschen Politik das Freiwerden deutschen Landes von fremder

Besatzung. Wir müssen den Würger erst vom Halse haben. Deshalb wird die deutsche Politik, wie Metternich von Österreich wohl nach 1809 sagte, in dieser Beziehung zunächst darin bestehen müssen, zu finassieren [zu tricksen – St. B.] und den großen Entscheidungen auszuweichen.«[163]

Der schon nominierte und dann im Oktober 1926 offiziell gemeinsam mit seinem französischen Amtskollegen Aristide Briand für die Versöhnungspolitik der einstigen Feinde mit dem Friedensnobelpreis geehrte deutsche Außenminister hatte derweil wenig Hemmungen, andernorts zu zündeln. In einer Denkschrift vom März 1926 argumentierte Stresemann zur Bereitstellung von 30 Millionen Reichsmark für Kredite an das bodenständige Deutschtum im europäischen Ausland: »Die deutsche Politik darf diesem Zerstörungswerk nicht passiv zuschauen; dazu stehen zu hohe Werte, nicht nur in nationaler, sondern auch in politischer und wirtschaftlicher Beziehung auf dem Spiel. Haben doch die nationalen Minderheiten als feste Stützen politischen Einflusses und als wichtige wirtschaftliche Abnehmerkreise über das Nationale hinaus eine ganz bestimmte reale Bedeutung für uns. Die deutsche Politik muss deshalb den Versuch machen, den meist Jahrhunderte alten nationalen Besitzstand und die genossenschaftlichen und ähnlichen wirtschaftlichen Organisationen der deutschen Minderheiten in ihrer Selbständigkeit zu erhalten; alle Verluste, die das Deutschtum im Kampf um den Boden und um andere wirtschaftliche Positionen erleidet, sind meist überhaupt nicht wiedereinzubringen. So sehr die Sicherung des ländlichen Besitzes im Vordergrund steht, so ist eine Beschränkung auf das platte Land allein doch nicht möglich: das mit dem Lande verbundene Handwerk und Kleingewerbe und der deutsche Besitz in den Städten wird, wo es nötig ist, ebenfalls gestützt werden müssen.«[164]

---

163 Gustav Stresemann: Vermächtnis. Der Nachlaß in drei Bänden. Zweiter Bd. Berlin 1932, S. 508.

164 Dok. 178: Denkschrift betreffend die Bereitstellung von 30 Millionen RM für die Gewährung von Krediten an das bodenständige Deutschtum im europäischen Ausland. In: ADAP Bd. B.1.1: Dezember 1925 bis Juli 1926, S. 431.

Mit einer aktiven Minderheitenpolitik, insbesondere der Pflege landsmannschaftlicher Kontakte und einem Kulturaustausch und, wie gezeigt, mit wirtschaftlichen Stützungsmaßnahmen sorgte die Reichsregierung dafür, dass die Verbindung zum Reich aufrechterhalten wurde. Und dies unabhängig von den konkreten politischen Konstellationen und eventuellen Möglichkeiten, die auch Versailles etwa hinsichtlich der Verwaltung der Saar oder einer Perspektive anderer Gebiete anbot. Mit besonderem Geschick konnte die deutsche Seite auch die Schwächen der Minderheitenpolitiken insbesondere in Polen und der Tschechoslowakei gegenüber den deutschen Volksgruppen ausnutzen. Die Versuche, die Deutschen in den jeweiligen Staatsverband durch Assimilation, das Beschränken der Nutzung der deutschen Sprache und andere Auflagen einzubinden, hatten Folgen. Unzufriedenheit, Misstrauen, nationalistische Gefühle und letztendlich auch nationalistische Organisation wurden so ermöglicht. Hier konnte die neue Reichsführung nach 1933 nahtlos anknüpfen.

Auch wenn die aufkommende Weltwirtschaftskrise ab 1929 desillusionierte, der Anspruch des deutschen Großkapitals war ungebrochen. Nebenbei bemerkt überstanden viele deutsche Unternehmen diese Krise vergleichsweise gut, weil sie dank der Wirtschaftsverträge mit der Sowjetunion Ausweichmöglichkeiten besaßen. Dass das deutsche Großkapital so zielstrebig ab 1933 Hitlers Kurs auch wirtschaftlich, nicht zuletzt rüstungswirtschaftlich, unterstützen konnte, hat mit dieser Rückversicherung beim Klassenfeind zu tun.

In den späten Jahren der Weimarer Republik gab es durchaus immer wieder Diskussionen über die konkreten Stoßrichtungen der vorgesehenen zunächst ökonomischen Expansionen. Taugte Polen als Bollwerk gegen den Bolschewismus oder eher nicht? Aktiv werden wollte man sowieso. Die »Mitteleuropäischen Wirtschaftstage« wurden zu zentralen Orten der Verständigung über das weitere Vorgehen.

Hier sei stellvertretend eine der richtungsweisenden Positionierungen benannt, die diesen aktiven Expansionsgeist – noch in friedlichen Bahnen und offensichtlich angelehnt an des seeligen Naumann »Mitteleuropa«-Konzept – unterstreicht. Carl Duisberg, einer der führenden deutschen Industriellen, Chef der I. G. Farben und Präsident des Reichsverbandes der Deutschen Industrie, forderte 1931, dass Deutschland den Blick auf die großen Wirtschaftsräume werfen müsse. »Durch diese regionale Wirtschaftskombination kann das europäische Problem von der Südostecke aus aufgerollt werden. Selbst wenn es gelingt, im Südosten zu einer tragbaren Regelung zu kommen, bleibt doch für eine endgültige Regelung des europäischen Problems die Frage einer wirtschaftlichen Verständigung mit Frankreich zu lösen. Erst ein geschlossener Wirtschaftsblock von Bordeaux bis Odessa[165] wird Europa das wirtschaftliche Rückgrat geben, dessen es zur Behauptung seiner Bedeutung in der Welt bedarf.« Es war wohl als eine Drohung zu verstehen: »Die Völker Mittel-Europas werden bald zu wählen haben, ob sie in vertrauensvoller wirtschaftlicher Zusammenarbeit eine neue Zukunft aufbauen wollen oder ob sie in ihrer Zerrissenheit eine willkommene Angriffsfläche, wirtschaftlich und politisch, fremden Rassen und fremden Mächten bieten wollen.«[166]

Die Revanche für 1917 und 1918 findet einen Führer

Noch liefen die praktischen Vorbereitungen zum großen Projekt der deutschen Eliten eher im Geheimen, im Embryonalstadium. Nur die geistige Vorbereitung für die große Revanche hatte Früchte getragen: Für die schmachvolle Niederlage des Jahres 1918 gegen-

165 In den späteren Quelleneditionen wird die bearbeitete Fassung dieser Rede dokumentiert, die von Sofia statt von Odessa spricht. Hier wird die ursprüngliche Fassung aus der *Vossischen Zeitung* zitiert.

166 Duisberg fordert Zins-Abbau. In: Vossische Zeitung. Berlin, vom 25. März 1931, S. 4; siehe auch Wolfgang Schumann / Ludwig Nestler (Hg.): Weltherrschaft im Visier. A. a. O., S. 220.

über der siegreichen Entente und den zwar nicht in Deutschland, aber weiter im Osten erfolgreichen Kommunisten. Gegen die uneinigen, verfeindeten Arbeiterparteien, KPD und SPD, hatte sich ein breiter radikaler, nationalistischer, chauvinistischer, oft noch monarchistisch geprägter, vor allem auf starke Führer und Diktatoren eingeschworener Block von Deutschnationalen, DVP-orientierten Kräften gebildet. Sie waren an ihrem rechten Rand immer stärker mit einer faschistisch organsierten Kraft konfrontiert, die sich unter Missbrauch der Begriffe einem »Nationalen Sozialismus« verschrieben hatte. In den ersten Jahren der Weimarer Republik, vor allem mit dem Putschversuch im November 1923 in München, hatte die Partei Furore gemacht. Aber noch war ihre Zeit nicht gekommen. Sie blieb vergleichsweise schwach, ihr Führungspersonal um Adolf Hitler musste sich noch sammeln, ideologisch und organisatorisch eine Alternative formieren.

Ihre Stunde kam mit der Weltwirtschaftskrise 1929. Nun waren einfache Antworten auf die großen Fragen gewünscht. Klare Frontstellungen gegen die »Systemparteien«, gegen die »Quasselbude« Reichstag, gegen das jüdisch geprägte »raffende Kapital« und gegen die »Novemberverräter« in den Arbeiterparteien, aber auch in den demokratischen Parteien von Zentrum oder DDP fanden Gehör. Die Parolen vom Versailler »Schandfrieden«, dem notwendigen Ende der Machtlosigkeit Deutschlands, seiner Wehrlosigkeit und seiner Zurücksetzung hinter den anderen Nationen sorgten für eine Wechselstimmung. Massive Propaganda mit den damals modernsten technischen Mitteln, der gezielte Einsatz von Spenden nicht zuletzt aus Teilen des Großkapitals, der Frust und die Kampfbereitschaft von Kleinbürgern, Unmut auch von Arbeitern sorgten dafür, dass innerhalb weniger Jahre sich Hitler und seine NSDAP als Ausweg aus der tiefen wirtschaftlichen und politischen Krise anboten: Entweder soziale Konflikte und das Risiko einer Linkswendung der deutschen Politik, ja einer sozialistischen Revolution – oder die harte diktatorische Hand, die dies verhindert und nebenher Deutschland wieder Weltgeltung verschafft.

Nach dem gescheiterten Novemberputsch von 1923 hatte Hitler in seiner komfortablen Festungshaft in Landsberg am Lech Zeit, seine politischen ideologischen Maximen in einer Grundsatzschrift »Mein Kampf« zu Papier zu bringen. Er griff genau die Stimmung im rechten, bürgerlichen, monarchistischen Lager nach Niederlage und Revolution auf und bot nun sein Programm an. Dass es nur ein Jahrzehnt später zur Staatsdoktrin werden sollte und weitere fünf, sechs Jahre später die scheinbaren Phantastereien des »böhmischen Gefreiten«, wie ihn nicht wenige aus den besseren Kreisen abwertend titulierten, ahnten damals nur wenige. Er hatte die Stimmung der konservativen Eliten, der Großagrarier wie der Industrieführer wohl verstanden, die schon vor und dann im Weltkrieg Expansion forderten und begehrlich in Richtung Osten blickten. Schon der nationalistische »Alldeutsche Verband« hatte die Eroberung von »Lebensraum« vornehmlich im Osten auf seine Agenda gesetzt. Heinrich Claß als dessen Chef sprach es am Vorabend des Ersten Weltkriegs unmissverständlich aus: »Jede Ausdehnung in Europa ist von vornherein nur durch siegreiche Kriege herbeizuführen, da weder Frankreich noch Russland so menschenfreundlich sein werden, uns Teile ihres Gebietes abzutreten«.[167] Er sah das Problem, dass diese Gebiete nicht menschenleer waren, sondern eine feindselige Bevölkerung zu unterwerfen war. Nichts von deutscher Zivilisationsmission, sondern die klare Ausbeutung von Völkern, die sich den Deutschen unterzuordnen haben.

Sicher hatten diese Nationalisten den ewigen »Drang nach Osten« der deutschen Reiche seit Karl dem Großen oder Heinrich I. im Hintersinn. Dank dieses »Dranges« oder »Zuges« hatten Könige und Fürsten ganz Ostelbien schon vor Jahrhunderten erobert, unterworfen und zum wesentlichen Rückgrat des Deutschen Reiches und seines Adels gemacht. Völkisch verbrämt ging es aber letztlich um Macht, Einfluss, ökonomische Interessen.

---

167 Daniel Frymann [d.h. Heinrich Claß]: Wenn ich der Kaiser wär'. Politische Wahrheiten und Notwendigkeiten. Leipzig 1912, 2. Aufl., S. 140.

Mit dem Übergang zum Imperialismus Ausgang des 19. Jahrhunderts gewann dies eine neue Qualität und bei den wirtschaftlichen, politischen und militärischen Entscheidern an Dringlichkeit. Nun sei dahingestellt, ob dies ein Ersatz für den Anspruch des zu spät gekommenen Reiches auf Kolonien in Übersee sein könnte, wie manche postkoloniale Studien heute sinnieren.[168] Es ging um Raum für Profite der Industrie, der Landwirtschaft, um Märkte und Arbeitskräfte. Die Erwartung, dass dies in einem bestimmten Teil Europas leichter zu verwirklichen sei als im Westen des Reiches mit seinen französischen oder britischen Konkurrenten, erleichterte diese Orientierung. Im Ersten Weltkrieg wurde das dank der hier zunächst siegreichen kaiserlichen Armee und der Eroberung weiter Teile des Russischen Reiches mit dessen polnischen, baltischen oder ukrainischen Gebieten praktiziert. Interessanterweise – und das dürfte Hitler nicht entgangen sein, wurde ihm vielleicht auch von seinem zeitweiligen Putschkumpanen Erich Ludendorff noch nahegelegt – ein Musterbeispiel. Im Osten gab es mit »Ober Ost«, dem Gebiet des Oberbefehlshabers Ost,[169] ein faktisches Ausbeutungsgebiet des Oberbefehlshabers der Ostfront. Es war in dieser Dimension eine Neuerung in der modernen Kriegsführung und -wirtschaft, wie neue Gebiete mit den dortigen Menschen[170] und Wirtschaften allein zum Wohle des Deutschen Reiches ausgebeutet werden konnten. In seinen Memoiren schrieb Ludendorff, sich selbst lobend: »In einem Gebiet, so groß etwa wie Ost- und Westpreußen, Posen und Pommern zusammen, standen wir vor einer ganz gewaltigen Auf-

---

168 Nichtsdestotrotz bietet Christoph Kienemann tiefe Einsichten in die ideologischen und politischen Zugänge für die deutsche Eroberungspolitik des ausgehenden 19. und beginnenden 20. Jahrhunderts im Osten. Christoph Kienemann: Der koloniale Blick gen Osten. Osteuropa im Diskurs des Deutschen Kaiserreiches von 1871. Paderborn 2018.

169 Siehe Vejas Gabriel Liulevicius: Kriegsland im Osten. Eroberung, Kolonisierung und Militärherrschaft im Ersten Weltkrieg. Hamburg 2018.

170 Siehe Christian Westerhoff: Zwangsarbeit im Ersten Weltkrieg. Deutsche Arbeitskräftepolitik im besetzten Polen und Litauen 1914-1918. Paderborn/München/Wien/Zürich 2012.

gabe: alles war neu aufzubauen und einzurichten. Zunächst waren im Rücken der Armee Ruhe und Ordnung zu gewährleisten und die Spionage auszuschließen. Das Land musste aus dem Lande selbst ernährt und für die Lebensmittelversorgung der Armeen und der Heimat sowie für die sonstige Ausrüstung der Truppen und unsere Kriegswirtschaft nutzbar gemacht werden. Unsere wirtschaftliche Lage machte dies bei der feindlichen Blockade gebieterisch zur Pflicht.«[171] Ludendorff leugnet nicht die Härte des Auspressens und konstatiert Missstimmungen. Aber »das Gebiet des Oberbefehlshaber Ost auf Kosten der Heimat aus falschen Humanitätsgefühlen zu schonen, war ein Unding«.[172]

Adolf Hitler fabulierte also auf einem bestellten Feld, unter dem Eindruck einer wettzumachenden Niederlage. Und mit den Erfahrungen hunderttausender deutscher Soldaten, die im ländlichen Osten ein armseliges, rückständiges und dann noch vom Krieg verwüstetes Leben erlebt hatten: Auf die Bewohner schauten sie mehrheitlich hochmütig herab. Hitler hatte frühzeitig seine Pläne fixiert, davon lebte sein »Mein Kampf« als Bibel der neuen völkischen Bewegung. »Deutschland wird entweder Weltmacht oder überhaupt nicht sein. Zur Weltmacht aber braucht es jene Größe, die ihm in der heutigen Zeit die notwendige Bedeutung und seinen Bürgern das Leben gibt … Wir setzen dort an, wo man vor sechs Jahrhunderten endete. Wir stoppen den ewigen Germanenzug nach dem Süden und Westen Europas und weisen den Blick nach dem Land im Osten. Wir schließen endlich ab die Kolonial- und Handelspolitik der Vorkriegszeit und gehen über zur Bodenpolitik der Zukunft. Wenn wir aber heute in Europa von neuem Grund und Boden reden, können wir in erster Linie nur an Russland und die ihm untertanen Randstaaten denken.«[173]

---

171 Erich Ludendorff: Meine Kriegserinnerungen 1914-1918. Berlin 1919, S. 146.

172 Ebd., S. 154.

173 Adolf Hitler: Mein Kampf. Zwei Bände in einem Band. Ungekürzte Ausgabe. München 851.-855. Aufl. 1943, S. 776.

Allerdings verbanden Hitler und seine Kumpane diesen imperialistischen Eroberungsdrang, ihren notorischen Antikommunismus und Antibolschewismus mit einem ebenso wahnhaften wie tödlichen Rassenkampfgedanken, der sich nicht allein gegen Juden, sondern ebenso gegen Sinti und Roma und Slawen richtete. Seit der Russischen Revolution und der als schrecklich erlebten deutschen Novemberrevolution vermengte sich dieser Wille nach neuem Lebensraum mit wüstem Antikommunismus und diesem zugeordneten Antisemitismus »Der Kampf gegen die jüdische Weltbolschewisierung erfordert eine klare Einstellung zu Sowjet-Russland. Man kann nicht den Teufel mit Beelzebub austreiben.«[174]

Es blieb eben nicht bei wohlfeilen Zeilen in einem Buch, das viele meinten nicht durchlesen zu müssen. Geistig war Hitler auch schon 1925/26 im neuen Weltkrieg.

174 Ebd., S. 786.

III.
Wege wie Irrwege der Kriegsverhinderung

Geschichte und Politik

Das Datum September 1939 ist nicht unumstritten als Beginn dieses Weltkrieges, wenn an die Kriege der 1930er Jahre erinnert wird. Diese Jahre erschütterten der japanisch-chinesische Krieg ab 1931, die italienischen Eroberungsfeldzüge in Nordafrika ab 1935 und die gemeinsame Intervention Deutschlands und Italiens gegen die Republik Spanien ab 1936. Wenn nach den Versäumnissen dieser Zeit gefragt wird, der Unfähigkeit, die bereits lodernden Kriegsflammen auszutreten, so wird nach den Gegenspielern der Aggressoren zu fragen sein – den großen, demokratischen Mächten des Westens.

Es hilft wenig, wenn nicht nach den tatsächlichen Beweggründen der Akteure gefragt wird, sondern dem Glauben gehuldigt wird, dass etwa die britische Appeasement-Politik allein von einer »Kombination von ideologischen Vorannahmen und Wunschdenken – eben vor allem aus Antikommunismus und Friedenssehnsucht«[175] getrieben wurde, wie es der britische Historiker Tim Bouverie wohlwollend interpretiert.

Dann ist der kurzschlüssige Vergleich zur Gegenwart und den Erfordernissen oder Verweigerungen heutiger Appeasement-Politik naheliegend. In einem aktuellen Buch zum Vorabend des Zweiten Weltkriegs entwickelt sein Kollege Benjamin Carter Hett viel Empathie, um die Irrwege westlicher, demokratischer Politiker in einem

175 Tim Bouverie: Mit Hitler reden. Der Weg vom Appeasement zum Zweiten Weltkrieg. Hamburg 2021, S. 12.

gewogeneren Licht erscheinen zu lassen: »Eine drastische Finanzkrise hatte die Grundlagen der Weltwirtschaft erschüttert. Selbst in den alteingesessenen Kernländern der Demokratie, in Westeuropa und den Vereinigten Staaten, zeichneten sich alarmierende Veränderungen ab. Auch dort schienen sich viele Menschen von der Tatkraft und dem Selbstvertrauen der neuen Diktatoren angezogen zu fühlen, selbst als diese Regime sich in ihrer ganzen Feindseligkeit und Aggression gegen die Demokratien wandten. Die demokratischen Politiker mussten herausfinden, wie sie diesen Bedrohungen entgegentreten konnten, wobei sie immer ihre eigene Bevölkerung und deren Reaktion mit im Blick haben mussten […] Das mag nach der Welt von heute klingen. Tatsächlich ist es eine Beschreibung der 1930er Jahre.«[176]

Sein Kollege Bouverie spitzt diesen aktuellen Bezug – eigentlich auch hier mit einer Entschuldigung für damalige Fehlurteile, die wir heute ja nun kennen, zu, wenn er herausstellt, dass »wieder gern die sogenannten Lehren aus der Geschichte bemüht [werden], wenn es darum geht, Interventionen im Ausland zu legitimieren – in Korea, in der Golfregion, auf Kuba, in Vietnam, auf den Falklandinseln, im Kosovo und (bereits zweimal) im Irak. Gleichzeitig wird im Gegenzug jeder Versuch, eine Einigung mit einem früheren Gegenspieler zu finden, unweigerlich mit dem berüchtigten Münchner Abkommen von 1938 verglichen […] Inzwischen zirkuliert das Konzept des Appeasements in gänzlich anderen Zusammenhängen: etwa dort, wo der Westen nach einer Antwort auf die schwierige Frage sucht, wie mit der russischen Politik des Revanchismus und der Aggression umzugehen sei. Es scheint daher an der Zeit und ein berechtigtes Anliegen zu sein, in einer Neuerörterung des Appeasements herauszuarbeiten, wie diese Politik im Original konzipiert und umgesetzt wurde.«[177]

176 Benjamin Carter Hett: Eskalationen. Wie Hitler die Welt in den Krieg zwang. Ditzingen 2021 (eBook), Vorwort.

177 Tim Bouverie: Mit Hitler reden. A. a. O., S. 16f.

Vergessen wird zu fragen, was damals die Chamberlains und Halifax getrieben hat, mit Hitler sich ins Benehmen zu setzten. Ob es vielleicht doch mehr Gemeinsamkeiten gab – oder zumindest in London oder Paris solche erhofft wurden – als die gedankenleere Übertragung dieses Politikansatzes auf die Gegenwart. Auf eine Situation ohne Systemauseinandersetzung und ohne verhärtete Klassenfronten im Innern, die irgendwie mit einer sozialen Revolution schwanger gehen könnten. Auf Gemeinsamkeiten in einer Sicht auf eine Weltaufteilung, die alle Protagonisten zufrieden stimmen könnte. Diese Sicht versperrte den Blick auf das Wesentliche: Hitlerdeutschland trat an, Europa und die Welt zu erobern, und ging immer schnelleren Schrittes diesen Weg. Verbündete von London und Paris wurden zermalmt, und in den westlichen Hauptstädten sahen die Politiker darüber hinweg.

Verhängnisvolle Jahre

Wenden wir uns wieder der konkreten Vor- und Anfangsgeschichte des Zweiten Weltkriegs um das Jahr 1939 zu. Sicher sind auch kritische Historikerinnen und Historiker nicht in allen Fragen einig. Sie werten die Rolle der Sowjetunion in diesem Kontext häufig kontrovers, beleuchten unterschiedlich die Mitverantwortung und das Versagen der Regierungen in Warschau, London oder Paris, sind aber einig darin, dass der Aggressor, der Brandstifter das faschistische Deutsche Reich war, seit der Einverleibung Österreichs das »Großdeutsche«.

Dieser faschistische Staat, der deutsche Imperialismus, trägt die Verantwortung für jene Eskalation der Gewalt, die nicht nur militärische Aggression war, sondern vom ersten Kriegstag im Osten an den Charakter eines Vernichtungskrieges annahm, was die Zeitgenossen in London, Paris und Moskau zunächst nicht sehen wollten.

Die reale Interessenlage der deutschen Eliten von Großkapital, Militärkaste, Ministerialbürokratie, Besitzbürgern wurde in ihrer zugespitztesten Form durch die faschistische Führungsclique umgesetzt und forciert. Sie verstanden es gemeinsam, die einfachen Bürgerinnen und Bürger in diesen Kriegswahn einzuspannen, und spätestens nach den Siegen der Jahre 1939/40 wurden diese willig für einen Kampf bis zum »Endsieg«.

Die Kriegsbegeisterung am Vorabend des deutschen Angriffs in Polen hielt sich in Grenzen. Noch am 31. August 1939 berichtete ein Münsteraner V-Mann der Gestapo: »Das hervorstechendste Merkmal der *allgemeinen Volksstimmung* scheint die Furcht vor einem Kriege zu sein, die sich häufig hinter der Beurteilung verbirgt, man glaube nicht, dass es zum Kriege kommen werde. Aber man redet sich das nur vor, weil man es hofft. In Wirklichkeit rechnen alle mit dem Kriegsausbruch, dem man – abgesehen von jüngeren Leuten – keinerlei Sympathie entgegenbringt. Man hat nicht etwa Angst vor der Überlegenheit der anderen, man steht wohl nur noch zu sehr unter dem Eindruck der Erinnerung an den Weltkrieg.«[178] Allerdings ist der Generationenbruch in dieser Stimmungslage entscheidend. Die junge Generation, unter massiver Beeinflussung der faschistischen Ideologie, erzogen in Jungvolk und Hitlerjugend, ist dem Kriegstaumel erkennbar weitgehend erlegen. Sie wollten sich bewähren, erlebten Mobilmachung und Einberufungen als einen erfolgsheischenden Teil ihres Lebens. Der offenkundig gut informierte und politisch aufmerksame Informant betont allerdings auch einen weiteren Aspekt, der die Führung des Staates und der Wehrmacht immer noch in Schrecken versetzten konnte: Das Trauma der Herrschenden von 1918. Der Informant betont, wie wichtig eine sozial gesicherte Heimatfront sei: »Die Lehren von 1914 müssten jetzt praktisch angewendet werden: nicht zuviel erfassen, nicht bürokra-

178 Dok. 54: Aus dem Bericht eines münsterschen V-Mannes über die Stimmung der Bevölkerung vom 31.8.1939. In: Joachim Kuropka (Bearbeiter): Meldungen aus Münster – 1924-1944. Geheime und vertrauliche Berichte von Polizei, Gestapo, NSDAP und ihren Gliederungen, staatlicher Verwaltung, Gerichtsbarkeit und Wehrmacht über die politische und gesellschaftliche Situation in Münster. Münster 1992, S. 193.

tisieren, dem Publikum soziales Verständnis erweisen und nur gute Waren liefern; schärfstes Vorgehen gegen Hausierer und evtl. Strafen mit Namensnennung zu veröffentlichen wäre angebracht.«[179]

Aber es bewahrheitete sich auch 1939 – Erfolge, Siege, neue Aussichten auf eine größere Rolle in Europa und der Welt konnten Sorgen und Ängste zerstreuen, eine Entwicklung die die ersten drei Kriegsjahre prägen sollte. Bald sollten auch die materiellen Vorteile zum Tragen kommen, die selbst noch der einfache Landser für sich zu Lasten der Besiegten herauszuschlagen vermochte – oft auch im Wortsinne.[180] Noch einmal der Münsteraner Informant: »Die allgemeine Stimmung ist entsprechend den Erfolgen sehr gut. Verstummt sind auch die Kopfschütteleien über das (angebliche) ›Bündnis Hitlers mit Russland‹. Durchschlagend wirkt auch die politisch-diplomatische Lage zugunsten Deutschlands. Lediglich kirchlich gebundene Frauen wagen sich noch pessimistisch zu äußern (unabsehbare Kriegsdauer, Englands Blockade, schlechte Ersatzstoffe, Zwangswirtschaft, Fliegergefahr, hohe Verluste).«[181]

In der Tat. Skeptiker, Widerständler gar, egal, ob Kommunisten, Sozialdemokraten, Gewerkschafter, bürgerliche Demokraten,

179 Dok. 55: Aus dem Bericht eines münsterschen V-Mannes über die Stimmung der Bevölkerung vom 2.9.1939. In: ebd., S. 194. Dieses Lagebild widerspiegelt sich in Erkenntnissen des Sicherheitsdienstes der SS reichsweit. Siehe die entsprechenden Berichte in: Heinz Boberach (Hg.): Meldungen aus dem Reich 1938-1945. Die geheimen Lageberichte des Sicherheitsdienstes der SS. Bd. 2. Herrsching 1984.

180 Zu verweisen ist auf die kontrovers aufgenommene Studie von Götz Aly, der von der faschistischen Diktatur Dank des Auspressens der Juden und der besetzten Gebiete von einer »Gefälligkeitsdiktatur« zugunsten der einfachen Deutschen spricht. Auch wenn diese Zuspitzung nicht die gesamte Breite der Wirkungen des Faschismus abdeckt, verweist sie doch auf einen für die lange politische Stabilität des Deutschen Reiches wesentlichen Faktor, neben der ideologischen Indoktrination, dem Terror und den Ängsten vieler Deutscher vor der Rache der Kriegsgegner, falls diese siegen würden. Siehe Götz Aly: Hitlers Volksstaat. Raub, Rassenkrieg und nationaler Sozialismus. Bonn 2005.

181 Dok. 56: Aus dem Bericht eines münsterschen V-Mannes über die Stimmung der Bevölkerung vom 18.9.1939. In: Joachim Kuropka (Bearbeiter): Meldungen aus Münster. A. a. O., S. 196f.

Christen, Adlige, Pazifisten blieben in der Minderzahl und trotz aller Verzweiflung und allen Heldenmuts, trotz ihres oftmaligen Opferganges weitgehend unerhört.

Dabei verloren die faschistischen Machthaber die Interessen von Kapital und Großgrundbesitz nicht aus dem Auge: Revanche für 1918 und Versailles, ein neuer Versuch der Weltherrschaft.

Der »Drang nach Osten«, das hieß nach Industrien, Latifundien, Arbeitssklaven, nach Profit, trieb sie vorwärts. Herrenmenschentum und die Verachtung, Unterdrückung und der Vernichtungswille gegen Polen, Russen, gegen alle Slawen, gegen Sinti und Roma prägte deutsche reaktionäre Politik von Anbeginn. Dass dieser Krieg die idealen Bedingungen schuf, um Antisemitismus eliminatorisch zu verwirklichen, gehört dazu, aber darauf ist dieser Krieg nicht zu reduzieren. Es war ein Krieg, der vom ersten Tag an – trotz scheinbar widerstreitender Momente – auf die Vernichtung der kommunistischen Gefahr, die Vernichtung des sowjetrussischen Staates ausgerichtet war.

Der Verweis auf die aktuellen Auseinandersetzungen unter nationalistischen und antirussischen Vorzeichen, aber neuerdings auch wieder um die von der rechtskonservativen PiS-Regierung in Warschau aufgeworfene Frage der Reparationen – unter Ausschluss der polnischen Positionierungen von 1953/54,[182] 1970 und 1990[183] –

182 Wer sich die Mühe macht, kann den Vertrag von Görlitz zwischen der VR Polen und der DDR von 1950 ebenso nachlesen wie den polnischen Verzicht auf weitere Reparationen vom Sommer 1953 im Anschluss an ein entsprechendes Zugeständnis der Sowjetunion an das von der Krise im Juni 1953 erschütterte ostdeutsche Staatswesen. Siehe Akademie der Wissenschaften der DDR/Polnische Akademie der Wissenschaften: Die Beziehungen zwischen der Deutschen Demokratischen Republik und der Volksrepublik Polen. Dokumente und Materialien 1949-1955. Bd. 1. Berlin 1986, hier S. 129 ff.; 266.

183 Zur derzeitigen deutschen Positionierung zum Thema Reparationen siehe: Wissenschaftliche Dienste Deutscher Bundestag: Völkerrechtliche Grundlagen und Grenzen kriegsbedingter Reparationen unter besonderer Berücksichtigung der deutsch-polnischen Situation. Sachstand. Wissenschaftliche Dienste Deutscher Bundestag. 28. August 2017. WD 2 – 3000 – 071/17, bundestag.de (PDF).

ist sicher nur ein, wenn auch unappetitlicher Aspekt der politischen Auseinandersetzung um Geschichte.

Auf das nun wieder vereinte Deutschland bezogen hat die fortschreitende Dominanz konservativer und rechtskonservativer Positionen, trotz des bislang noch mehrheitlich auch im Mainstream der Historikerinnen und Historiker vorhandenen demokratischen und antinazistischen Konsenses mittlerweile Formen angenommen, die zwar eher in den Kommentaren im Internet, bei Facebook und Co. aufscheinen, die aber im Umgang mit Geschichte uns auch aus antifaschistischer und antinationalistischer Sicht Sorge bereiten muss.

Geschichtsrevisionistische Bücher deutscher, britischer oder auch russischer Autoren erzielen bei den einschlägigen Verlagen offensichtlich deutlich höhere Auflagen als die meisten seriösen Geschichtsdarstellungen. Wenn, wie schon oben gezeigt, ein Ex-Bundeswehr-Generalmajor in 10. Auflage zur Vorgeschichte des Krieges schreibt und gelesen wird, dann sollten wir aufmerken. In Darstellungen von David Irving über den AfD-Politiker Scheil bis zu den Russen Suworow oder Starikov geht es um die Relativierung der deutschen Schuld, um die These, dass der arme »Führer« förmlich in den Krieg hineingetrieben wurde, von den Juden, von den Briten, den Franzosen, den Polen, vielleicht auch den Sowjetrussen. Vieles ist schlicht Fälschung, Verfälschung, Verkürzung.

Problematischer scheint allerdings, dass diese Vereinnahmung durch die Rechte es auch für kritische Geschichtsbetrachtung schwieriger macht, genauer nach den gemeinsamen antikommunistischen Interessenlagen in Warschau, London und Paris zu fragen, nach den Intentionen einer Appeasement-Politik, die bereit war, das demokratische Spanien wie die demokratische Tschechoslowakei zu opfern, sich aber über sowjetische Realpolitik 1939 echauffierte. Hier ist vermintes Feld, aber es müssen Minengassen geschlagen werden, um zu zeigen, wer, warum und wie man Kriege macht – auch mit einem verantwortungsvollen Blick auf die brenzlige Gegenwart.

Bündnisse – für oder gegen Polen?

Die Jahre 1938 und 1939 bringen für die Republik Polen eine tödliche Konstellation. Die weltpolitischen Karten wurden neu gemischt und das Land an der Weichsel gehört nicht zu den Gewinnern, nicht einmal zu den aktiven Mitspielern. Dabei sah es nach Hitlers Machtantritt gar nicht so ungünstig aus. Zwar hatte sich das westliche Interesse für Polen als antisowjetischem Bollwerk, so die Erfahrung mit dem bewussten Verzicht auf ein »Ost-Locarno«, abgeschwächt. Warschau musste zur Kenntnis nehmen, dass seine Westgrenze nicht garantiert war. Unstimmigkeiten könnten ja per Schiedsgericht geklärt werden, so die Empfehlung in Locarno 1925. Aber das Verhältnis zu den Deutschen schien sich zu verbessern. Zur Zeit der Weimarer Republik hatten deutsche demokratisch geführte Regierungen Polen immer als einen potenziellen Gegner und Aneigner deutscher Gebiete angesehen, was so schnell wie möglich revidiert werden sollte. Nun gab es hier nach der Machtübergabe an Hitler einen vermeintlichen Bruch. Ja, es schien 1933 und 1934 so, als wenn Hitler und sein politischer General, Hermann Göring, Polen und besonders dessen greisen Führer Marschall Jozef Piłsudski hofierten. Nazideutschland brauchte Zeit für seine Aufrüstung und seinen Eintritt in die europäische Macht- und Kriegspolitik. Die diktatorischen Machthaber in Berlin und Warschau betrachteten sich mit Respekt, hatten sie doch mit Kommunisten, Demokraten, Juden und der Sowjetunion auch gemeinsame Feinde.

Aber in Warschau mochten es die Verantwortlichen wohl nur erahnen, in Berlin waren die Weichen längst auf den großen Revanchekrieg gestellt, auch wenn es zunächst offen war, wann und wo und mit welchen noch zu schaffenden Mitteln ein solcher Krieg in Szene gesetzt werden konnte. Und welche Rolle Polen von deutscher Seite zugestanden oder aufgezwungen würde.

Denn nur vier Tage nach der Machtübergabe an die Hitlerpartei und ihre bürgerlich-konservativen Partner nahm sich der neue

Reichskanzler Zeit, den Generälen der doch noch ein wenig reserviert sich gebenden Heeresführung die politischen und militärischen Ziele der neuen Machthaber zu erläutern. Im Zentrum stand für ihn die »Wiedergewinnung der politischen Macht«, die Wiederinstandsetzung Deutschlands als Großmacht, die die europäischen Verhältnisse und wohl nicht nur sie bestimmen konnte. Sein klarer Auftrag: »*Aufbau der Wehrmacht* wichtigste Voraussetzung für Erreichung des Ziels: Wiedererringung der politischen Macht. Allgemeine Wehrpflicht muss wieder kommen. Zuvor aber muss Staatsführung dafür sorgen, dass die Wehrpflichtigen vor Eintritt nicht schon durch Pazifismus, Marxismus, Bolschewismus vergiftet werden oder nach Dienstzeit diesem Gifte verfallen. Wie soll politische Macht, wenn sie gewonnen ist, gebraucht werden? Jetzt noch nicht zu sagen. Vielleicht Erkämpfung neuer Exportmöglichkeiten, vielleicht – und wohl besser – Eroberung neuen Lebensraums im Osten und dessen rücksichtslose Germanisierung.«[184]

Hitler traf den Nerv der Militärs wie der wirtschaftlich Mächtigen. Seit der Niederlage von 1918 hatten sie sich verdeckt, gelegentlich offen an den Voraussetzungen für die Wiederaufrüstung, für die Revision von Versailles abgemüht. Nun standen an der Spitze des Staates ein Mann und eine politische Kraft, die – wohl wissend, dass es noch einige Zeit brauchen würde – sich dieser Herausforderung offen stellten. Revision von Versailles hieß die Rückkehr zu den Weltmachtambitionen des Kaiserreichs, seiner politischen und wirtschaftlichen Eliten. Das hieß unter den gegebenen Umständen letztlich die auch militärische Konfrontation mit den westlichen Mächten und es hieß Vernichtung des Kommunismus im Inneren wie in der sowjetischen Staatlichkeit. Auch wenn es im Augenblick noch zurücktrat, der östliche Nachbar

184 Dok. 1: Niederschrift der Rede Hitlers vor den Befehlshabern des Heeres und der Marine über sein Regierungsprogramm, 3. Februar 1933. In: Erhard Moritz (Hg.): Fall Barbarossa. Dokumente zur Vorbereitung der faschistischen Wehrmacht auf die Aggression gegen die Sowjetunion (1940/1941). Berlin 1970, S. 51 f.

war nicht wohlgelitten. Polen hatte seit 1918/19 gestört, hatte sich seinen Staat nicht zuletzt auf deutsche Kosten wieder aufgebaut. Polen mochten diese Revanchekräfte nicht, es sollte von der Landkarte getilgt werden.

Aber die deutsche Führung wusste, dass dies 1933 und auch in naher Zukunft nicht möglich sein würde. Die Wirtschaft war durch die Weltwirtschaftskrise noch stark angeschlagen, eine ernsthafte Rüstungsindustrie war erst wieder aufzubauen, Wehrmacht und Kriegsmarine im Ergebnis der Versailler Bestimmung noch nicht annähernd kriegsbereit, eine eigene Luftwaffe noch verboten und nicht zur Verfügung stehend – und das deutsche Volk noch nicht geistig auf einen Revanchekrieg und gar einen neuen Griff nach der Weltherrschaft vorbereitet. Diplomatische, wirtschaftliche und militärische Prozesse waren durch die neue Führung einzuleiten, sie brauchten Zeit. Dieser Zeitgewinn sollte durch entsprechende Nebelkerzen verdecken, wie sich das Deutsche Reich und seine faschistische Führung auf einen neuen Anlauf vorbereiteten.

Verwundert konnten sich überzeugte Hitleranhänger und die deutsche, vor allem aber die Weltöffentlichkeit die Augen reiben, als der Mann, der die Inkarnation des Bösen sein mochte, nun vor dem Deutschen Reichstag am 27. Mai 1933 als Friedensprediger auftrat und die Bereitschaft Deutschlands verkündete, die Revision von Versailles als gemeinsamen Prozess der beteiligten Staaten friedlich und ausgewogen anzugehen. Scheinheilig appellierte er: »Deutschland hat […] einen moralisch berechtigten Anspruch, zu fordern, dass die hochgerüsteten Staaten nunmehr auch ihrerseits die Verpflichtungen, die sich aus dem Vertrag von Versailles ergeben, erfüllen.«[185] Darauf ließen sich erwartungsgemäß die angesprochenen Staaten nicht ein, und Deutschland hatte die Begründung gefunden, aus den Abrüstungsverhandlungen auszusteigen und wenig später auch die Mitgliedschaft im Völkerbund aufzukündigen.

185 Adolf Hitler, Reichskanzler: Erklärung der Reichsregierung. In: Verhandlungen des Reichstags. VIII. Wahlperiode 1933. Bd. 457. Stenographische Berichte 1933. 2. Sitzung. Donnerstag, den 23. März 1933, S. 31.

Trotzdem blieb der deutschen Führung der massive Versuch, mit Nachbarn gutnachbarliche Beziehungen anzubahnen, um sie in Sicherheit zu wiegen. Schon zwei Monate vor seiner »Friedensrede« hatte Hitler im Reichstag erklärt: »Gegenüber der Sowjetunion ist die Reichsregierung gewillt, freundschaftliche, für beide Teile nutzbringende Beziehungen zu pflegen. Gerade die Regierung der nationalen Revolution sieht sich zu einer solchen positiven Politik gegenüber Sowjetrussland in der Lage. Der Kampf gegen den Kommunismus in Deutschland ist unsere innere Angelegenheit, (sehr richtig! bei den Deutschnationalen), in den wir Einmischungen von außen niemals dulden werden. (Lebhafter Beifall und Händeklatschen bei den Nationalsozialisten und den Deutschnationalen.)«[186] In der Tat wurde die anstehende Verlängerung des deutsch-sowjetischen Vertrages von 1926 im Mai vorgenommen.[187] In der Praxis war jedoch – trotz mannigfacher Kontakte – eine engere Zusammenarbeit auf Eis gelegt, auch die zu Zeiten der Weimarer Republik so fruchtbare Rüstungszusammenarbeit.

In seiner »Friedensrede« wandte sich Hitler an die Nachbarvölker. Es schien, dass er den nationalistischen rassistischen Größenwahn zurücknehmen würde, es auch ihm nur darum ging, dass andere Völker nicht auf das Niveau der germanischen Herrenrasse gehoben, sondern ihr unterworfen werden sollten. Das ist aber in der gegebenen Situation mit Blick auf die Weltöffentlichkeit und die Politiker dieser Nachbarstaaten nicht sein Problem. Denn »wir kennen […] nicht den Begriff des ›Germanisierens‹. Die geistige Mentalität des vergangenen Jahrhunderts, aus der man glaubte, vielleicht aus Polen oder Franzosen Deutsche machen zu können, ist

186 Adolf Hitler, Reichskanzler: Erklärung der Reichsregierung. In: Verhandlungen des Reichstags. VIII. Wahlperiode 1933. Bd. 457. Stenographische Berichte 1933. 3. Sitzung. Mittwoch, den 17. Mai 1933, S. 51.

187 Der Berliner Vertrag, richtig der Vertrag zwischen der Deutschen Regierung und die Regierung der Union der Sozialistischen Sowjet-Republiken, vom 24. April 1926, die ergänzende Fortschreibung des Rapallo-Vertrages von 1922, wurde nunmehr für drei Jahre verlängert.

uns genau so fremd, wie wir uns leidenschaftlich gegen jeden umgekehrten Versuch wenden […] Wir sehen die europäischen Nationen um uns als gegebene Tatsache. Franzosen, Polen usw. sind unsere Nachbarvölker, und wir wissen, dass kein geschichtlich denkbarer Vorgang diese Wirklichkeit ändern könnte […] Denn es müsste das Ziel eines wirklich dauerhaften Vertragswerts sein, nicht Wunden zu reißen oder vorhandene offenzuhalten, sondern Wunden zu schließen und zu heilen.«[188]

Während er Frankreich und Großbritannien nur als diejenigen Mächte brauchte, die von den Maximalforderungen des Versailler Vertrages abrückten, war ihm der östliche Nachbar doch interessant genug, um ihn zum Stillhalten zu bewegen und als Partner einer künftigen Konfrontation mit dem eigentlichen Feind zu gewinnen – mit der Sowjetunion.

Denn Polen bot sich zunächst angesichts seiner klar antikommunistischen und antisowjetischen Ausrichtung, seiner Demokratiefeindlichkeit, auch seines unverkennbaren Antisemitismus für Deutschland als wichtiges Sprungbrett, als Bündnispartner gegen den Hauptfeind Sowjetunion bei einem künftigen kriegerischen Konflikt an. Nur vor diesem Hintergrund ist zu verstehen, warum die neuen Machthaber in Berlin ihre Ressentiments, genauer ihre klaren macht- und geopolitischen Ansprüche gegenüber Polen, d.h. Gebietsansprüche hinsichtlich der durch Versailles und die polnische Nationalstaatswerdung verlorenen Territorien und Bevölkerungsteile, hintanstellten und lieber Gemeinsamkeiten beschworen. Ohne mit der Wimper zu zucken, erkläre Hitlers Propaganda-Chef Joseph Goebbels 1935 in Danzig: »Wie stark und opferbereit die deutsche Friedenspolitik ist, das zeigt unsere Verständigung mit Polen. Wir sind bereit, für den Frieden Opfer zu bringen. Wir sind bereit, uns mit anderen Völkern zu verständigen. Wir sind bereit, im Interesse dieser Verständigung auch Zugeständ-

188 Adolf Hitler, Reichskanzler: Erklärung der Reichsregierung. In: Verhandlungen des Reichstags. VIII. Wahlperiode 1933. Bd. 457. Stenographische Berichte 1933. 3. Sitzung. Mittwoch, den 17. Mai 1933, S. 49.

nisse zu machen.«[189] Er bezog sich auf die im Vorjahr erfolgte Verständigung mit der Republik Polen, die gerne fälschlicherweise als Nichtangriffspakt tituliert wird.

Die Konsequenz dieser Politik war die überraschende »Gemeinsame Erklärung der Deutschen Regierung und der Polnischen Regierung« vom 26. Januar 1934 über den Gewaltverzicht, also faktisch ein Nichtangriffsvertrag zwischen den beiden Nachbarn. Beide Staaten schrieben ihre gemeinsamen Interessen fest und visierten eine zumindest verbal leuchtende Zukunft an. »Die durch diese Grundsätze geschaffene Friedensgarantie wird den beiden Regierungen die große Aufgabe erleichtern, für Probleme politischer, wirtschaftlicher und kultureller Art Lösungen zu finden, die auf einem gerechten und billigen Ausgleich der beiderseitigen Interessen beruhen … und zur Begründung eines gutnachbarlichen Verhältnisses führen werden, das nicht nur ihren beiden Ländern, sondern auch den übrigen Völkern Europas zum Segen gereicht.«[190] Nur, diese Erklärung rangierte unterhalb eines formellen völkerrechtlichen Vertrages und sparte eine Garantie für Polens territoriale Unversehrtheit aus. Noch einmal sei auf Goebbels verwiesen, der seinem Tagebuch schon im Herbst 1933 hinsichtlich der polnischen Politik und speziell des polnischen Außenministers anvertraute: »Oberst [Józef] Beck klug und weinerlich. Will von Frankreich los und mehr nach Berlin hin. Hat eine Reihe von Sorgen, die aber unerheblich sind. Mit Polen kann man fertig werden. Der Fäden werden mehr gesponnen. Man muss im Wirtschaftlichen beginnen, um zur Politik zu kommen. Beck ist jung und empfänglich.«[191] Entsprechend liefen die deutschen Bemü-

---

189 Joseph Goebbels: Dok. Nr. 24. 6.4.35 – Danzig, Heumarkt – Kundgebung vor der Wahl des Danziger Volkstages. In: Goebbels Reden 1932-1945. Hrsg. von Helmut Heiber. Bindlach 1991, S. 212f.

190 Dok. 219: Gemeinsame Erklärung der Deutschen Regierung und der Polnischen Regierung. 26. Januar 1934. In: ADAP Bd. C.2.1. 14. Oktober 1933 bis 31. Januar 1934, S. 411 f., hier S. 412.

191 Joseph Goebbels: [Tagebucheintrag] 27. September 1933. In: Ders.: Tagebücher 1924-1945. Hrsg. von Ralf Georg Reuth. Bd. 2 1930-1934. München/Zürich 1992, S. 833.

hungen, Hermann Göring, das Sprachrohr der Nazis für die wirtschaftlichen Fragen, war gern gesehener Gast in Polens Wäldern, auch der Jagd wegen, vor allem aber wegen des Spinnens erwähnter wirtschaftlicher »Fäden«.

Solange in Warschaus Pałac Belweder Marschall Józef Piłsudski das Sagen hatte konnte diese Politik auch für das Deutsche Reich Vorteile bringen. Der starke Mann imponierte. Goebbels in seinem Tagebuch: »Ein Mann, ein Kämpfer, ein nationaler Heros!«[192] Mit dem Tod des polnischen Marschalls und den Veränderungen auf der europäischen Landkarte, vor allem aber bei dem deutschen Nachbarn, der rasch zu einer militärisch bedrohlichen Großmacht aufwuchs, begannen die neuen polnischen Führer der Nach-Piłsudski-Ära eine Wiederannäherung an den Westen zu betreiben. Offensichtlich waren ihnen die Deutschen nicht geheuer. Sie hatten zudem nicht die Statur des verblichenen Marschalls, mit Autorität und Geschick zwischen den einzelnen Machtzentren zu lavieren.

Insofern stieß der Versuch Deutschlands und Italiens, Polen in den Antikominternpakt einzubeziehen – als klaren Affront gegen die Sowjetunion –, nunmehr auf erhebliche Sorgen Polens. Denn die polnische Führung, so auch ihr Außenminister Józef Beck, wusste, »dass für Polen ein solcher Schritt außerordentlich schwierig und sicherlich nicht ohne schwere Bedenken sein würde, weil es als Nachbar Sowjetrusslands mit diesem unbedingt Frieden halten wolle – soviel an ihm, Polen, liege. Ein Beitritt würde aber zweifellos von Moskau als unfreundliche Handlung angesehen werden.«[193] Augenscheinlich war die Obristen-Regierung inzwischen vorsichtiger geworden, was die bislang durchaus mit Nazideutschland analog betrachtete »russische Frage« und die Interessen Polens an der Ukraine betraf. Das musste die Ziele der deutschen Führung gefährden.

192 Joseph Goebbels: [Tagebucheintrag] 11. Dezember 1935. In: Ebd. Bd. 3 1935-1939, S. 919.

193 Dok. 18: Der Deutsche Botschafter in Rom an das Auswärtige Amt. Politischer Bericht. 10. November 1937. In: ADAP Bd. D.1. September 1937 - September 1938, S. 24.

Trotzdem, eine ernsthafte Verständigung mit dem östlichen Nachbarn, mit der Sowjetunion, stand für die polnischen Politiker und die herrschenden politischen und sozialen Kräfte trotz gelegentlicher Fühlungnahme nie auf der Tagesordnung.

Trotz der sich verschlechternden Beziehungen Warschaus zu Berlin konnte der polnische Außenminister noch im Januar 1939 seinem deutschen Amtskollegen Joachim von Ribbentrop auf dessen Frage nach den langfristigen polnischen Ansprüchen gegenüber der Ukraine, also gegenüber der Sowjetunion, mit verstehendem Unterton antworten, »ob sie denn die Aspirationen des Marschalls Piłsudski in dieser Richtung, also nach der Ukraine, aufgegeben hätten, [...] lachend [be]antworte[n], dass sie ja selbst in Kiew gewesen seien, und dass diese Aspirationen zweifellos auch heute vorhanden wären«.[194] Gemeint war die Grunderfahrung der polnischen Führer im Polnisch-Sowjetischen Krieg von 1920. Die Sowjetunion und ihr gesellschaftliches System waren für Polens Bourgeoisie und Adel unverändert die eigentliche Bedrohung und nicht nur das heimliche Ziel ihrer Begierden.

Eine tödliche Falle. Der östliche Nachbar als ideologischer und realpolitischer Feind. Der westliche Nachbar zunehmend selbstbewusster und offenkundig bereit, mit Gewalt sich das zurückzuholen, was er nach 1918 verloren hatte bzw. glaubte für seine Stärke unbedingt zu benötigen, wenn an Österreich zu denken ist, und der sich wenig um die innenpolitische Verfasstheit seiner Ziele Gedanken machte. Für Hitler und seine politischen wie militärischen Führer waren dies alles sowieso nur Zwischenschritte. Dessen Gedanken aufgreifend vermerkt Goebbels im September 1936 in seinem Tagebuch: »Mit Polen keine Liebesehe, aber Vernunftverhältnis. Hat uns die Aufrüstung ermöglicht.«[195]

194 Dok. 120: Aufzeichnung des Reichsaußenministers. Aussprache mit dem Polnischen Aussenminister Beck in München am 6. Januar 1939. In: ADAP Bd. D.5. Juni 1937 - März 1939, S. 30.

195 Joseph Goebbels: [Tagebucheintrag] 16. September 1936. In: ebd. Bd. 3 1935-1939, S. 1016.

Ein Krieg mit Ansage

Vor dem »Anschluss« Österreichs und der anvisierten Abrechnung mit der ČSR kalkulierte man in Berlin durchaus polnische Widerstände ein. Aber: »Unsere Abmachungen mit Polen behielten nur solange Geltung, als Deutschlands Stärke unerschüttert sei«, in einem potenziellen Konfliktfall wären sie nichtig, und das war aus dem Kontext heraus nicht nur der Fall, wenn Polen eine deutsche Schwäche ausnutzen wollte.[196] Die polnische Frage war aber nur ein kleiner Mosaikstein in einem weit größeren Werk deutscher Weltgeltungspolitik.

Am 10. November 1937 hatte Hitler seine Spitzenmilitärs und den Außenminister zur Beratung zu »grundlegenden Gedanken über die Entwicklungsmöglichkeiten und -notwendigkeiten unserer außenpolitischen Lage« geladen. In diesem kleinsten Kreis der militärischen und politischen Macht wollte Hitler nicht weniger »im Interesse einer auf weite Sicht eingestellten deutschen Politik seine Ausführungen als seine testamentarische Hinterlassenschaft für den Fall seines Ablebens« angesehen wissen.[197]

Es ging um die weitere strategische Ausrichtung des Reiches, genauer die Entscheidung für einen künftigen gewaltsamen Weg. »Das Ziel der deutschen Politik sei die Sicherung und die Erhaltung der Volksmasse und deren Vermehrung. Somit handele es sich um das Problem des Raumes.«[198] Die Expansionspolitik, das dekliniert Hitler durch, kann nur zu Lasten der anderen Großmächte, also vor allem Frankreichs und Großbritanniens und zahlreicher anderer Staaten geschehen. Dass diese den deutschen »Wünschen« freigiebig entgegenkommen würden, zieht Hitler trotz der aktuellen Appeasement-Politik in London und Paris verständlicherweise nicht in

196 Dok. 19: Niederschrift über die Besprechung in der Reichskanzlei am 5. November 1937. [Aufzeichnung vom 10. November 1937, sog. Hoßbach-Niederschrift] In: ADAP Bd. D.1: September 1937 - September 1938, S. 30.

197 Ebd., S. 25.

198 Ebd.

Betracht. Er entwickelte ein detailliertes Konzept, wie das Deutsche Reich sich in einem künftigen Kriege zu verhalten habe. Tschechoslowakei und Österreich sind die ersten Ziele seines Begehrs. Sein Problem ist, wie sich Frankreich und Großbritannien verhalten werden. Die Militärs in der Runde warnen und halten die deutschen Streitkräfte nicht für ausreichend gewappnet. Hitler sieht das anders, ist bereit, auch Vabanque zu spielen – eine Sonderheit preußischer wie deutscher Führer, egal ob Friedrich II., Wilhelm II. oder Hindenburg. Nun ja, der »Führer« setzte wohl auf die Vorsehung – und den erreichten Stand der Rüstung, der Kriegsbereitschaft der Wehrmacht und die erfolgreiche Manipulation der Deutschen. Trotzdem: »Zur Lösung der deutschen Frage könne es nur den Weg der Gewalt geben, dieser niemals risikolos sein. Die Kämpfe Friedrichs d. Gr. um Schlesien und die Kriege Bismarcks gegen Österreich und Frankreich seien von unerhörtem Risiko gewesen, und die Schnelligkeit des preußischen Handelns 1870 habe Österreich vom Eintritt in den Krieg ferngehalten. Stelle man an die Spitze der nachfolgenden Ausführungen den Entschluss zur Anwendung von Gewalt unter Risiko, dann bleibe noch die Beantwortung der Fragen ›wann‹ und ›wie‹.«[199] Das trieb ihn seit Jahren um und seine Militärs und Wirtschaftsführer suchten nach Wegen, die Bereitschaft zum Krieg sicherzustellen. In seinen Ausführungen setzte er einen Zeitrahmen von sechs bis acht Jahren. »Wie die Lage in den Jahren 1943/45 tatsächlich sein würde, wisse heute niemand. Sicher sei nur, dass wir nicht länger warten können.«[200] Diese Terminierung[201] hatte sicher weniger mit der Sorge um seine Lebensdauer und Gesundheit zu tun, auf die er auch anspielte. Sondern mit der Einsicht, dass die potenziellen Gegner diese Zeit und ihre auch aus seiner Sicht überlegenen Ressourcen nutzen könnten, um die deutsche Aggression zu bremsen oder

199 Ebd., S. 29.

200 Ebd.

201 Interessanterweise war dieser Termin auch im Kalkül der politischen Führungen in London und Paris, vor allem aber in Moskau.

zu zerschlagen. Denn die wirtschaftlichen Grenzen waren ihm und seinen Kumpanen durchaus bewusst, auch die Risiken eines zu langen Wartens angesichts einer ausgereizten Wirtschaft.

Auffällig ist die klare Wendung gegen Südosten, um das eigene Potenzial zu stärken und offensichtlich Raum und Ressourcen für einen weitergehenden Aggressionszug zu gewinnen. Ausgehend von seiner zentralen strategischen Aufgabenstellung, »Lebensraum« zu gewinnen, und eingedenk seiner dezidiert antikommunistischen Ausrichtung konnte es nur gegen die Sowjetunion gehen. Die Überlegungen, die Hitler im November 1937 anstellte, sind im Nachhinein offensichtlich Fingerübungen gewesen, um Schwerpunkte abzuwägen und auf Konfliktgegner wie -partner genauer zu blicken. Dass seine Generäle Schwierigkeiten hatten, Hitlers Optimismus hinsichtlich der westlichen Staaten zu teilen, war in der konkreten Situation hinsichtlich der Berechnung der realen Kräfteverhältnisse verständlich. Für Hitlers Intentionen sprach die bisherige erfolgreiche Appeasement-Politik des Westens gegenüber dem Deutschen Reich. Sie hatte seine bisherigen außenpolitischen und militärischen Eskapaden mehr oder minder wohlwollend toleriert. In der Politik gegenüber dem republikanischen Spanien bei offener Intervention deutscher und italienischer Verbände hatte die Nichteinmischungspolitik Frankreichs und Großbritanniens dafür gesorgt, dass Hitler freie Hand bekam. Und die nächsten 12 Monate sollten in fataler Weise bestätigen, dass Hitlers Einschätzung zur Politik des Westens wohl stimmig war und in München 1938 endgültig honoriert wurde, nachdem schon Österreich Deutschland fast widerspruchslos überlassen worden war. Erst mit der »Zerschlagung der Rest-Tschechei« als endgültiger Liquidierung des tschechoslowakischen Staates begannen in London und Paris Alarmglocken anzuschlagen.

Hitler vollzog nur das, was er Mitte der 1920er Jahre in »Mein Kampf« prophezeit hatte, im Einklang mit den Erwartungen der deutschen Militär- und Wirtschaftseliten. Sein Regierungsprogramm, das er im Februar 1933, wie schon dargestellt, entwickelt hatte, wurde systematisch fortgesetzt.

Im Sommer 1936 hatte er in einer Denkschrift die Grundzüge eines Vierjahresplanes entwickelt, denn der »Krieg (ist) im Frieden vorzubereiten!«[202] Er mag bei der Erarbeitung seiner Denkschrift ein Papier eines bewährten Faschistenfreundes und Förderers, Hermann Röchling, zur Kenntnis genommen haben, der neun Tage zuvor aus Sicht des Unternehmers und Rüstungsmannes erklärte: »Es ist nicht zu sehen, worin die Möglichkeit bestehen sollte, den Entscheidungskampf zwischen Bolschewismus und Nationalsozialismus zu vermeiden.« Dann spitzte Röchling zu, »dass der Krieg fast unvermeidlich ist; die wesentlichste Frage ist, wann er ausbricht. Darüber irgend etwas vorauszusagen, wäre vermessen [...] Jedenfalls müssen wir mit dieser Auseinandersetzung rechnen und uns mit allen Mitteln darauf einrichten, denn dieser Kampf ist ein Kampf um unsere Existenz [...] Der kommende Krieg wird in erster Linie ein Krieg der Technik sein, wobei höchste Technik, höchster Mannesmut und größte Kraft zur Ertragung von Entbehrungen vielleicht den Sieg ermöglichen. Ohne diese Voraussetzungen wird der Erfolg unmöglich sein.«[203]

Hitlers Papier war die Skizze des deutschen Plans zur Wiederaufrüstung und zur Herstellung der Kriegsbereitschaft mit klarer Zielsetzung und Terminierung, wann es idealerweise zum Angriff auf die europäische und Weltordnung kommen sollte. Theatralisch beschwor er, »Deutschland wird wie immer als Brennpunkt der abendländischen Welt gegenüber den bolschewistischen Angriffen anzusehen sein [...] Wir können uns aber diesem Schicksal nicht entziehen.«[204] Entsprechend stellte er die Aufgaben für die deutsche

202 Denkschrift Hitlers zu den Aufgaben eines Vierjahresplan. In: Wilhelm Treue: Dokumentation: Hitlers Denkschrift zum Vierjahresplan 1936. In: VfZ 2/1955, das Dokument auf den S. 204-210., hier S. 207.

203 Dok. 47. Aus der Denkschrift von Hermann Röchling, Vorsitzender der Geschäftsführung und Mitinhaber der Röchlingsche Eisen- und Stahlwerke GmbH, für Adolf Hitler vom 17. August 1936 über »Gedanken über die Vorbereitung zum Kriege und seine Durchführung«. In: Dietrich Eichholtz / Wolfgang Schumann (Hg.): Anatomie des Krieges. A. a. O., S. 143.

204 Denkschrift Hitlers zu den Aufgaben eines Vierjahresplans. A. a. O., S. 204

Wirtschaft, um den Waffengang vorzubereiten: »I. Die deutsche Armee muss in 4 Jahren einsatzfähig sein. II. Die deutsche Wirtschaft muss in 4 Jahren kriegsfähig sein.«[205] All das lief auf einen Kriegsbeginn Ausgang der 1930er Jahre hin, so wie schon vor einem Jahrzehnt Generaloberst von Seeckts »Großer Plan« für diesen Zeitpunkt seine über 100 Divisionen versprach. Eine erschreckende Konsequenz in der Verwirklichung scheinbar weltfremder faschistischer Ideologie und solider Planungs- und Organisationsarbeit des deutschen Militärs und der deutschen Rüstungsindustrie, koste es, was es wolle. Nur, der Zeithorizont, den Hitler 1936 wie 1937 entfaltete unterlag selbst einer Dynamik. In seiner November-Rede 1937 hatte er irgendwie 1943/45 in den Raum gestellt als dem Zeitpunkt, an dem die potenziellen Feinde den deutschen Rüstungsvorsprung einholen würden. Das war ihm und seinen Generälen klar, ebenso wie die Tatsache, dass die Rüstung mit ihren Kosten die deutsche Wirtschaft an ihre Grenzen gebracht hatte. Die Beratung, in der Hitler die große Strategie entwickelte, sollte ja sich eigentlich um genau diese begrenzten Ressourcen drehen. Aber nun wurde der große Blick auf einen grundlegenden Umbruch eröffnet, um die momentan erreichte Stärke in die Waagschale werfen zu können. Bei allen Überlegungen zu möglichen Kriegskonstellationen und der Notwendigkeit zuerst die Tschechoslowakei auszuschalten drang ein Leitgedanke immer wieder deutlich hervor: »Die Aufrüstung der Armee, Kriegsmarine, Luftwaffe sowie die Bildung des Offizierkorps seien annähernd beendet. Die materielle Ausstattung und Bewaffnung seien modern, bei weiterem Zuwarten läge die Gefahr ihrer Veraltung vor.«[206] In immer neuen Formulierungen stellte Hitler heraus: »Sicher sei nur, dass wir nicht länger warten können«,[207] entsprechende Situationen »auch bereits im Jahre 1938« seien ent-

205 Ebd., S. 210

206 Dok. 19: Niederschrift über die Besprechung in der Reichskanzlei am 5. November 1937. A. a. O., S. 29.

207 Ebd.

schlossen auszunutzen,[208] bei einer sich »nur einmal bietenden günstigen Gelegenheit den Feldzug gegen die Tschechei beginnen und durchführen«.[209] Der Zweite Weltkrieg könnte also schon 1938 beginnen, wenn es die Feinde zulassen und das Deutsche Reich nur recht anpacke.

Die Rückbesinnung auf London und Paris fiel in Warschau umso leichter, als sich ab 1937 in Frankreich der Volksfront-Geist wieder legte und Frankreich zunächst außenpolitisch seine Unterstützung für die rechtmäßige spanische Regierung aufgab und hier in Appeasement-Manier einen demokratischen Verbündeten opferte. Aus polnischer Sicht war aber vor allem die bolschewistische Gefahr geringer geworden. Mit dieser regressiven Entwicklung in Frankreich veränderten sich auch dessen außenpolitische Ausrichtung, die nun wieder mehr mit den Erwartungen der Briten (allerdings auch der USA) d'accord gingen. Sie hatten die zwischenzeitliche Annäherung insbesondere zwischen Paris und Moskau, die verbunden war mit dem Abschluss eines Beistandsvertrages 1935 mit antideutscher Ausrichtung und idealerweise als Baustein eines System der kollektiven Sicherheit verstanden, kritisch beäugt. Mit dem Ende der Volksfrontregierungen bzw. -euphorie schien aus kapitalistischer Sicht Schlimmeres abgewehrt.

Das Jahr 1938 brachte für Europa in mehrerlei Hinsicht die Vorentscheidung, wohin der Kontinent und die Welt in den nächsten Jahren treiben würden. Wenn es nicht gelang, die Kriegstreiber in Berlin, Rom und Tokio zu stoppen, musste es zum Konflikt, zum großen Krieg kommen. Offen blieb, wer dessen Hauptziel wurde. Blieb es bei begrenzten Revisionen, allerdings teils mit kontinentalen Ausmaßen, in Ostasien, im nördlichen Afrika und in Mitteleuropa? Oder würden die Großmächte Frankreich, Großbritannien, USA, vor allem aber die Sowjetunion in einen solchen Krieg hineingezogen werden und wer würde sich mit wem verbünden?

208 Ebd., S. 31.

209 Ebd.

In Deutschland waren die Weichen längst gestellt. Während im ganzen Reich noch die Ruinen der Synagogen qualmten, Juden die Trümmer ihrer zerstörten Geschäfte beseitigen und öffentliche Plätze unter dem Gejohle der braunen und schwarzen Banden, aber auch normaler Bürgerinnen und Bürger säubern mussten, und in den Leichenschauhäusern die Toten der vergangenen Nacht, erschlagen oder in den Selbstmord getrieben, sich häuften, feierte der Führer und Reichskanzler eine ganz andere »Reichskristallnacht«: Die Vorbereitung der Zerstörung der heilen Zwischenkriegswelt. Im Münchner Führerbau versammelten sich am Abend des 10. November 1938 400 geladene Journalisten, um sich aus erster Hand in die neue Runde deutschen Größenwahns und dessen gewaltsamer Verwirklichung einweihen zu lassen. Denn das Jahr 1938 hatte den »Anschluss« Österreichs gebracht und mit der Einverleibung der »sudetendeutschen« Gebiete die Zerschlagung der Tschechoslowakei eingeleitet. Der Führerbau war sechs Wochen zuvor Schauplatz der Verhandlungen, die zum Münchner Abkommen und damit zur Kapitulation der Westmächte führten und die Unterwerfung der Tschechoslowakei vorbereiteten. Zum Leidwesen Hitlers und seiner Kumpane ohne einen Schuss. Sie hatten – wie gezeigt – schon von dem großen Krieg gegen diese beiden kleinen Staaten geträumt, die ihnen nun wie reife Früchte dank erfolgreicher Unterwanderungspolitik mit Umsturz in Wien und ein halbes Jahr später, im März 1939, als freundliche Morgengabe der westlichen Appeasement-Politik in die Hand gefallen waren.

Im Hochgefühl der Erfolge von 1938 und im Wissen, dass es nun um weit Größeres ging, plauderte Hitler aus dem Nähkästchen der Diktatur im augenzwinkernden Einverständnis mit seinen Schreiberlingen, denen wohl die mitklingende Verachtung des Führers für ihre intellektuelle Tätigkeit entging oder die sie ignorierten. Im Kern ging es Hitler darum, auf einen grundlegenden, nun auf offene Gewalt setzenden Umschwung der deutschen Politik hinzuarbeiten. Mit dem Münchner Diktat gab es in der Politik des Reiches eine Zäsur, die nun direkt in einen Krieg führen musste. Auch dank der

Presse – wie der vielfältigen anderen Erziehungsmittel für das deutsche Volk, von der Wehrmacht über die SA, die NSDAP, die HJ und den BDM, der DAF oder der Organisation KdF – war es gelungen, rassistischen Dünkel, nationalen Geltungswahn, die Bereitschaft zur gewaltsamen Lösung von Konflikten in die Hirne zu pflanzen. Die Faschisten waren in den Jahren seit 1933 nicht tatenlos geblieben. Auf dieses neue Herangehen hätten er und das faschistische Regime langsam, aber zielstrebig vorbereitet, so Hitlers Credo. Und er nannte die List: »Die Umstände haben mich gezwungen, *jahrzehntelang* fast nur vom Frieden zu reden. Nur unter der fortgesetzten Betonung des deutschen Friedenswillens und der Friedensabsichten war es mir möglich, dem deutschen Volk Stück für Stück die Freiheit zu erringen und ihm die Rüstung zu geben, die immer wieder für den nächsten Schritt als Voraussetzung notwendig war.«[210] Nun müssten die Illusionen der Deutschen über eine solche Vorgehensweise überwunden werden. Nun habe sich »das deutsche Volk psychologisch allmählich umzustellen« und es müsse ihm klar gemacht werden, »dass es Dinge gibt, die, wenn sie nicht mit friedlichen Mitteln durchgesetzt werden können, mit Mitteln der Gewalt durchgesetzt werden müssen«.[211] Aber es ging ihm nicht allein und vielleicht nicht in erster Linie um die Manipulation der eigenen Bürger, auch wenn dieser Effekt neben der Drohung mit Terror und der Korrumpierung durch Überwindung der Arbeitslosigkeit und einige soziale Wohltaten und durch noch mehr Versprechungen nicht geringzuschätzen ist.

Entscheidend sollte sein, wie die Umwelt Deutschlands eingelullt und ihr verdeutlicht werden konnte, dass das Dritte Reich es mit seinen Ansprüchen ernst meinte. So »war es notwendig, der anderen Welt klarzumachen, daß die deutsche Nation allmählich in den

210 Rede Hitlers vor der deutschen Presse. In: Wilhelm Treue: Dokumentation: Rede Hitlers vor der deutschen Presse (10. November 1938). In: VfZ H. 2/1958, das Dokument auf den S. 181-191, hier S. 182.

211 Ebd.

Zustand kommt, daß mit ihr nicht mehr gespaßt werden kann«.[212] Gleichzeitig waren für ihn Presse und Propaganda Mittel, »auf *den* Feind einzuwirken, der uns [...] zunächst gegenüberstand, nämlich auf die Tschechoslowakei selber«.[213] Diese Zersetzungsarbeit war erfolgreich, wäre zu ergänzen, weil die innere Subversion durch die Henlein-Faschisten ergänzt wurde durch den Verrat der westlichen Verbündeten der ČSR. Jetzt, im November 1938 sah Hitler die Zeit gekommen zum aktiven, aggressiven Handeln überzugehen. Er war überzeugt: »Irgendwie glaube ich, hat sich diese Platte, die pazifistische Platte, bei uns abgespielt. Man hätte wahrscheinlich diese Melodie nicht mehr gehört oder ihrem Inhalt nicht mehr geglaubt. Ich war der Überzeugung, dass es jetzt nur noch den anderen Weg gibt, nämlich den, ganz *brutal und rücksichtslos* die Wahrheit zu sagen, nicht mehr und nicht weniger.«[214] Und es ging nicht mehr nur ums Reden.

Der beständige Zug in den Krieg

In Europa braute sich augenscheinlich eine ultimative Entwicklung zusammen. Deutschland unter Hitlers Führung hatte seit dem Wiederanschluss der Saar 1935, der Besetzung des entmilitarisierten Rheinlandes 1936, der erfolgreichen Intervention (gemeinsam mit dem faschistischen Italien) in den Spanischen Bürgerkrieg zugunsten der Falangisten, seinen offiziell als »Friedenspolitik« kaschierten Expansionsdrang ins Rollen gebracht. Der Westen schaute nur zu.

Der Appetit war aber weit größer: Weitere Expansionen in Richtung Osten und Südosten waren nur mit großem Glück und bei Fortsetzung der Beschwichtigungspolitik des Westens möglich. Wehrmacht, Luftwaffe und Kriegsmarine waren inzwischen aller-

212 Ebd., S. 183.

213 Ebd.

214 Ebd.

dings in einem planmäßigen, wenn auch die deutsche Wirtschaft zunehmend überfordernden Umfang für die neuen Aufgaben aufgerüstet und dank der Wehrpflicht auch mit ausreichend Menschenmaterial ausgestattet. Was in den 1920er Jahren noch Großkapital und Militär in trauter Gemeinsamkeit mit den rechtskonservativen Parteien erträumt hatten, die gewaltsame Revision von Versailles und den Zug nach Osten als Unterwerfung fremder Territorien und Völker im Interesse von Großkapital und Großgrundbesitz rückte nun – sicherlich auch dank der rassistischen Ideologie der Nazis – in den Bereich des Möglichen.

Opfer einer scheinbar nur auf die Wiederherstellung alter deutscher Größe gerichteten Expansion war im März 1938 Österreich geworden. Hier genügten das Drohen mit militärischer Gewalt und das Wirken einer faschistischen 5. Kolonne im Alpenstaat. Die Wehrmacht konnte in Umsetzung eines harschen Ultimatums gegenüber der österreichischen Regierung eigentlich ungestört von den demokratischen Staaten des Westens die »Ostmark« »Heim ins Reich« holen, wie die verlogene Phrase hieß, die aber von den meisten Österreichern frenetisch bejubelt wurde. Zu erinnern ist, dass es zwar bei dem Anschluss selbst zwei wirkungslose diplomatische Demarchen Frankreichs und Großbritanniens gab, dass aber ansonsten bereits im Vorfeld der Ereignisse österreichische Rückversicherungsversuche von diesen Staaten abschlägig beschieden wurden.

Im Gegenteil, im Zuge der Annexionsvorbereitungen (und auch danach) haben etwa britische Diplomaten und Zeitungen Verständnis für den »Wunsch« Hitlers gezeigt. Da scherten sie weder die Festlegungen von Versailles noch die darauf folgenden eindeutigen Abkommen mit Österreich, die eine Vereinigung mit dem Deutschen Reich ausschlossen. Übrigens war es nur die Sowjetunion (und soweit ich sehe Mexiko), die sich nach dem deutschen Einmarsch vehement gegen diese Aggression wandten.

Das faschistische Deutschland konnte sich bestärkt sehen: Wer sollte sich ihm noch in den Weg stellen? Die heute gerne als frühe

Formen des Widerstands und der Gleichschaltung auch der Wehrmachtsführung betrachtete Blomberg-Fritsch-Krise,[215] die in engem Zusammenhang mit einer möglichen Opposition führender Militärs gegen Hitlers Kriegspolitik gesehen wird, kann nicht darüber hinwegtäuschen, dass es letztendlich nur um Zeitpunkt und Vorbereitungsstand und auch um die bedingungslose Unterordnung der Militärs unter den Führer ging – nicht um den Frieden, erst recht nicht um die Vermeidung der großen Revanche gegen Versailles und den Bolschewismus. Das Projekt der Aggression war seit fast zwei Jahrzehnten tief in die Gene der deutschen Machteliten eingebrannt. Dass die Umstände der Ausschaltung wichtiger konservativer Militärs auch Ansatzpunkte boten, um bei einem Scheitern der Hitler'schen Politik nach Auswegen, gar nach Widerstand zu suchen, lag im Sinn des Vorgehens. Eine Rückversicherung, die allerdings erst im Juli 1944 versucht wurde einzulösen, als es zu spät war.

Mit dem Versuch, eine Krise um die deutsche Minderheit in der ČSR zu einem Kriegsanlass aufzublasen, spielte die deutsche Führung Vabanque. Endlich wollte sie es wissen und der Welt beweisen. Aber Großbritannien und Frankreich spielten nicht mit. Sie wollten Verständigung um jeden Preis, zumindest mit der Zerlegung der einzigen stabilen Demokratie im Osten, der ČSR. Hier wurde über die Köpfe der Tschechoslowaken hinweg entschieden und faktisch deren Staatsgebilde zur Auslöschung zurechtgelegt. Die Abtrennung des Sudetengebietes und die Aufgabe der Befestigungen entmannte das tschechoslowakische Militär, Politik und Gesellschaft standen

215 Siehe recht prägnant: Olaf Groehler: Das Revirement in der Wehrmachtsführung 1937/38. In: Dietrich Eichholtz / Kurt Pätzold (Hg.): Der Weg in den Krieg. A. a. O., S. 113-149; ausführlicher mit starker Akzentuierung der moralischen Seite der Ausschaltung der beiden Spitzenmilitärs und der Betonung, dass hier Wurzeln für einen Widerstand im deutschen Militär gelegt wurden: Karl-Heinz Janßen / Fritz Tobias: Der Sturz der Generäle. Hitler und die Blomberg-Fritsch-Krise 1938. München 1994; Kirstin A. Schäfer: Werner von Blomberg. Hitlers erster Feldmarschall. Eine Biographie. Paderborn/ München/Wien/Zürich 2006.

unter Schock, nationalistische Bestrebungen in der Slowakei lösten auch hier langsam den Staatsverband auf – und die Treueschwüre der Franzosen und Briten erwiesen sich als wertlos.

Fatalerweise beteiligte sich Polen am Leichenschmaus, nahm dem am Boden liegenden Nachbarn das Olsa-Gebiet ab. Unschuld sieht anders aus. Kaum sickerten die Vorverhandlungen mit der zu erwartenden Zustimmung von Paris und London für die deutschen Wünsche nach Abtretung der sudetendeutschen Gebiete der ČSR durch, machte Polen alte Rechnungen auf. Das wirtschaftlich interessante Teschener oder Olsa-Gebiet stand ganz oben auf Warschaus Wunschliste, wie der deutsche Botschafter in Polen nach Berlin melden konnte: In Polen »ließ man durch die Regierungspresse erklären, dass keine Kraft der Welt die Vereinigung des polnischen Gebiets jenseits der Olsa mit dem Mutterlande verhindern könne, ›unabhängig von der Form der endgültigen Erledigung des deutsch-tschechischen Streites‹«. Der deutsche Botschafter in Warschau konnte die zuständige[216] polnische Nachrichtenagentur zitieren, »dass Polen entschlossen sei, es (das beanspruchte Gebiet; St. B.) nötigenfalls mit der Waffe in der Hand zu befreien«. Zeitgleich mit dem deutschen Einmarsch ins Sudetenland rückten polnische Truppen Anfang Oktober 1938 in das zähneknirschend von der ČSR abgetretene Gebiet ein. Sein Verzicht auf Widerstand gegen die von London und Paris mitgetragene Entscheidung gegen die ČSR und das schließliche Mitwirken an der Zerschlagung des südlichen Nachbarlandes sollte sich für Warschau bitter rächen. Denn mit dem Fall der ČSR riss die südliche Flanke Polens weit auf, und die Wehrmacht fand ein knappes Jahr später einen idealen Aufmarschraum gegen Polen.

Noch heute wird gerne der Wochenschauausschnitt gezeigt, in dem Premierminister Chamberlain, aus München zurückgekehrt, in London den Vertragstext in die Kameras hält und verkundet: »Wir

216 Dok. 540. Der Botschafter in Warschau an das Auswärtige Amt. Politischer Bericht. Warschau, den 20. September 1938. In: ADAP Bd. D.2. Deutschland und die Tschechoslowakei (1937-1938), S. 678.

betrachten das gestern Abend unterzeichnete Abkommen und das englisch-deutsche Flottenabkommen als Symbol für den Wunsch unserer beiden Völker, nie wieder gegeneinander Krieg zu führen.«[217] Kurz danach prägte er vor seinem Amtssitz in der Downing Street 10 den legendären und im Nachhinein aberwitzigen Satz vom »Frieden für unsere Zeit«, wobei der Kontext noch etwas makabrer sich anhört: »Ich glaube, es ist Frieden für unsere Zeit. Gehen Sie nach Hause und schlafen Sie ruhig.«[218] Weder in Prag noch selbst in London war den Menschen nach Schlaf zumute. In London gingen wohl 15.000 Menschen auf die Straße, um gegen diesen »Frieden« zu protestieren. Noch hing Chamberlain der Nimbus des Friedensbringers an. Selbst nach Kriegsbeginn attestierte ihm einer seiner Biographen: »Er hat [...] durch seinen Kreuzzug für den Frieden ein Echo im Herzen der Menschen jeder Nation geweckt, unabhängig von Glauben, Klasse oder Land.«[219] Die Schlafempfehlung führt den Biographen, der sein Werk just in den Tagen des Beginns des Krieges von Nazideutschland gegen Polen schrieb und sichtlich um das Renommee seines Helden ringen musste, zu einer für den Fortgang der Ereignisse zutreffenden Einschätzung, dass diese »gesegneten Worte« dafür stehen, dass »Hitler, Mussolini und Daladier [...] jeweils die mächtigsten Ovationen ihrer Karriere erhalten [sollten]. In den Worten eines weitsichtigen amerikanischen Kommentators wurden sie ›von Bevölkerungen, die plötzlich vom Gespenst des Krieges befreit wurden, als Gesandte Gottes gefeiert‹.«[220]

Im politischen Establishment sind es zunächst wenige Politiker wie der kriegserfahrene und konfrontationsbereite Winston Churchill, der in den 1930er Jahren von seiner politischen Vergangen-

217 Neville Chamberlain's »Peace For Our Time« speech. September 30, 1939. In: EuroDocs, European Studies Librarian, Harold B. Lee Library, Brigham Young University, Provo, Utah, USA – eudocs.lib.byu.edu (eigene Übers., St. B.).

218 Ebd.

219 Derek Walker-Smith: Neville Chamberlain. Man of Peace. London 1939, S. 5 (eigene Übers., St. B.).

220 Ebd., S. 341.

heit als Minister im Weltkrieg und in den 1920er Jahren zehrte, und als Hinterbänkler versuchte, seinen Anti-Hitler-Faden zu spinnen. Sein Image als »Kriegstreiber« schränkte zunächst seine Wirkung ein. Angesichts der deutschen Erfolge 1937/38 gewann er aber zunehmend das Gehör der Öffentlichkeit und seiner Politikerkollegen. Das Münchner Abkommen war für ihn ein fataler Schnitt, der das Ansehen des Empires beschädigte und die Möglichkeiten einer nicht kapitulantenhaften Politik gegenüber dem faschistischen Deutschland beendete. Entsprechend harsch attackierte er im Unterhaus am 3. Oktober 1938 den Premier und seine Politik von München. »Wir«, so Churchill, haben »eine totale und ungemilderte Niederlage erlitten«. Ausschlaggebend sei die Unfähigkeit der britischen Regierung gewesen, eine Alternative für die Auseinandersetzung mit Deutschland und zur Bewahrung der Tschechoslowakei zu erreichen. »Frankreich und Großbritannien zusammen, vor allem wenn sie einen engen Kontakt zu Russland gepflegt hätten, was sicherlich nicht geschah, hätten damals im Sommer, als sie das Prestige besaßen, viele der kleineren Staaten Europas beeinflussen können, und ich glaube, sie hätten die Haltung Polens bestimmen können.« Churchill waren die Auseinandersetzungen in der deutschen Führung, genauer die Vorbehalte wichtiger Militärs gegen die aus ihrer Sicht zu diesem Zeitpunkt abenteuerlichen Pläne Hitlers, bekannt. Eine entschlossenere Politik des Westens hätte die Opposition gegen Hitler stärken können. »Eine solche Kombination, die zu einer Zeit vorbereitet wurde, als der deutsche Diktator nicht tief und unwiderruflich seinem neuen Abenteuer verpflichtet war, hätte«, so Churchill, »all jene Kräfte in Deutschland gestärkt, die sich diesem Aufbruch, diesem neuen Plan widersetzten. […] Ein solches Vorgehen hätte all jenen intensiven Friedenswillen gestärkt, den die hilflosen deutschen Massen mit ihren britischen und französischen Mitmenschen teilen«.[221]

221 Mr. Churchill. In: Policy Of His Majesty's Government. Vol. 339: debated on Wednesday 5 October 1938. UK Parliament Hansard. – hansard.parliament.uk (eigene Übers., St. B.).

Churchills Zukunftsahnung war eindeutig: »Dies ist nur der Anfang der Abrechnung. Dies ist nur der erste Schluck, der erste Vorgeschmack auf einen bitteren Kelch, der uns Jahr für Jahr gereicht wird, wenn wir nicht durch eine höchste Wiederherstellung der moralischen Gesundheit und kriegerischen Kraft wieder aufstehen und wie in alten Zeiten für die Freiheit eintreten.«

Erst mit dem Einmarsch der Wehrmacht in die »Rest-Tschechei« im März 1939 begannen London, Paris, auch Warschau zu begreifen, dass sie in ihrer antikommunistischen Verblendung für sich selbst ein tödliches Risiko heraufbeschworen hatten. Chamberlain verbarg vor dem britischen Parlament nicht seine tiefe Enttäuschung darüber, dass Hitler sich von der vermeintlichen gemeinsamen Position einer Friedenssicherung für Europa mit dem Einsatz seiner Truppen gegen die noch souveräne (Rest-)ČSR gewandt hatte. Und dann noch, ohne sich mit London, wie vertraglich vorgesehen, zu konsultieren. Sein Vorgehen in München rechtfertigte er noch einmal, weil »letzten Endes [...] der erste und dringendste Zweck meines Besuches ja erfüllt [wurde]. Der Friede Europas war gerettet, und ohne jene Besuche würden heute Hunderttausende von Familien die Blüte von Europas bester Manneskraft betrauern.«[222] Noch ganz seiner bisherigen Politik verpflichtet, schloss er auch künftighin ausdrückliche Vereinbarungen mit möglichen Partnern aus, die Großbritannien binden könnten. Aber immerhin, gewandt an Deutschland und andere Mächte, die den Frieden infrage stellen, »könnte [...] kein größerer Fehler begangen werden [...] als der, zu glauben, unsere Nation habe, weil sie den Krieg für eine sinnlose und grausame Sache hält, so sehr ihr Mark verloren, dass sie nicht bis zur Erschöpfung ihrer Kraft einer solchen Herausforderung entgegentreten werde, sollte sie jemals erfolgen«.[223]

222 Neville Chamberlain: Nach dem deutschen Einmarsch in die Tschechoslowakei 1939. In: Reden, die die Welt bewegten. Stuttgart 1986, 5., erg. Aufl., S. 419.

223 Ebd., S. 423 f.

Es sollte sich in den nächsten Monaten – und konkret im Fall Polens – zeigen, dass, so halbherzig dieses Bekenntnis zu einer enttäuschten Friedenspolitik und der Verteidigung des Friedens war, es auch Folgen für die Politik gegenüber Polen und für ein mögliches antideutsches Bündnis haben sollte. Wieder große Worte und Versprechungen, allerdings auch – wie die Beteiligten meinten – konkrete Absprachen. Aber letztlich blieben gewollt Halbheiten, die dann bei Kriegsbeginn dazu führten, dass westlicherseits die Verteidigung Polens verhindert wurde.

In Berlin ahnte die deutsche Führung dies und sie fühlte sich auch bei dem endlich anzugehenden Übergang zu einer gewaltsamen, kriegerischen Lösung für die Herrschaftspläne in Europa und der Welt beruhigt. Das betraf insbesondere die stetige Erwartung, dass das Britische Empire ob der Interessenübereinstimmung bezüglich der Sowjetunion und – im faschistisch-rassistischen Jargon – auch der arischen Blutsverwandtschaft bei einem Waffengang wohlwollend stillhalten werde. Nebenbei bemerkt die gleiche Fehleinschätzung, der sich einst Kaiser und Reichskanzler im Juli 1914 hingaben – mit den bekannten Folgen. Noch schien aber ein solcher Weg möglich zu sein und der Geist eines neuen München, nun zu Danzig und Polen, sirrte den ganzen Sommer 1939.

Der Einmarsch in Prag und die endgültige Zerschlagung der Tschechoslowakei im März 1939 waren der letzte Anlass, um mit den weiteren deutschen Kriegsplanungen ernst zu machen. Um Polen zu verunsichern und zu erpressen, wurde die Zukunft Danzigs, mit dem Versailler Vertrag dem Völkerbund als Freie Stadt unterstellt, mittlerweile von der NSDAP dominiert, zur Disposition gestellt. Immer vehementer wurde von Berlin die »Zustimmung« Polens zum Anschluss der Stadt an das Reich gefordert. Polen habe zudem umfangreiche deutsche exterritoriale Transitrechte im sogenannten »polnischen Korridor«, also dem polnischen Staatsgebiet zwischen dem Deutschen Reich und Danzig, zu gewähren. Schrittweise wurde auch das Schicksal der deutschen Minderheit in Polen zum Thema gemacht, zu Lasten Polens und bei zunehmender Unterstellung von Verfolgung, Terror, Gräueltaten gegen die »armen Deutschen« unter polnischer Knute. Diese psychologische Kriegsführung, um Polen ins Unrecht zu setzen, bei den Deutschen in Polen den Drang nach Heimat zu entfachen und in Deutschland selbst Kriegsbereitschaft und Rachegedanken auszulösen, lief systematisch neben der unmittelbaren militärischen Kriegsvorbereitung. Mit heutigen Begriffen würde man von »hybrider Kriegsführung« mit Propaganda, Subversion und vor allem dem Verbreiten von Halbwahrheiten und Lügen, den heutigen »fake news«, sprechen.

Nur drei Wochen nach dem Einmarsch in Prag übermittelte der Oberbefehlshaber der Wehrmacht, Generaloberst Wilhelm Keitel, namens seines Führers die Umsetzung des »Falls Weiß«, also des Kriegsplans gegen Polen: »Die Bearbeitung hat so zu erfolgen, dass die Durchführung ab 1.9.39 jederzeit möglich ist.«[224] Die Weichen waren gestellt, Abweichungen waren denkbar, die Klärung des Verhältnisses zur Sowjetunion stand noch nicht auf der Tagesordnung, auch wenn Berlin aufmerksam nach Moskau blickte, wo sich eine Abkehr von der in München gescheiterten sowjetischen Politik der kollektiven Sicherheit abzeichnete.

Bereits eine gute Woche später werden in einer neuen, von Hitler unterzeichneten »Weisung des Obersten Befehlshabers der Wehrmacht«, die Grundzüge eines Krieges mit Polen, idealerweise unter Verhinderung des Eingreifens des Westens und im Wissen, dass ein Eingreifen der Roten Armee zugunsten von Polen diesem »aller Voraussicht nach nichts nützen« würde, »da es seine Vernichtung durch den Bolschewismus bedeuten müsste«.[225] Die deutsche Führung erkannte sehr wohl die »Zwickmühle«, in die sich Warschau begeben hatte: Die Angst vor einem Krieg gegen Deutschland und die weit größere Furcht, dass eine sowjetische Einflussnahme die bestehenden Machtverhältnisse in Polen revolutionieren würde.

---

224 Dok. 149: Weisung des Chefs des Oberkommandos der Wehrmacht. 3. April 1939. In: ADAP Bd. D.6, S. 193.

225 Dok. 185: Weisung des Obersten Befehlshabers der Wehrmacht. 11. April 1939. [Anlage II] »Fall Weiss«. In: ADAP Bd. D.6, S. 187.

Die deutsche Führung war sich bewusst, dass Polen kaum auf ihre Forderungen eingehen konnte, das würde außerdem den dringend erwünschten Waffengang ja auch verhindern. Ziel sollte es sein, »nötigenfalls jede Bedrohung von dieser Seite für alle Zukunft auszuschließen«. Auch unter Inkaufnahme des Vertragsbruchs mit Polen würde bei fehlendem Wohlverhalten »eine endgültige Abrechnung erforderlich werden«.[226] Nicht nur die Auslöschung der polnischen »Wehrkraft« und implizit Staatlichkeit, die Eingliederung polnischer Territorien ins Deutsche Reich, sondern als randständige und noch im Dokument wieder gestrichene Frage, »die Randstaaten[227] bis zu der Grenze des alten Kurland zu besetzen und dem Reiche einzugliedern«,[228] standen auf der Tagesordnung.

An dieser Tagesordnung feilte die faschistische Führung um Hitler akribisch, auch unter Berücksichtigung neuer Konstellationen und Handlungsmöglichkeiten. Bolschewismus, Britisches Empire, Vorherrschaft zumindest in Europa, »arisches Herrenmenschentum« und Rassismus insbesondere gegen die Juden waren Konstanten dieses Vorgehens. Mit deutscher Gründlichkeit sind all diese Gedankengänge und schließlich Weisungen aktenkundig gemacht worden, hochgestellte Personen aus dem engsten Kreis um den Führer und seine Generäle waren die note takers, die Stenographen, die ihre Spuren in den Akten der obersten Führungsorgane hinterlassen haben. Zum Glück für interessierte Historiker, zum Pech für jene faschistischen Führer, die 1945/46 oder danach vor den Internationalen Militärgerichtshof in Nürnberg gestellt wurden. Sicher war es »Siegerjustiz«, wie der damals nicht nur unter unbelehrbaren Rechten und faschistischen Sympathisanten anstößige Prozess genannt wurde. Vor allem war es der Gerichtshof der Ermordeten und Gefallenen eines verbrecherischen Krieges. Es ging um eine Verschwörung mit dem Ziel einen Krieg zu entfesseln, also ein Ver-

226 Ebd., S. 187.

227 Also die baltischen Republiken.

228 Ebd., S. 187.

brechen gegen den Frieden, es ging um Kriegsverbrechen und um Verbrechen gegen die Menschlichkeit.[229]

Die Monate März und April 1939 waren für Europa und die Umsetzung der deutschen Expansionspolitik ebenso ereignisreich wie erfolgsbringend für Nazideutschland. Der Besetzung Prags und der tschechischen Landesteile der bisherigen Tschechoslowakei[230] war

---

229 In der Anklageschrift wurden die gemeinsame Ziele und Methoden der Nazi-Verschwörung so charakterisiert: »Die Ziele und Zwecke der Nazi-Partei sowie der Angeklagten und verschiedener anderer Persönlichkeiten, die zum einen oder anderen Zeitpunkt Führer, Mitglieder, Förderer oder Anhänger der Nazi-Partei (fortan mit dem Sammelnamen »Nazi-Verschwörer« bezeichnet) waren, bestanden darin oder entwickelten sich dahin, folgende Ziele mit allen ihnen gut scheinenden Mitteln, gesetzlichen wie ungesetzlichen, zu erreichen, wobei sie letzten Endes auch erwogen, ihre Zuflucht zu Drohung mit Gewalt, zu Gewalt und Angriffskrieg zu nehmen: (i) Den Versailler Vertrag und seine Beschränkungen der militärischen Rüstung und Tätigkeit Deutschlands aufzuheben und zu vernichten, (ii) die Gebietsteile sich anzueignen, die Deutschland als Ergebnis des Weltkrieges 1914-18 verloren hatte, und andere europäische Gebiete, von denen die Nazi-Verschwörer behaupteten, dass sie in erster Linie von sogenannten »Volksdeutschen« bewohnt waren, (iii) noch weitere Gebiete auf dem europäischen Kontinent und anderswo sich anzueignen, von denen die Nazi-Verschwörer behaupteten, dass die »Volksdeutschen« sie als »Lebensraum« benötigten, alles dies auf Kosten der benachbarten und anderer Länder. Die Ziele und Zwecke der Nazi-Verschwörer waren nicht ein für allemal festgelegt, sondern entwickelten und erweiterten sich im gleichen Maßstabe wie ihre Macht sich erweiterte, und wie sie imstande waren, wirksamer mit Gewalt und Angriffskrieg zu drohen. Als sie ihre Ziele immer weiter hinausrückten und ihre Zwecke schließlich derart ungeheuerlich wurden, dass sie nicht mehr, wie bisher durch opportunistische Methoden, wie Betrug und Täuschung, Drohung und Einschüchterungen, Tätigkeit der Fünften Kolonne und Propaganda, sondern nur noch mit Waffengewalt und Angriffskrieg erreicht werden konnten, planten die Nazi-Verschwörer vorsätzlich, beschlossen und entfesselten ihre Angriffskriege und Kriege unter Verletzung internationaler Verträge, Vereinbarungen und Zusicherungen in den Entwicklungsstufen und Schritten, die weiter unten eingehender dargestellt werden.« – Der Prozeß gegen die Hauptkriegsverbrecher vor dem Internationalen Gerichtshof Nürnberg 14. November 1945 - 1. Oktober 1946. Amtlicher Wortlaut in deutscher Sprache. Nürnberg 1947. Bd. 1, S. 32 ff. – hier nach Digitale Bibliothek Band 20: Der Nürnberger Prozeß. Berlin 2000, S. 289.

230 Nach dem Münchner Abkommen war es durch das Erstarken der nationalistischen Kräfte insbesondere in Bratislava im Oktober 1938 faktisch zur Bildung eines Föderalstaates gekommen, der nunmehrigen Tschechoslowakei.

ein zähes Ringen vorhergegangen, in dem die deutsche Führung eine Abspaltung der Slowakei von der ČSR beförderte und mit starken Verbänden bereitstand, einem slowakischen »Hilferuf« zu folgen. Der blieb aus, ein Einrücken der tschechoslowakischen Armee in die betreffenden Landesteile brachte keine Stabilisierung, und die klerikalfaschistischen Kräfte um den bisherigen föderalen Ministerpräsidenten Jozef Tiso proklamierten, von Berlin gedrängt, die Unabhängigkeit der Slowakei. Berlin konnte nochmals den Druck auf Prag erhöhen. Der Präsident der Noch-ČSR Emil Hácha erbat eine Audienz bei Hitler, die er in der Nacht vom 14. auf den 15. März nach demütigem Warten erhielt. Jedoch nur, um die mit massiven Drohungen garnierte Forderung nach Aufgabe der Selbständigkeit seines Landes und Unterwerfung unter die deutsche Oberhoheit zu akzeptieren und dem deutschen Einmarsch keinen Widerstand entgegenzubringen. Die von den Faschisten angeheizte Spannung zwischen Tschechen und deutschen Bürgern dieses Landes, hochgekocht in den deutschen Medien, gaben den Hintergrund für das perfide Diktat, »dass das Ziel aller Bemühungen die Sicherung von Ruhe, Ordnung und Frieden in diesem Teile Mitteleuropas sein müsse«. Hácha, am Rande eines Herzinfarkts stehend, blieb nur, »das Schicksal des tschechischen Volkes und Landes vertrauensvoll in die Hände des Führers des Deutschen Reiches« zu legen.[231] Längst marschierte die Wehrmacht in das gebrochene Land ein.

So sehr die Nazipropaganda die Sorge um die deutschen Minderheiten in alle Welt posaunte, so sehr sie das angebliche Unrecht diesen gegenüber beklagte, es ging um gezielte Expansion. Auch wenn die Jahre 1938/39 noch »friedliche« Erweiterungen des Reichsgebiets durch Anschluss oder Annexion brachten und der

231 Dok. 229: Erklärung der Deutschen und der Tschechoslowakischen Regierung. Berlin, den 15. März 1939 [unterzeichnet von Hitler, Ribbentrop, Hácha und František Chvalkovský, dem tschechoslowakischen Außenminister]. In: ADAP Bd. D.4: Oktober 1938 - März 1939, S. 234. Die beiden Vertreter der Tschechoslowakei behielten formal ihre Posten in dem Protektorat Böhmen und Mähren bis zum Kriegsende.

»Lebensraum«-Ideologie erste bescheidene praktische Resultate bescherten, es ging stets um handfeste ökonomische Interessen. Und es ist Hitler persönlich, der am 8. März 1939, also genau eine Woche vor dem Einmarsch in Prag, NSDAP-Politiker, Militärs und vor allem die Wirtschaftsführer ins Bild setzt, worum es ihm in ihrem Interesse geht. »Prag (werde) benötigt als Ausgangsort für den Gewinn dieser Rohmaterialien. Infolgedessen wären Befehle gegeben worden, dahingehend, dass innerhalb etlicher Tage, nicht später als am 15. März, die Tschechoslowakei militärisch zu besetzen sei. Polen wird folgen. Wir brauchen nicht auf einen starken Widerstand von dieser Seite zu rechnen. Deutsche Herrschaft über Polen ist notwendig, um polnische Lieferung landwirtschaftlicher Produkte und Kohle für Deutschland zu sichern.

Was Ungarn und Rumänien anbetrifft, so gehören sie ohne Frage in das lebenswichtige Gebiet Deutschlands. Der Fall Polens sowie auch angemessener Druck wird sie unzweifelhaft dazu bringen, klein beizugeben. Dann werden wir uneingeschränkte Kontrolle über ihre unermesslichen landwirtschaftlichen Quellen und ihre Petroleum-Schätze haben. Dasselbe kann von Jugoslawien gesagt werden.«[232] Hitler prognostizierte sodann, mit diesen Ressourcen »in 1940 und 1941 ein für allemal mit seinem Erbfeinde Frankreich abrechnen« zu können. Dann würde sich Deutschland gegen England wenden und schließlich »mit den ›Dollar-Juden‹ der Vereinigten Staaten abrechnen«.[233] Die Berichterstatter notieren auch die Reaktion der Anwesenden: »Einige der Anwesenden waren sehr enthusiastisch, während andere weniger interessiert schienen.«[234]

232 Dok. 88: Aus Berichten von Wilhelm Keppler, Staatssekretär im Auswärtigen Amt, und Generaldirektor Vogl über die Rede Adolf Hitlers am 8. März 1939 vor führenden Vertretern der Wirtschaft, der Nazipartei und der Generalität. In: Dietrich Eichholtz / Wolfgang Schumann (Hg.): Anatomie des Krieges. A. a. O., S. 204.

233 Ebd., S. 205.

234 Ebd.

Schon die nächsten Tage zeigten, dass es nicht um den Führers Hirngespinste und Wunschbilder ging, sondern um rational und penibel umzusetzende praktische Politik der Enteignung, Einverleibung und Ausbeutung der Wirtschaften der eroberten Staaten.

Wie schon beim »Anschluss« Österreichs galt im Falle der ČSR die Begehrlichkeit den Finanzen des südöstlichen Nachbarn, deren Grundbestände an Devisen in die Bilanzen des Deutschen Reiches einzufließen hatten. Aber auch die großen Bankhäuser wollten etwas von diesen Schätzen gewinnen und so trafen sich Vertreter der Deutschen und der Dresdner Bank sowie der sudetendeutschen Kreditanstalt der Deutschen zu Prag, der bisherigen Hauptstadt der Tschechoslowakei, und teilten den Markt unter sich auf. Die Beteiligten waren zufrieden und resümierten, dass »sämtliche hier vertretenen Anstalten dahin übereingekommen sind:

1. die Böhmische Union-Bank wird von der Deutschen Bank übernommen […],
2. die Dresdner Bank übernimmt die Bebca [d.h. Böhmische Escompte-Bank (tschechisch: Česká eskomptní banka) – St.B.],
3. die Kreditanstalt der Deutschen hat ihr besonderes Interesse für die Länderbank angemeldet.«[235]

Auch hier soll dafür gesorgt werden, dass die Opfer der Aggression die Zeche ihrer Unterdrücker zahlen[236] und die deutsche wirtschaftliche Kriegsbereitschaft verbessern. Ebenso begehrlich ging der Blick auf die hochentwickelte tschechische Industrie, insbesondere auch

235 Dok. 92: Aktennotiz von Anton Kiesewetter, Direktor der Kreditanstalt der Deutschen, über die Besprechung im Handelsministerium in Prag am 21. März 1939 über die Aufteilung der tschechoslowakischen Banken unter die deutschen Interessenten. In: Dietrich Eichholtz/Wolfgang Schumann (Hg.): Anatomie des Krieges. A.a.O., S. 209f. Anzumerken ist: Anton Kiesewetter, 1888-1961, Oberdirektor der Kreditanstalt der Deutschen in Prag-Reichenberg, der Entscheidendes beim Aufbau der sudetendeutschen Wirtschaft leistete; Schatzmeister und Finanzexperte der Henlein-Partei; Direktor der »Kreditanstalten der Deutschen« in Reichenberg (Liberec); Landesobmann der »Reichsgruppe Banken« im Sudetenland.

236 Siehe Götz Aly: Hitlers Volksstaat. Raub, Rassenkrieg und nationaler Sozialismus. A.a.O.

die Rüstungswirtschaft. Die großen Maschinenbaukonzerne Škoda in Plzeň und ČKD in Prag waren nicht nur bisherige leistungsfähige Konkurrenten, sie konnten jetzt die deutsche Wirtschaft mit ihrem breiten Portfolio von Maschinen, Ausrüstungen und Transportmitteln wesentlich bereichern. So stolz die Wehrmacht auf ihre Panzertruppe war, die bis 1939 produzierten und in Dienst gestellten deutschen Panzermodelle reichten in Zahlen und Qualität nicht aus, die Ansprüche für eine offensive Panzertaktik der schnellen Vorstöße und Durchbrüche abzusichern. Hier kamen – auch noch bis zum Beginn des Krieges gegen die Sowjetunion 1941, die übernommenen und nun im Protektorat in Größenordnungen gebauten Panzer tschechoslowakischer Entwickler besonders gelegen.[237]

Genau in diesen Märztagen zerbrachen sich die deutschen Wirtschaftsführer mit der Naziführung und der Generalität den Kopf, wie die inzwischen sichtbar gewordenen wirtschaftlichen Spannungen, eigentlich schon eine handfeste Krise, gemeistert werden könnten. Die massive Rüstung hatte ihren Preis und die deutschen Finanzmöglichkeiten längst gesprengt. Die Wirtschaftsbeziehungen mit dem Ausland halfen hier auch nur noch bedingt, und es wurde zäh gerungen, um zu günstigen Konditionen zu gelangen. Es ist die Zeit, da selbst nach einer Aktivierung der Wirtschaftsbeziehungen mit der Sowjetunion gesucht wurde. Weit enger gestaltete sich zu diesem Zeitpunkt aber die Zusammenarbeit mit der britischen Wirtschaft. In Berlin trafen sich Vertreter beider Seiten und unterschreiben eine gemeinsame Absichtserklärung, wobei »die Reichsgruppe Industrie

237 Vom leichten Panzer LT vz. 38 (TNHP) wurden über 1.400 Exemplare hergestellt und in der Wehrmacht als PzKpfw 38 (t) eingesetzt. Der Panzer von ČKD war am Angriff auf Polen ebenso beteiligt wie an den anderen Feldzügen 1940/41. 1941 war er wichtiger Teil der deutschen Panzertruppe gegen die Rote Armee. Von Škoda wurden über 250 leichte Panzer LT vz. 35, Wehrmachtsbezeichnung: Pz.Kpfw. 35 (t), eingesetzt. Erst die Überlegenheit der sowjetischen T-34 beendete diese Verwendung. Zum Vergleich: die konzeptionell ähnlich ausgerichteten deutschen Standardmodelle dieser Zeit, PzKpfw I mit ca. 1.500 Stück und PzKpfw II mit 1.900, waren neben den erst langsam zugeführten neuen PzKpfw III und PzKpfw IV 1939 bis 1941 Rückgrat der Wehrmacht. (Die Angaben stützen sich auf die entsprechenden Artikel zu den Panzern in Wikipedia.)

und The Federation of British Industries der Ansicht Ausdruck (verleihen), dass das Problem nicht lediglich in der Ausmerzung einer unerwünschten Konkurrenz zu sehen ist, sondern vielmehr darin, konkrete Schritte zur Steigerung des Weltkonsums bei den Produkten zu unternehmen, an denen die deutsche und die britische Industrie interessiert sind. Sie haben daher beschlossen, in dieser Hinsicht engere und aktivere Beziehungen zu unterhalten.«[238]

Und noch ein Erpressungscoup war den Nazis gelungen. Das Memelland, nach dem Versailler Vertrag abzutreten und an Litauen gefallen, wurde mit überschaubarem Einsatz und einer ultimativen Erpressung »heim ins Reich« geholt. Auch hier die Standardstrategie der Nazis: Anfachen innerer Unruhen wegen angeblicher Benachteiligung und Unterdrückung der deutschen Minderheit, Propagandakrieg, offene militärische Drohungen. Reichsaußenminister Joachim von Ribbentrop fand eindeutige und ultimative Worte in seiner »Unterredung« mit seinem litauischen Kollegen Juozas Urbšys: »Es gäbe zwei Möglichkeiten, die eine wäre die freundschaftliche Regelung. Würde diese zustandekommen, so glaube er an eine friedliche Lösung, die auch ein freundschaftliches Verhältnis zwischen den beiden Ländern für die Zukunft zur Folge haben würde. […] Würde die Litauische Regierung die Situation nicht richtig erfassen und diese gütige Regelung nicht rechtzeitig anstreben, so wisse er nicht, wo das enden würde. Klar sei, dass wenn es im Memelgebiet zu Aufständen und Schießereien käme, Deutschland dem nicht ruhig zusehen könne. Blitzartig würde der Führer handeln und die Situation würde den Politikern aus den Händen gleiten und von den Militärs bestimmt werden.«[239] Un-

238 Dok. 91: Aus der gemeinsamen Erklärung der Reichsgruppe Industrie und der Federation of British Industries über das Ergebnis der Düsseldorfer Verhandlungen am 15. und 16. März 1939. In: Dietrich Eichholtz / Wolfgang Schumann (Hg.): Anatomie des Krieges. A. a. O., S. 209.

239 Dok. 399: Aufzeichnung des Vortragenden Legationsrats Hewel (Persönlicher Stab RAM): Unterredung zwischen dem Reichsminister des Auswärtigen und dem litauischen Außenminister Urbsys, am 20. März 1939, von 12 Uhr 15 bis 13 Uhr. In: ADAP Bd. D.5: Juni 1937 - März 1939, S. 435 f.

verfrorenheit und blanke Erpressung als Staatsdoktrin – und die westlichen Demokratien standen wie schon seit Jahren faktisch abseits. Am 23. März wurde dies offiziell vertraglich fixiert, die litauischen Kräfte räumten überstürzt das Memelland, prodeutsche Untergrund-Kräfte hatten längst die Kontrolle übernommen und deutsche Truppen konnten schon vor Vertragsabschluss einziehen. Hitler ließ es sich nicht nehmen, an diesem Tag an Bord des Panzerschiffs »Deutschland« in der Hafenstadt Memel zu landen und sich feiern zu lassen.

Am 27. März fiel nach einem Putsch die republikanische Regierung in Madrid. Die verwehrte Hilfe für das republikanische Spanien, das auf einen Krieg der westlichen Demokratien gegen die faschistischen Staaten als letzten Ausweg aus der sich abzeichnenden Niederlage hoffte, beendete den ersten antifaschistischen Krieg in Europa. Der Sieg der Franco-Truppen war dank massiver Unterstützung durch die faschistischen Staaten Deutschland und Italien möglich. Die Nichteinmischungspolitik Großbritanniens und Frankreichs zerstörte die Chance für eine Abwehr des Faschismus. Die »Legion Condor«, eine vornehmlich aus deutschen Luftwaffenkräften formierte verdeckte Formation, beteiligt an zahlreichen Kriegsverbrechen, von denen die Bombardierung Guernicas in die Annalen blutig einging, war die Erprobung der deutschen Kriegstechnik im scharfen Schuss. Die dank Rotation schließlich 25.000 deutschen Soldaten und Offiziere erhielten hier ihre Feuertaufe. Sie erprobten neue Technik, den Bomber He 111, das Jagdflugzeug Messerschmidt Bf 109 oder den Sturzkampfbomber Ju 87, die dann im Luftkrieg gegen Polen und Frankreich erfolgreich die gewonnenen Erfahrungen umsetzen konnten. Zur Legion gehörten auch Panzerkräfte und andere Spezialeinheiten.

Der Vollständigkeit halber ist zu ergänzen, dass der Verbündete Italien ebenfalls die Gunst der Stunde genutzt hatte und Anfang April 1939 in einem kurzen Feldzug den albanischen Staat niederwarf und annektierte.

Wer zieht mit wem in den Krieg?

Zwischenzeitlich hatte sich aber eine andere wesentliche Veränderung im politischen und militärischen Kräfteverhältnis in Europa vollzogen, was wesentlichen Einfluss auf den Beginn des Weltkrieges nehmen sollte. Die britische vorsichtige Infragestellung der Appeasement-Politik ist bereits benannt. In Moskau gab es aber einen Paukenschlag, der einen Schlussstrich unter die Politik für ein System der kollektiven Sicherheit gegen die faschistischen Diktaturen zog und allen Beteiligten eine kurze Zeitspanne der Neuorientierung eröffnete.

Die sowjetische Umorientierung war die Antwort auf die Unmöglichkeit, mit den westlichen Demokratien ein wirksames System der kollektiven Sicherheit verlässlich zu etablieren. Die Verträge mit Frankreich und mit diversen osteuropäischen Staaten nutzten wenig, wenn sie nicht in einer Krisensituation wie der Bedrohung der ČSR auch aktiviert wurden. Im Gegenteil. Die Sowjetunion konnte im guten Einvernehmen mit Prag im Sommer 1938 Unterstützung und konkrete militärische Hilfe zusichern. Wenn Frankreich und Großbritannien abseits standen und die kleineren osteuropäischen Staaten nicht zum Handeln brachten, blieb die sowjetische Streitmacht weit entfernt vom möglichen Kriegsschauplatz. In München kamen die eigentlich auf sowjetische Hilfe angewiesenen Westmächte nicht einmal auf die Idee, Moskau zu konsultieren, geschweige denn in die Verhandlungen einzubeziehen.

Stalins Auftritt vor dem formell obersten Organ der KPdSU (B), dem XVIII. Parteitag im März 1939, markierte zweifellos eine Zäsur in der sowjetischen Politik.[240] Zunächst muss berücksichtigt werden, dass in Stalins Selbstverständnis die Jahre der politischen Säuberungen mit der massenhaften Repression gegen vermeintliche und tatsächliche Gegner der sowjetischen Politik, auch sei-

240 Zur Einordnung des Parteitages: Lew Besymenski: Stalin und Hitler. Das Pokerspiel der Diktatoren. Berlin 2002, S. 133-154.

ner eigenen Politik für ihn im Wesentlichen abgeschlossen waren. Massenhafte Verurteilungen zu Strafen im Gulag-System, vor allem die massenhafte Ermordung dieser Gegner, unter ihnen viele Kommunisten, Partei-, Staats- und Wirtschaftsfunktionäre, nicht zuletzt Militärs und Geheimdienstler, boten die Aussicht auf radikale Veränderungen in der Politik. Sie schienen für den misstrauischen Stalin auch Garant für die notwendige innere Sicherheit in bewegten Zeiten zu sein. Dass gleichzeitig der bisherige Bezugsrahmen der kollektiven Sicherheitspolitik zerbrochen war, musste die sowjetische Führung beunruhigen und nach Auswegen suchen lassen. Stalin und den anwesenden Delegierten war klar, dass das Land in absehbarer, hoffentlich allerdings nicht zu naher Zukunft Krieg würde führen müssen. Als die Delegierten des XVIII. Parteitages der KPdSU (B) im Kremlpalast zusammentraten, hofften sie auf ein Ende der permanenten Anspannung durch die willkürlichen Repressionen und auf eine stabilere innere Entwicklung, auch wenn sie wie die Führung besorgt auf die sich verschärfende Weltlage blickten. Optimismus war aber angesagt, die wirtschaftlichen Erfolge, auch eine Stabilisierung der sozialen Lage der Menschen, das spürbare Abflauen der Repressionen bestimmten die Situation. Eine starke Armee, die all die Jahre in großen, gut motorisierten Formationen den Roten Platz in Moskau paradierend überquerte oder überflog, suggerierten Sicherheit nach außen. Leicht ging Sowjetbürgern das Lied »Wenn es morgen Krieg gibt« über die Lippen. Wer konnte schon die Sowjetmacht angreifen? Sollte die Propaganda von der äußeren Bedrohung, die sich im vergangenen Jahrzehnt dank kluger Außenpolitik und eigener Aufrüstung zerstreut hatte, wieder bedrohlich werden?

In seinem Rechenschaftsbericht an den Parteitag zog Stalin eine positive Bilanz der Entwicklung des Landes. Aber gleich zu Beginn seiner Rede hob er sehr nachdrücklich auf die veränderten äußeren Bedingungen ab: »Auf politischem Gebiete waren dies Jahre ernster politischer Konflikte und Erschütterungen. Schon das zweite Jahr[241] tobt der neue imperialistische Krieg, der sich auf dem gewaltigen Gebiete von Schanghai bis Gibraltar abspielt und eine Bevölkerung von mehr als 500 Millionen erfasst hat. Die Landkarte Europas, Afrikas, Asiens wird gewaltsam umgestaltet. Das gesamte System des so genannten Friedensregimes der Nachkriegszeit ist von Grund aus erschüttert.«[242] Im Kern begriff Stalin diese Situation als erneuten Versuch zur »Neuaufteilung der Welt, der Einflusssphären, der Kolonien durch Kriegshandlungen«,[243] wobei mit Deutschem Reich, Italien und Japan drei Akteure aktiv waren, die mit besonderer Aggressivität und Hartnäckigkeit ihre Eroberungs- und Unterdrückungspolitik betrieben. Das dürfte ihm kaum imponiert haben, so sehr das auch in jenen Diktatorenvergleichen, die seit damals in Mode sind, unterstellt wurde und wird. Dazu stand Stalin zu sehr für seine Großmacht und die kommunistische Idee, die sich durchsetzen sollte und die nicht nur er in besonderer Weise bedroht sah. Mit zwar durch den Klassenkampf geschärftem, aber dennoch verwundertem Blick fühlte er sich durch die westliche Politik verraten und bedroht. Denn die westlichen Staaten betreiben Nichteinmischung, »treten den Rückzug an, machen den Aggressoren ein Zugeständnis nach dem anderen«[244]. Spanien, die Tschechoslowakei, die Aggressionen in Nordafrika und Ostasien sind die Belege. Nicht allein die Angst davor, dass ein neuer Weltkrieg wieder in Revolutionen münden würde, sondern die Verabsolutierung der »Nichteinmischung« mit dem für Stalin eindeutigen Ziel. »In der Politik der Nichteinmischung macht sich das

241 Stalin bezieht sich auf den Japanisch-Chinesischen Krieg seit dem 7. Juli 1937, der mit dem sog. Zwischenfall an der Marco-Polo- bzw.- Lugou-Brücke in der Nähe Pekings als dem ersten Angriff japanischer Truppen auf die Chinesen beginnt.

242 Josef Stalin: Rechenschaftsbericht an den XVIII. Parteitag über die Arbeit des ZK der KPdSU(B) am 10. März 1939. In: J[osef]. Stalin: Fragen des Leninismus. Berlin 1950, 2. Aufl., S. 680.

243 Ebd., S. 684.

244 Ebd., S. 686.

Bestreben, der Wunsch geltend, die Aggressoren bei der Ausführung ihres dunklen Werkes nicht zu hindern, zum Beispiel Japan nicht zu hindern, sich in einen Krieg gegen China, noch besser aber gegen die Sowjetunion einzulassen, zum Beispiel Deutschland nicht zu hindern, sich in die europäischen Angelegenheiten zu verstricken, sich in einen Krieg gegen die Sowjetunion einzulassen, alle Kriegsteilnehmer tief in dem Morast des Krieges versinken zu lassen, sie im Stillen dazu anzuspornen, dazu zu bringen, dass sie einander schwächen und erschöpfen, dann aber, wenn sie genügend geschwächt sind, mit frischen Kräften auf dem Schauplatz zu erscheinen und, natürlich, ›im Interesse des Friedens‹ aufzutreten, um den geschwächten Kriegsteilnehmern die Bedingungen zu diktieren. Wie billig und wie nett!«[245]

Noch schlimmer, aus dem Blickwinkel der Sowjetunion, die sich sowieso seit 1917 als eingekreiste Festung verstehen und sich zahlreicher Attacken so ziemlich aller relevanten Mächte – vom kaiserlichen Deutschland über die USA, Großbritannien, Frankreich, Polen oder Japan – erwehren musste, drohe erneut Gefahr. Denn die westlichen, auf »Neutralität« versessenen Mächte betreiben eine Politik, »wodurch man die Deutschen anstachelte, weiter nach Osten vorzustoßen, ihnen leichte Beute versprach und ihnen zuredete: Fangt nur den Krieg gegen die Bolschewiki an, weiter wird alles gut gehen. Man muss zugeben, dass dies ebenfalls einem Antreiben, einer Ermunterung des Aggressors sehr ähnlich sieht.«[246] Konkret warnte der Generalsekretär vor den Versuchen der britischen, französischen und nordamerikanischen Presse, in Deutschland Stimmung für das Provozieren eines militärischen Konflikts mit der Sowjetunion zu machen.[247]

All dies wollte die Sowjetunion nicht, sie wolle »auch in Zukunft eine Politik des Friedens und der Festigung sachlicher Beziehungen

245 Ebd., S. 688.

246 Ebd., S. 688.

247 Siehe ebd., S. 690 f.

mit allen Ländern [...] betreiben« auf gleichberechtigter Basis. Das schließe auch die Unterstützung der Opfer von Aggression ein und die Erhöhung der eigenen militärischen Stärke, um erforderlichenfalls auf »einen Schlag der Kriegsbrandstifter, die versuchen sollten, die Unantastbarkeit der Sowjetgrenzen zu verletzen, mit einem doppelten Schlag zu antworten«.[248] Das waren durchaus keine leeren Worte. Sowjetische Kampftechnik und sowjetisches Militär waren massiv an der Seite der spanischen Republik gegen die Falangisten und ihre faschistischen Verbündeten aktiv. Noch im Juli/August 1938 hatten sowjetische Streitkräfte im Fernen Osten, am Chassan-See, einen japanischen Testangriff erfolgreich abgewehrt. Auch wenn damals, wie erst recht heute, kaum beachtet, war dies dort die Vorstufe eines Krieges, bei dem beide Seiten jeweils über 20.000 Mann, hunderte Panzer und Flugzeuge einsetzten.[249] Die entschlossenen und militärisch geschickten Handlungen der Roten Armee konnten diese Krise noch im Keim ersticken. Aber in Moskau war klar, an den sowjetischen Grenzen wurde gezündelt. Wer wo als nächstes zuschlagen würde, blieb offen. Und die Liste potenzieller Feinde war lang, seit den Interventionskriegen im Rahmen des innerrussischen Bürgerkriegs 1917 bis 1921 hatten sich die westlichen Großmächte und manche Regionalmächte an dem Versuch beteiligt, zu verhindern, dass sich das sozialistische, gar kommunistische Staatsgebilde behaupten konnte. Dennoch hatte Sowjetrussland bzw. die Sowjetunion stets triumphiert. Also nun wieder das Setzen auf militärische Stärke, die aber noch einige Jahre Wirtschafts- und vor allem Rüstungsentwicklung benötigte und auch ein Neumischen der diplomatischen Karten, vielleicht gar das Eingehen auf neue Bündnisse. Es folgte eine Formulierung, die in der Literatur den Begriff »Kastanienrede« für Stalins Ausführungen begründete, die aber das indirekt angesprochene internationale Umfeld aufmerken ließ: Mit

248 Ebd., S. 692.

249 Siehe zur Übersicht: Ralf Rudolph / Uwe Markus: Vergessene Kriege der Roten Armee. Berlin 2019.

»Vorsicht zu beobachten und den Kriegsprovokateuren, die es gewohnt sind, sich von anderen die Kastanien aus dem Feuer holen zu lassen, nicht die Möglichkeit zu geben, unser Land in Konflikte hineinzuziehen; [...] die Kampfkraft unserer Roten Armee und unserer Roten Kriegsmarine mit allen Mitteln zu stärken«.[250]

Stalins Rede war sichtlich eine Offerte an interessierte Mächte, in der neuen konfrontativen Situation einen Weg zu finden, die Sowjetunion aus dem Krieg herauszuhalten oder ihr ein Angebot zu machen, um die ursprüngliche antifaschistische Stoßrichtung der Politik der kollektiven Sicherheit fortzusetzen. Angesichts der jüngsten Erfahrungen mit Spanien und der Tschechoslowakei war von den Westmächten ein konkretes Handeln erforderlich, um die Sicherheitsgarantie für Polen nicht zu einem geduldigen Stück Papier verkommen zu lassen. Und in der Tat, in London hatten weitsichtige Politiker wie Churchill ihre klaren Forderungen an die Regierung, die immer noch Appeasement-Träumen nachhing. In seinen Kriegserinnerungen konstatierte Churchill nüchtern, worum es Moskau bei einer Annahme eines entsprechenden Vorschlags ging und warum er letztlich scheiterte. »Polen, Rumänien, Finnland und die drei baltischen Staaten wussten nicht, ob der Angriff von Seiten Deutschlands oder die Rettung durch Russland sie mit größerem Schrecken erfüllte. Dieses furchtbare Dilemma war es, das Englands und Frankreichs Politik lähmte.

Dennoch kann selbst im Rückblick kein Zweifel darüber bestehen, dass es von Großbritannien und Frankreich richtig gewesen wäre, das russische Angebot anzunehmen, den Dreibund zu proklamieren und die Ausarbeitung der Methode, wie er im Kriegsfall wirksam gemacht werden konnte, den Verbündeten zu überlassen, die gegen einen gemeinsamen Feind kämpften.«[251] Lakonisch resümiert der spätere Premier das Ausbleiben eines Bündnisses zwi-

---

250 Ebd., S. 692.

251 Winston S. Churchill: Der Zweite Weltkrieg. Mit einem Epilog über die Nachkriegsjahre. Bern/München/Wien 1992, Neuaufl. [1. Aufl. 1949], S. 177.

schen London, Paris und Moskau: »Wenn Chamberlain zum Beispiel bei Empfang des russischen Angebots geantwortet hätte: ›Ja, wir drei wollen uns zusammentun und Hitler das Genick brechen‹, oder mit anderen Worten diesen Inhalts, so hätte das Parlament zugestimmt; Stalin wäre zufrieden gewesen, und die Geschichte hätte vielleicht einen anderen Lauf genommen. Wenigstens hätte sie keinen schlimmeren nehmen können.«[252]

Aber auch in Berlin war die Wendung der sowjetischen Außenpolitik, alsbald verbunden mit der Entlassung des langjährigen Architekten einer Politik der kollektiven Sicherheit, Maxim Maximowitsch Litwinow, aufmerksam zur Kenntnis genommen.

Der Hass auf den Bolschewismus war wie immer präsent, aber wichtiger im Moment war der deutschen Führung, wie ein Krieg erfolgreich begonnen werden konnte, in dem Deutschland nicht wie 1914 zwischen zwei Fronten geraten sollte. Polen anzugreifen war beschlossene Sache, mittelfristig schob sich Deutschland damit an die Sowjetunion heran, schuf eine gemeinsame Grenze, die bis dahin fehlte. Wenn sich Moskau in die aktuellen Kriegsaktivitäten aber nicht einmischen würde, dann wäre das Risiko eines Zweifrontenkriegs gering, könnte sich die Wehrmacht nach dem zu erwartenden schnellen Sieg über Polen nach Westen wenden. Und es gab ein weiteres Problem, das bei einem zeitweiligen Ausgleich mit der Sowjetunion gelöst werden könnte – den Zugriff auf wichtige Rohstoffe zu sichern, die bei einem Kriegseintritt Frankreichs und Großbritanniens dem Deutschen Reich und seiner Rüstung, aber auch seiner Versorgung fehlen würden.

Eine kleine, aber beachtete Geste auf dem Neujahrsempfang des Führers und Reichskanzlers am 12. Januar 1939 in der Neuen Reichskanzlei, noch bevor handfestere Signale ausgetauscht wurden, konnte als Geste der Annäherung ausgelegt werden.[253] Über zehn Minuten gab es Small Talk zwischen dem sowjetischen Bot-

252 Ebd., S. 178.

253 Siehe Lew Besymenski: Stalin und Hitler. A. a. O., S. 123-126.

schafter und Hitler, der sich selbst für einen angenehmen Aufenthalt Alexander Fjodorowitsch Merkalows in Berlin und für dessen Kind interessierte. Die Deutschen waren also auch bereit, die Weichen zunächst neu zu stellen – für zumindest wirtschaftliche Zusammenarbeit mit der östlichen Großmacht. Die politisch motivierte Eiszeit, die den Außenhandel zwischen beiden Staaten auf ein Zehntel hatte einfrieren lassen, wäre wieder zu erwärmen.

Nach dem Moskauer Parteitag mit der inhaltsschweren Rede Stalins berichtete der dortige deutsche Botschafter, Friedrich-Werner Graf von der Schulenburg, recht präzise über diese neue Positionsbestimmung und fand »bemerkenswert, dass sich die Ironie und Kritik Stalins erheblich schärfer gegen England, d. h. die regierende englische Reaktion, wendete als etwa gegen die sogenannten Angreiferstaaten und insbesondere Deutschland«.[254] Der deutsche Militärattaché in Moskau fragte sich in einem Bericht, warum »er uns ausgesprochen milde, wenn nicht gar wohlwollend behandelt?«[255] Er folgerte, dass Stalin die Ambitionen Deutschlands in Richtung Westen zu lenken sucht. »Aus Liebe zu uns tut es Stalin sicher nicht. Die reale Vernunft mag bei ihm mitsprechen. Sieht Deutschland im Westen seine Hauptgegner, so hofft er auf Ruhe vor uns. Ein Konflikt in Europa wäre für die SU immer das beste Geschäft.«[256]

Auch wenn diese Rede Hitler erst spät vorgelegt wurde, liefen dennoch schon Kontakte zwischen Berlin und Moskau, zunächst vordergründig auf die Verlängerung des Berliner Handelsvertrages von 1926 zwischen beiden Staaten gerichtet.

---

254 Dok. 1: Der Botschafter in Moskau an das Auswärtige Amt. Inhalt: Rede Stalins auf dem Kongreß der Kommunistischen Partei. 13. März 1939. In: ADAP Bd. D.6, S. 1.

255 Dok. 2769b: Schreiben des deutschen Militärattachés in Moskau, Generalleutnant [Ernst-August] Köstring, an Oberst von Tippelskirch über die Rede Stalins (Auszug). Moskau, 13. März 1939. In: Das Dritte Reich. Auf dem Weg zum Zweiten Weltkrieg. A. a. O., S. 46.

256 Ebd.

Im Frühjahr und Sommer 1939, vor dem Hintergrund der Zerschlagung der Tschechoslowakei, des Anschlusses des Memellandes, der Besetzung Albaniens durch Italien und des Auslösens einer Krise um Polen begann ein Spiel, ein zähes Ringen um den aussichtsreichsten Weg in einen Krieg für oder gegen die Weltherrschaftspläne Nazideutschlands und seiner Verbündeten. Der Zeitfaktor war in dieser Auseinandersetzung noch wichtiger als ideologische Sympathien oder Animositäten. Alle Beteiligten wussten, dass dieser Krieg unvermeidbar geworden war, dass Deutschland ihn unbedingt wollte, dass aber die anderen Großmächte und erst recht die kleineren Staaten Europas, die es als erste treffen würde, in dieser Konstellation und zu diesem Zeitpunkt den Krieg vermeiden wollten. Wenn man die Positionsbestimmungen der beteiligten Mächte genauer analysiert, wird klar, dass 1942/43 für die Westmächte wie für die Sowjetunion wohl der sicherste Zeitpunkt für einen solchen Krieg sein mochte. Ebenso war in Berlin klar, dass das weitere Vertagen des Waffenganges nur zu Lasten des Deutschen Reiches gehen würde. Denn mit dem in London und Moskau anvisierten Zeitpunkt wäre die materielle Überlegenheit der potenziellen Gegner Deutschlands überwältigend und müssten Hitler und seine Elite die Träume von der Weltherrschaft begraben.

War es noch möglich, diesen Krieg hinauszuzögern, und könnte ein Zusammengehen der potenziellen Gegner Hitlers ihn noch verhindern? Nach dem Fall Prags gab es im März Fühlungsnahmen Moskaus und Londons über ein mögliches Zusammengehen. Moskau wollte eine internationale Konferenz, an der Briten, Franzosen, aber auch Polen, Rumänen und Türken teilnehmen sollten, was der Westen ablehnte. Am 17. April unterbreitete der Volkskommissar für Auswärtige Angelegenheiten Litwinow dem britischen Botschafter in Moskau, William Seeds, einen Vorschlag für einen Beistandsvertrag. Dessen Eckpunkte waren klar und verbindlich:

»1. Großbritannien, Frankreich, die UdSSR schließen untereinander ein Abkommen über die gegenseitige Verpflichtung, sich gegenseitig unverzüglich jede mögliche Hilfe zu leisten, einschließlich militärische, im Falle einer Aggression in Europa gegen einen der Vertragsstaaten.

2. Großbritannien, Frankreich und die UdSSR verpflichten sich, den osteuropäischen Staaten, die zwischen dem Baltikum und dem Schwarzen Meer liegen und an die UdSSR grenzen, im Falle einer Aggression gegen diese Staaten jede mögliche Hilfe, einschließlich militärischer Hilfe, zu gewähren.
3. Großbritannien, Frankreich und die UdSSR verpflichten sich, so bald wie möglich Umfang und Formen der von jedem dieser Staaten nach § 1 und 2 gewährten militärischen Hilfe zu erörtern und festzulegen.«[257]

Nach einigem Hin und Her stimmte »schon« am 10. Juli London grundsätzlich zu, und zwei Wochen später begannen in Moskau Verhandlungen auf Botschafterebene. Zwischenzeitlich hatte allerdings Litwinow als Volkskommissar für Auswärtige Angelegenheiten mit dem nunmehr auch wieder gescheiterten Konzept der kollektiven Sicherheit am 3. Mai zurücktreten müssen. Churchill kommentierte später, dass er »wie ein zerbrochenes Werkzeug fallengelassen«[258] wurde. Neuer Außenminister wurde Wjatscheslaw Michailowitsch Molotow, zugleich Vorsitzender des Rates der Volkskommissare. Egal, ob Stalin seinen interessierten faschistischen Gesprächspartnern keinen Juden mehr zumuten wollte oder nicht. Churchill hatte sehr wohl zurecht bemerkt: Molotow »war mit keinerlei früheren Erklärungen belastet, war frei von der Atmosphäre des Völkerbundes und hatte die Möglichkeit, jede Richtung einzuschlagen, die für die Selbsterhaltung Russlands nötig erscheinen mochte [...] Durch München und vieles andere war die Sowjetregierung davon überzeugt, dass England und Frankreich nicht kämpfen wollten, bevor man sie angriff, und dass sie

257 Dok. 43: Predlozhenie, vruchennoe narodnym komissarom inostrannyh del SSSR M. M. Litvinovym poslu Velikobritanii v SSSR U. Sidsu. 17 aprelja 1939 g. In: Ministerstwo inostrannych del SSSR: Dokumenty i materialy kanuna wtoroj mirowoj 1937-1939. Tom 2. A. a. O., S. 72 (eigene Übers., St. B.).

258 Winston S. Churchill: Der Zweite Weltkrieg. A. a. O., S. 178.

auch dann nicht viel taugen würden. Der aufziehende Sturm war im Begriff loszubrechen. Russland musste für seine Sicherheit sorgen.«[259]

Am 23. Mai 1939, gut zwei Monate nach dem Einmarsch in Prag und der Annexion der ehemaligen tschechischen Gebiete als Protektorat Böhmen und Mähren und genau zwei Monate nach der Annexion des Memellandes hatte Hitler seine wichtigsten Militärs ins Arbeitszimmer in der Neuen Reichskanzlei einbestellt. Es ging ihm noch einmal um die großen Züge und die möglichen Schwierigkeiten des künftigen Krieges, der sich an der polnischen Frage entzünden, aber Polen nur als sicheres Hinterland für einen größeren Krieg benötigen würde. Hitler legte den Schwerpunkt auf die Auseinandersetzung mit Frankreich und vor allem mit Großbritannien als größte Hindernisse der angestrebten Vormachtstellung in der Welt. Auffällig ist, dass er nur andeutungsweise auf »Russland« einging, hier schon unter dem Aspekt zu erwartender wirtschaftlicher Verbesserungen. Denn aus dem Osten könnten durch erneuerte Handelsbeziehungen wichtige Rohstoffe, vor allem Erdöl, Getreide udgl., bezogen und so wirtschaftliche Blockademaßnahmen insbesondere Londons unterlaufen werden. Er betonte die Bedeutung der Verbündeten aus dem Antikomintern-Pakt, Italien und Japan. Mit Italien war am Vortag ein Bündnisvertrag, euphorisch »Stahlpakt«, geschlossen worden. Aber aus den Ausführungen Hitlers ging hervor, dass die deutschen Kriegs- und Herrschaftspläne nicht unbedingt und im Detail mit beiden Partnern geteilt werden müssten und dass offensichtlich eine aktuelle Unterstützung von diesen im Moment nicht erwartet wurde.

Der Oberste Befehlshaber instruierte seine Militärs, dass es kein Zurück mehr geben würde. Deutschland sei ideologisch wie militärtechnisch gerüstet. Aber ihn sorgte die weitere Entwicklung, die offenbar gegen ihn und seine Pläne wirkte.

259 Ebd.

Deshalb heiße es, »vielmehr die Umstände den Forderungen anzupassen. Ohne Einbruch in fremde Staaten oder Angreifen fremden Eigentums ist dies nicht möglich. Der Lebensraum, der staatl[lichen]. Größe angemessen, ist die Grundlage für jede Macht. Eine Zeit lang kann man Verzicht leisten, dann aber kommt die Lösung der Probleme so oder so. Es bleibt die Wahl zwischen Aufstieg oder Abstieg.«[260] Vielleicht war es für seine Militärs ernüchternd, aber Hitler vermittelte ihnen, dass, wenn einmal der Krieg begonnen hat, es keinen schnellen Sieg und Frieden geben würde. »Jede Wehrmacht bezw. Staatsführung hat den kurzen Krieg anzustreben. Die Staatsführung hat sich dagegen jedoch auf den Krieg von 10 bis 15jähriger Dauer einzurichten.«[261]

Währenddessen rangen die potenziellen Gegner von Hitlers Plänen immer noch darum, ob sie sich an einen Tisch setzen, gar vertragliche Vereinbarungen und verbindliche militärische Absprachen treffen könnten.

Erst jetzt suchte Polen eine Rückversicherung bei den westlichen Verbündeten, die es im gleichen Monat auch erhielt, die aber – wie sich zeigen sollte – in der konkreten Situation wenig wert war. Zudem garantierten die Verbündeten nur die Souveränität, nicht die territoriale Integrität des polnischen Staates. Sie wollten einer »Einigung« mit dem Aggressorstaat, wenn irgend möglich, keine Steine in den Weg legen. »Sterben für Danzig«, dem von Deutschland vorgeschobenen Streitpunkt, wollte in Paris oder London niemand.

Die deutsche Führung hatte inzwischen ihre Ziele präzisiert. Die Zerschlagung der »Rest-Tschechei« war sichtlich die letzte »fried-

---

260 Dok. 433: Bericht über eine Besprechung. Ort: Arbeitszimmer des Führers, Neue Reichskanzlei. Beteiligte: Der Führer, Feldmarschall Göring, Großadmiral Raeder, Gen. Oberst v. Brauchitsch, Gen. Oberst Keitel, Gen. Oberst Milch, Gen. d. Artl. Halder, Gen. Bodenschatz, Ktr. Adm. Schniewind, Oberst i. G. Jeschonnek, Oberst d. G. Warlimont, Oberstleutnant d. G. Schmundt, Hauptmann Engel, Kor. Kpt. Albrecht, Hptm. v. Below. In: ADAP Bd. D.6, S. 477.

261 Ebd. S. 488.

liche« Durchsetzung der weitgespannten Ziele. Endlich sollte der Erfolg auch mit den teuer erkauften deutschen Waffen errungen werden. Die Rüstungsausgaben hatten das Reich an die Grenzen der Belastbarkeit gebracht, nun sollten diese Waffen die erhofften auch wirtschaftlichen Gewinne einbringen.

Im Mai 1939 entwickelte Hitler, wie schon erwähnt, ohne Widerspruch seiner Generäle die großen strategischen Linien für den Kampf um die Weltherrschaft. Für die nächste Etappe, den Krieg mit Polen, stimmte er auf die nächsten Aufgaben ein, auf reale Kriegsziele: »Weitere Erfolge können ohne Blutvergießen nicht mehr errungen werden ... Der Pole ist kein zusätzlicher Feind. Polen wird immer auf der Seite unserer Gegner stehen. Trotz Freundschaftsabkommen hat in Polen immer die innere Absicht bestanden, jede Gelegenheit gegen uns auszunutzen. Danzig ist nicht das Objekt, um das es geht. Es handelt sich für uns um die Erweiterung des Lebensraumes im Osten und Herstellung der Ernährung, sowie der Lösung des Baltikum-Problems.« Der deutsche Kanzler hat inzwischen keinen Zweifel mehr, dass Polen nicht als Schutz gegen den Bolschewismus reichen würde. Deshalb »entfällt die Frage Polen zu schonen und bleibt der Entschluss, bei erster passender Gelegenheit Polen anzugreifen«.[262]

Sommer 1939: Der »Fall Weiß«, der Deckname für die Operationsplanung gegen Polen, war lange fertig ausgearbeitet und unterzeichnet und seit dem 15. Juni in Kraft. Die Wehrmacht stand auf dem Sprung. Den Krieg wollte sich mittlerweile Hitler nicht mehr nehmen lassen. Noch einmal eine Verhandlungs-«Lösung« wie mit dem Münchner Diktat sollte ihm nicht mehr dazwischenkommen, auch wenn zwischenzeitlich mit den britischen Vertretern immer noch über Wirtschaftsfragen verhandelt wurde und Göring, der Beauftragte für den Vierjahresplan, auf dem Sprung für eine Reise nach London war. Es galt für die faschistische Führung wiederum,

262 Dok. 433: Bericht über eine Besprechung am 23. Mai 1939. Unterrichtung über die Lage und Ziele der Politik. In: ADAP Bd. D.6, S. 478 f.

das Umfeld dieses Krieges abzuklären, die Anzahl der Feinde zu minimieren. In London, Paris und Moskau konnte in diesem Sommer nochmals entschieden werden, ob der Aggressor aufzuhalten war. Eine Aufgabe, die nur gemeinsam zu lösen war. Ansonsten würde jede Nation ihre eigenen Wege gehen.

Für Moskau war die Lage erst recht schwierig. Aus London und Paris gab es endlich Signale, gegen eine mögliche Aggression Deutschlands auf Polen etwas zu unternehmen. In München noch ausgeschlossen, sollte Moskau nun in die Verantwortung genommen werden. Aber wie schon in der Krise 1938 hieß die Unterstützung Moskaus einzufordern, die Frage zu klären, wie sowjetische Truppen gegen den Aggressor antreten könnten. Ein Blick auf die Europakarte 1939 ist eindeutig: Eine gemeinsame Grenze gab es nicht. Polen (und eventuell Rumänien) müsste(n) der Roten Armee den Durchmarsch gestatten. Die halbherzig und von unteren britischen und französischen Chargen mit der Moskauer Militärführung und dem Außenminister geführten Verhandlungen steckten im August 1939, als die Krise um Polen sich zuspitzte, in einer Sackgasse. Für manche Beobachter – auch im Nachhinein – erscheinen die Wochen zwischen Juni und August als ein Wettlauf der Kontrahenten um die Gunst bzw. das Bündnis mit der Sowjetunion. Um im sportlichen Bild zu bleiben, war dies aber ein recht seltsamer »Wettlauf«. Die anglofranzösische Mannschaft lief sich lange warm, mochte sich nicht zu beeilen und ließ den Spielplan daheim; die deutsche Seite trat nach wenigen Vorgeplänkeln sehr schnell und entschlossen an und holte einen Vertrag als Trophäe nach Hause. Die sowjetische Seite hatte von Anfang an Sorge, dass es bei diesen Verhandlungen wohl nicht mit rechten Dingen zugehen würde. Schon im Vorfeld dämpfte das Mitglied des Politbüros der KPdSU (B) Andrei Alexandrowitsch Shdanow in einem Artikel in der Parteizeitung *Prawda* die Erwartungen: »Es scheint mir, dass die Engländer und Franzosen einen wirklichen Vertrag, der für die UdSSR annehmbar ist, nicht wünschen, sondern nur Gespräche über einen Vertrag, um der öffentlichen Meinung ihrer

Länder die angeblich unnachgiebige Haltung der UdSSR einzureden und sich derart den Weg für einen Vertrag mit den Aggressoren zu bahnen. Die nächsten Tage müssen zeigen, ob dies so ist oder nicht.«[263]

Preis der Schaukelpolitik

Die polnischen Eliten hatten mehr Angst vor einer sowjetischen Einflussnahme als vor den Deutschen, sie fürchteten um ihre Fabriken und Güter, die ihnen bei einer möglichen sozialen Umwälzung abhandenkommen könnten. Die Schaukelpolitik des letzten Jahrzehnts hatte Polen in eine Sackgasse geführt, und seine westlichen Alliierten wussten erst recht nicht, was sie wollten: Tatsächlich einen Krieg mit aller Konsequenz gegen Deutschland oder doch abwarten, dass sich das Gewitter gegen den sowjetkommunistischen Feind entladen würde.

Aus heutiger Sicht ist der Sinneswandel in Moskau im August 1939 nicht so überraschend, wie er es für die Zeitgenossen war. Nach München, erst recht nach der Besetzung Prags im März 1939, der Preisgabe der ČSR, aber auch des republikanischen Spanien war für Stalin und seine Mitstreiter offensichtlich: Auf den Westen ist kein Verlass. Der wird die faschistische Aggression nicht aufhalten und will es auch nicht. Wenn Polen wie schon 1938 in der »Sudetenkrise« (also gegenüber der ČSR) nicht einmal mitspielte, wenn seine eigene Existenz auf der Kippe stand, was sollte sich Moskau um seine hehren antifaschistischen Ideale kümmern. Für die Sowjetunion hatte der neue »imperialistische Krieg« schon längst begonnen. Sie zeigte sich offen für aus ihrer Sicht vernünftige Beziehungen mit allen interessierten Staaten. Das Sensorium der deutschen Führung

263 Dok. 2818.g: Artikel des Mitglieds des Politbüros, Andreij Shdanow, in der »Prawda« vom 29. Juni 1939 über die englisch-französisch-sowjetischen Verhandlungen (Auszug). In: Das Dritte Reich. Auf dem Weg zum Zweiten Weltkrieg. A. a. O., S. 378.

funktionierte, wenn fast im verschwörerischen Ton der deutsche Außenminister Ribbentrop in Berlin den sowjetischen Gesandten Anfang August 1939 fragte: »Sagen Sie, Herr Geschäftsträger … haben Sie nicht auch den Eindruck, dass das nationale Prinzip in Ihrem Lande das internationale zu überwiegen beginnt? Das ist eine Frage, die den Führer brennend interessiert…«.[264] Hier boten sich Möglichkeiten unerwarteter Dimension.

Nazi-Deutschland wollte seinen Krieg, sorgte sich aber vor einem solchen an zwei Fronten mit hohem Risikopotenzial. Es wurden Fühler in Richtung Moskau ausgestreckt, und dort waren sie willkommen. Was folgte, waren Entscheidungen im Tagestakt. Die Militärverhandlungen der Sowjetunion mit Großbritannien und Frankreich starteten nach langer Verzögerung, schleichender Anreise der westlichen Delegationen und blieben ergebnislos. Die Vertreter der beiden Staaten hatten keine ausreichenden Vollmachten, während die sowjetische Seite ausgiebig ihre Pläne und Potenziale darlegte blieben die westlichen Aussagen vage.[265] Das Kernproblem blieb, wie die Rote Armee an den deutschen Aggressor kommen sollte, wenn dieser zuschlagen würde. Ohne die Zustimmung Polens und Rumäniens gab es keine Chance, die sowjetischen Truppen ins Spiel zu bringen.

---

264 Dok. 455: Aufzeichnungen des sowjetischen Gesandten in Berlin, Georgij Astachov, über seine Gespräche mit Ernst von Weizsäcker und Außenminister Ribbentrop. 2. August 1939. In: Hermann Weber / Jakov Drabkin / Bernhard H. Bayerlein (Hg.): Deutschland, Russland, Komintern – II. Dokumente (1918-1943). A. a. O., S. 1521.

265 Bereits im Juli 1939 hatte der sowjetische Stellvertretende Volkskommissar für Verteidigung und Generalstabschef KomandArm I (Armeekommandeur 1. Ranges, d. h. Armeegeneral) Boris Michailowitsch Schaposchnikow detailliert einen Kriegsplan in unterschiedlichen Varianten für einen Bündnisfall mit Frankreich, Großbritannien und Polen bzw. Rumänien entwickelt. Die Varianten bezogen sich sowohl auf einen deutschen Angriff im Westen wie alternativ auf einen japanischen im Osten. Er enthielt die Forderungen an die verbündeten Streitkräfte und Rüstungswirtschaften und unmissverständlich den Kräfteansatz der Roten Armee en detail. Der Text findet sich in Lew Besymenski. A. a. O., S. 166-171.

Während die britischen und französischen Vertreter, bei aller Freundlichkeit im Ton, aber unverbindlich in der Sache, im wahrsten Sinne des Wortes »herumeierten«, beharrte die sowjetische Seite auf diesen elementaren Fragen. Der britische Unterhändler Admiral Reginald Drax wich z. B. mit einem »Gleichnis« einer verbindlichen polnischen Erklärung aus: »Wenn ein Mensch in einem Fluss versinkt und am Ufer steht ein anderer Mensch, der ihm einen Rettungsring anbietet – wird der ertrinkende Mensch auf die ihm angebotene Hilfe verzichten?« Der Volkskommissar für Verteidigung, Marschall der Sowjetunion Kliment Jefremowitsch Woroschilow, insistierte bei der entscheidenden Verhandlungsrunde am 14. August daraufhin unmissverständlich: »Schön, aber was wird sein, wenn sich der ›Rettungsring‹ in solcher Entfernung befindet, dass man ihn dem Ertrinkenden nicht zuwerfen kann? Es ist selbstverständlich, dass ein solcher Ring dem Ertrinkenden keinerlei Hilfe bringt.«[266] Das war der Punkt, an dem die sowjetische Seite am gleichen Tag – vorbehaltlich einer nicht wirklich erwarteten andersgearteten Antwort des Westens und Polens – de facto das Scheitern der Verhandlungen erklärte. Denn »ohne positive Lösung dieser Frage (ist) das ganze begonnene Unternehmen über den Abschluss einer Militärkonvention [...] nach ihrer Meinung von vornherein zum Misslingen verurteilt [...]. Deshalb kann die Militärmission der Sowjetunion ihrer Regierung nicht mit gutem Gewissen empfehlen, an einem Unternehmen teilzunehmen, das klar zum Scheitern verurteilt ist.«[267]

266 Dok. 2822.a: Die Militärverhandlungen in Moskau – a) Sowjetischer stenographischer Bericht vom 14. August 1939 über die Sitzung der Militärmissionen der UdSSR, Englands und Frankreichs. In: Das Dritte Reich. Auf dem Weg zum Zweiten Weltkrieg. A. a. O., S. 427. Anzumerken bleibt, dass zumindest seit 1968 in deutscher Sprache und ausdrücklich auch dem westdeutschen Leser zugänglich, eine umfangreiche Dokumentensammlung zu den Verhandlungen der Sowjetunion mit Frankreich und Großbritannien einerseits und anderseits Deutschland vorliegt. In: ebd., die Dokumente 2812 bis 2823, S. 343-443.

267 Dok. 2822.b: Erklärung der sowjetischen Militärmission vom 14. August 1939. In: ebd., S. 431.

Deutschland dagegen bot ein Vertragswerk an, und in Windeseile war Außenminister von Ribbentrop in Moskau und unterzeichnete mit seinem sowjetischen Amtskollegen einen Nichtangriffsvertrag, wenige Wochen später gar einen Freundschafts- und Grenzvertrag. In dem auf zehn Jahre abgeschlossenen Vertrag, der auf den 23. August zurückdatiert wurde, wird festgeschrieben: »Artikel I. Die beiden Vertragschliessenden Teile verpflichten sich, sich jeden Gewaltakts, jeder aggressiven Handlung und jedes Angriffs gegen einander, und zwar sowohl einzeln als auch gemeinsam mit anderen Mächten, zu enthalten. Artikel II. Falls einer der Vertragschliessenden Teile Gegenstand kriegerischer Handlungen seitens einer dritten Macht werden sollte, wird der andere Vertragschliessende Teil in keiner Form diese dritte Macht unterstützen.«[268] Ein Bündnisverbot gegen die andere Seite wird garantiert und gemeinsame Beratungen und Konsultationen in Aussicht gestellt. Der Krieg gegen Polen war so für Deutschland ohne besondere Gefahr möglich, was der Westen tun würde, blieb offen. Für Moskau schien die Kriegsgefahr gebannt, zumindest auf Zeit. Von Ribbentrop und Molotow unterschrieben im Beisein Stalins im Kreml ein Papier, das sicher kein Bündnispakt war, wie gerne unterstellt wird, sondern eine klare Abgrenzung der Interessen beider Seiten und mit den Folgeverträgen auch eine wirtschaftliche Zusammenarbeit eröffnete, die Deutschland wichtige Rohstoffe und Getreide auch unter Bedingungen einer faktischen Blockade im Westen garantierte und der Sowjetunion Zugang zu benötigter deutscher Technik, auch zu Rüstungsgütern (etwa moderner Kampfflugzeuge,[269] die in geringer Stückzahl als Anschauungsobjekte – aus deutscher Sicht wohl eher zur Abschreckung) in die Sowjetunion gingen.

---

268 Nichtangriffsvertrag zwischen Deutschland und der Union der Sozialistischen Sowjetrepubliken – 1000dok.digitale-sammlungen.de (PDF), hier S. 5.

269 Nachzulesen in den Erinnerungen eines der wichtigsten sowjetischen Flugzeugkonstrukteure, der 1940 zu einer Expertenkommission gehörte, die sich um die Auswahl und Überführung solcher Maschinen kümmerte. Alexander [Sergejewitsch] Jakowlew: Ziel des Lebens (Aufzeichnungen eines Konstrukteurs). Berlin/Moskau 1986, S. 236-249.

Spätestens in der Moskauer Entscheidung wird aber deutlich, dass es hier auch um Weichenstellungen für einen Weltkrieg ging. Denn genau in den Tagen der Verhandlungen im August 1939 ging es auch der Sowjetunion um die Verhinderung eines Zweifrontenkrieges. Just an den Tagen, als sich der deutsche Außenminister ankündigte, musste im Fernen Osten, am Chalchin Gol,[270] ein sowjetisches Armeekorps unter einem damals wenig bekannten Divisionskommandeur Georgi Konstantinowitsch Shukow[271] zu einer Gegenoffensive antreten, um einen japanischen Angriff abzuwehren. Wie schon im Vorjahr war dies ein Test durch das kaiserliche Japan, ob die Sowjetunion selbst in der unwirtlichen Mongolei Widerstand leisten würde. Für die abgelegene Region waren der Einsatz von über 30.000 japanischen Soldaten mit 100 Panzern und 400 Flugzeugen gegen ca. 70.000 Rotarmisten und mongolische Soldaten unterstützt von 500 Panzern und bis zu 900 Flugzeugen eine ernsthafte Auseinandersetzung; die sich bei einem japanischen Erfolg leicht hätte ausweiten können. Japan war ähnlich wie Deutschland für Moskau ein Angstgegner, denn in den Interventionskriegen waren die japanischen Verbände durchaus erfolgreich gewesen und tief in den dünn besiedelten Fernen Osten und in Sibirien eingedrungen und nur mit Mühe angesichts der langen Verbindungswege und der Schwierigkeiten eines eigenen Aufmarschs wieder hinausgedrängt worden. Glücklicherweise verstand Japan 1939 die Lektion. Die beteiligten Truppen streckten die Waffen und im Zuge von Friedensverhandlungen kam es am 16. September 1939 zu einer Vertragsunterzeichnung. Die offensichtlich friedliche Neuausrichtung der Beziehungen Moskaus zu Berlin begünstigte auch, dass Japan als Antikomintern-Partner Deutschlands die richtigen Lehren aus seiner militärischen Schlappe zog und auf weitere Angriffe gegen die Sowjetunion verzichtete.

270 Siehe Stuart D. Goldman: Nomonhan, 1939: The Red Army's Victory That Shaped World War II. Annapolis 2012.

271 In der damaligen sowjetischen Nomenklatur KomDiw, Divisionskommandeur, was dem Generalmajor entsprach. Dieses System der personengebundenen Dienstgrade wurde 1940 abgeschafft.

Moskau dürfte auch bekannt gewesen sein, dass insbesondere in London die Appeasement-Politik angesichts der aufziehenden Kriegsgefahr keineswegs gebannt war, ja, dass zeitgleich zu den Militärverhandlungen mit dem Westen in London Geheimgespräche liefen, die auf einen Interessenausgleich zwischen dem Deutschen Reich und Großbritannien zielten. Polnische Interessen hätten dabei wohl wieder geopfert werden können, und eine gemeinsame Wendung der beiden Mächte gegen die Sowjetunion schien Moskau nicht unwahrscheinlich.

Mit dem Vertrag mochte sich für Stalin die Idee bewahrheiten, die er unter umgekehrten Vorzeichen in seiner Rede auf dem XVIII. Parteitag als Konzept der Westmächte ausgemacht hatte. In einer Beratung mit Georgi Dimitroff, dem Generalsekretär der Kommunistischen Internationale, legte er eine Woche nach dem deutschen Überfall auf Polen seine Vorstellungen dar, die Dimitroff notierte: Es handle sich um einen Krieg »zwischen zwei Gruppen von kapitalistischen Staaten […] (arme und reiche im Hinblick auf Kolonien, Rohstoffe usw.) um die Neuaufteilung der Welt, um die Weltherrschaft! Wir haben nichts dagegen, dass sie kräftig aufeinander einschlagen und sich schwächen. Nicht schlecht, wenn Deutschland die Lage der reichsten kapitalistischen Länder (vor allem Englands) ins Wanken brächte. Hitler selber zerrüttet und untergräbt, ohne es zu verstehen und zu wollen, das kapitalistische System. […] Wir können manövrieren, eine Seite gegen die andere aufbringen, damit sie sich noch stärker in die Haare kriegen.«

Stalins Konsequenz aus dieser Einschätzung: »Der Nichtangriffsvertrag hilft Deutschland in gewissem Maße. Der nächste Schritt ist der, die andere Seite anzuspornen.«[272] Es folgt eine Verkennung der realen Möglichkeiten und der in der westlichen Öffentlichkeit fatalen Wirkung des neuen Verhältnisses der Sowjetunion zu Hitlerdeutschland, das nicht zuletzt die kommunistischen Parteien

272 Eintrag vom 7.9.39. In: Georgi Dimitroff: Tagebücher 1933-1943. Hrsg. von Bernhard H. Bayerlein. Berlin 2000, S. 273.

desorientierte. Und dies besonders, wenn sie der neu ausgegebenen Linie Moskaus respektive der Komintern folgten. Denn Stalin gab als Direktive aus: »Die Kommunisten der kapitalistischen Länder müssen entschieden gegen ihre Regierungen, gegen den Krieg auftreten. Bis zum Krieg war es völlig richtig, dem Faschismus das demokratische Regime entgegenzusetzen. Während des Krieges zwischen den imperialistischen Mächten ist das schon nicht mehr richtig. Die Unterscheidung der kapitalistischen Länder in faschistische und demokratische hat ihren bisherigen Sinn verloren.«[273] Wo dies kommunistische Parteien taten, war der Konflikt mit der Regierung vorprogrammiert. Die französische KP wurde in dieser Konstellation durch ihre Regierung in den Untergrund gedrängt. Stalin wollte und konnte nicht den Unterschied und den Konflikt im kapitalistischen Lager sehen und desorientierte damit für die nächsten 21 Monate die verbündeten kommunistischen Parteien, ihre Mitglieder und Sympathisanten.

Problematisch, politisch wie moralisch, völkerrechtlich sowieso, war das, was nicht veröffentlicht wurde. In einem geheimen Zusatzprotokoll (weitere sollten später folgen) steckten Moskau und Berlin Interessensphären und mögliche Gebietsansprüche ab, die beim Eintritt von »territorial-politischen Umgestaltungen«, also bei einem Krieg, von ihnen realisiert werden würden. Polen wäre im Falle einer absehbaren Niederlage zu teilen, insbesondere auch die baltischen Republiken würden Moskaus Interessensphäre zugeschlagen. Makabre Entscheidungen über die Köpfe der betroffenen Völker hinweg, aber damals – siehe Prags Schicksal – Usus im Handeln der Großmächte.

Sozialistische Politik hätte anders aussehen müssen. Ganz davon abgesehen, dass es Moskau mit der »Freundschaft« recht ernst meinte, was jüdische und kommunistische Emigranten[274] am eigenen Leib

273 Ebd.

274 Ein Zeitzeugnis findet sich bei Margarete Buber-Neumann: Von Potsdam nach Moskau. München 2002, S. 391-413.

zu spüren kamen, als sie der Gestapo überstellt wurden. Desorientierung und Desillusionierung nicht nur vieler Kommunisten waren die Folge dieser Vertragspolitik. Es konnte in den Ohren der entsprechend instruierten Kommunisten nur wie Hohn klingen, wenn Dimitroff der im aus anderen Gründen unsicheren Moskauer Exil sitzenden KPD-Führung weismachen wollte: »Der Pakt übt einen revolutionierenden Einfluss auf Deutschland aus. […] Die Frage der Sowjetunion und die Frage des Sozialismus bekommt jetzt in Deutschland eine Legalität. Legale Diskussionen, legale Agitation in jedem Betrieb, überall kann man ganz legal zu dem deutsch-sowjetischen Pakt auftreten, über die Sowjetunion sprechen, über den Sozialismus diskutieren. Die Größe dieser Tatsache kann man nicht richtig genug einschätzen, so große Möglichkeiten sind für die Kommunistische Partei durch diesen historischen Akt geschaffen.«[275]

Polen kämpft und fällt

Der Morgen des 1. September 1939, »ein sonderbarer Morgen«, wie der Schriftsteller Stefan Zweig im Londoner Exil schrieb: »Man trat stumm vom Radio zurück, das eine Botschaft in den Raum geworfen, die Jahrhunderte überdauern sollte, eine Botschaft, die bestimmt war, unsere Welt total zu verändern und das Leben jedes einzelnen von uns. Eine Botschaft, in der Tod für Tausende unter jenen war, die ihr schweigend gelauscht […] Es war wieder Krieg, ein Krieg, furchtbarer und weitausgreifender als je zuvor ein Krieg auf Erden gewesen. Abermals war eine Zeit zu Ende, abermals begann eine neue Zeit.«[276]

275 Dok. 467: Diskussionsbeitrag Dimitrovs in der Kommission des EKKI-Sekretariats über die Fehler der KPD. Moskau, 29.11.1939. In: Hermann Weber / Jakov Drabkin / Bernhard H. Bayerlein (Hg.): Deutschland, Russland, Komintern – II. Dokumente. A. a. O., S. 1568 f.

276 Stefan Zweig: Die Welt von Gestern. Erinnerungen eines Europäers. Berlin 1981, S. 457 f.

Noch funktionierte die alte Zeit, die Vorkriegszeit, in der die Militärs und Politiker den künftigen Krieg geplant und vorbereitet hatten. Die einen mit Routine und im Wissen um die großen Siege des Ersten Weltkriegs und des Polnisch-Sowjetischen Kriegs von 1920; die anderen, die Deutschen, mit dem Willen und der Kraft, einen modernen Krieg mit schnellen Panzer- und motorisierten Verbänden, mit enger Luftunterstützung und damals modernen Waffen zu führen. Entsprechend entfalteten sich die Streitkräfte, selbst die dann nicht wirklich eingreifenden französischen und britischen Truppen bezogen ihre Stellungen, in der Masse in der angeblich uneinnehmbaren Maginot-Linie. Aber der Hauptkriegsschauplatz lag im September im Osten. Auch wenn die deutsche Führung das Schicksal ein wenig herausforderte, in diesem Moment konnte sie nach dem Scheitern der Allianz des Westens mit der Sowjetunion und den unverkennbar immer noch dominierenden Appeasement-Träumen in London und Paris sicher sein, dass der »Fall Weiß« funktionieren würde.

Entsprechend der Planungen blieben nur geringe Deckungskräfte im Westen in Bereitschaft, während die Masse der Wehrmacht mit 63 Divisionen, darunter 7 Panzerdivisionen und 5 motorisierten Infanteriedivisionen mit 2.800 Panzern und 1.930 Flugzeugen zum Sturm auf die polnischen Stellungen antrat. An ihrer Seite drei Divisionen des slowakischen Marionettenstaates. Die polnische Armee konnte 39 Infanteriedivisionen und 24 Brigaden mit 500 Panzern und 1.100 Flugzeugen aufbieten. 1,5 Millionen deutsche Soldaten und ein kleines Kontingent slowakischer Kämpfer standen 1 Million mobilisierter Polen gegenüber. Aber nicht dieses zahlenmäßige Verhältnis entschied, obwohl die Polen durch ihre ungünstige Aufstellung quasi als Schleier entlang der langen Grenze zu Deutschland sowieso schon schlechtere Karten hatten. Entscheidend war, dass der Motorisierungsgrad, die Ausstattung mit Panzern und Artillerie, generell die Qualität der polnischen Waffen trotz des Kampfesmutes der polnischen Soldaten dem Aggressor unterlegen waren. Vor allem erwies sich die Kriegsplanung, zumal nach dem Verlust der Deckung der Südflanke durch die ČSR, als völlig unzureichend. Nur eine schnelle Entlastungsoffensive im Westen durch Franzosen und Briten hätte für Polen das Blatt wenden können.[277]

Ein mobilisierter Wehrmachtssoldat pflegte wie viele seiner Kameraden einen regen Briefverkehr mit der Heimat und seiner Familie. Am 12. September: »Der Krieg ist für uns bis jetzt eine Kraft-durch-Freude-Fahrt; Essen und Alkohol sind reichlich vorhanden.« Fünf Tage später erstmals ein problematisierender Bericht. »Weiterfahrt an einer soeben in Flammen aufgehenden Windmühle vorbei. Meiner Erinnerung nach ist sie von einem unserer Leutnants angezündet worden, der eben einmal sehen wollte, wie eine Windmühle brennt; es ist wirklich ein hübsches Bild.« Trotzdem auch nach drei Wochen Krieg im Brief an seine Frau: »Um mich brauchst Du Dir keinerlei Sorgen zu machen. Die Gefahren des Feldzugs waren bis jetzt auch nicht größer als die, denen man bei der Überschreitung der Sögestraße ausgesetzt ist.«[278]

Das traf nicht auf alle deutschen Soldaten zu. Während des Polenfeldzuges, wie er genannt wurde, fielen oder wurden vermisst immerhin 20.000 von ihnen, 30.000 wurden verwundet, über 66.000 polnische Soldaten verloren ihr Leben, 130.000 wurden verwundet, 700.000 kamen in Gefangenschaft. Tausende Zivilisten, darunter auch Angehörige der deutschen Minderheit in Polen, verloren ihr Leben.

---

277 Ausführlicher zu den militärischen Fakten siehe u. a. Gerhard Förster / Heinz Helmert / Helmut Schnitter: Der zweite Weltkrieg. Militärhistorischer Abriß. Berlin 1972, S. 43-75; Gerhart Hass (Leitung): Deutschland im zweiten Weltkrieg. Bd. 1. A. a. O., S. 163-190; Roger Moorhouse: First to Fight. The Polish War 1939. London 2019; Pawel Piotr Wieczorkiewicz: Ostatnie lata Polski Niepodleglej. Kampania 1939 roku. Warszawa 2014.

278 Alle Briefzitate aus: Eberhard Schade / Winfried Sträter: »Gott gnade Deutschland!« [Kriegstagebuch 1939-1945]. Heinrich Klüglein hatte als Wehrmachtssoldat den Zweiten Weltkrieg von Anfang an miterlebt und seine Eindrücke in Tagebuchnotizen und Briefen an seine Frau Grete festgehalten. Dokumente, die Kriegsgeschichte aus erster Hand vermitteln. In: Deutschlandfunk Kultur – Zeitfragen. Berlin, 24.11.2021, deutschlandfunkkultur.de.

Der Krieg lief aus deutscher Sicht wie im Bilderbuch ab. Die deutschen Divisionen drangen mit Luftunterstützung tief in polnisches Territorium ein, umfassten die polnischen Verbände und erreichten am 16. September das Vorfeld von Warschau, das sie einschlossen. Die Stadt wurde noch bis zum 28. des Monats hartnäckig verteidigt.

Polen hatte sich auf die tatkräftige und unverzichtbare Hilfe Frankreichs und Großbritanniens verlassen. Die hatten zwar am 3. September Nazideutschland den Krieg erklärt – taten aber wenig. Es gab seit Mai eindeutige Absprachen, die sogenannte Kasprzycki-Gamelin-Konvention. Vermutlich dachte die polnische Führung, dass die wirklich für beide Seiten verbindlich sei, und sie schrieb auf der Basis der Gegenseitigkeit für die französische Armee u. a. fest: »Im Falle eines deutschen Angriffs auf Polen oder im Falle einer Bedrohung seiner Lebensinteressen in Danzig, die eine bewaffnete Aktion von Seiten Polens hervorrufen würden, wird die französische Armee automatisch eine Aktion ihrer verschiedenen Streitkräfte [...] beginnen«. Das betraf den Einsatz der französischen Luftwaffe und schon ab dem dritten Tag erste »Offensivaktionen mit begrenzten Zielen«. Aber dann sollte ernst gemacht werden: »Sobald sich die Hauptanstrengung Deutschlands gegen Polen richten sollte, würde Frankreich (vom fünfzehnten Tage an) mit dem Gros (frz. ›les gros‹) seiner Truppen eine Offensivaktion gegen Deutschland beginnen.«[279]

Die französischen Truppen starteten mit begrenzten Verbänden am 9. September tatsächlich eine Saar-Offensive. Die Truppen drangen acht Kilometer auf deutsches Gebiet vor, aber es gab nur einige Geplänkel entsprechend den deutschen Befehlen, Kämpfen auszuweichen. Die Offensive wurde abgebrochen.

279 Dok. 2803.b: b) Protokoll über die in Paris geführten Gespräche zwischen dem polnischen Kriegsminister, General [Tadeusz] Kasprzycki, und dem Chef des Generalstabes der französischen Nationalen Verteidigung, General [Maurice] Gamelin. Paris, 19. Mai 1939. In: Das Dritte Reich. Auf dem Weg zum Zweiten Weltkrieg. A. a. O., S. 278.

Polen hatte keine Chance. Nach der Niederlage in den Schlachten Mitte September erhielten die noch verbliebenen Streitkräfte den Befehl sich in Richtung rumänischer Grenze zurückzuziehen, in der vagen Hoffnung in diesem etwas raueren Gelände noch Widerstand leisten zu können und über das eigentlich verbündete Rumänien Unterstützung aus dem Westen zu bekommen. Mit der Einkreisung der Hauptstadt und der Verlegung der polnischen Regierungsstellen in Richtung Rumänien entstand jene Situation, die nun von der Sowjetunion ausgenutzt wurde. Dort hatte man sich zum Leidwesen des Deutschen Reiches lange zurückgehalten, die Optionen der geheimen Absprachen mit Deutschland über Interessensphären und neue Grenzziehungen in Osteuropa umzusetzen. Nun sah sich Moskau in dreifacher Hinsicht bestätigt: Eine wirkliche gemeinsame Kriegsführung Polens mit den Westmächten fand nicht statt. Polnische Streitkräfte und Regierung waren aus Moskauer Sicht in Auflösung begriffen. Und mit dem Friedensschluss mit Japan nach dem Chalchin-Gol-Abenteuer schien das Risiko im Fernen Osten gebannt.

Auf den ersten Blick schien – bei allen ideologischen und politischen Konflikten – das Verhältnis Polens und der Sowjetunion völkerrechtlich abgesichert. Dazu gehörte der Friedensvertrag von Riga 1921 mit seinen territorialen Veränderungen zu Lasten Sowjetrusslands, aber auch der sowjetisch-polnische Nichtangriffsvertrag von 1932, eigentlich Bestandteil eines Systems der kollektiven Sicherheit, das damals Moskau anstrebte.[280] Dieser Vertrag, auf drei Jahre geschlossen, war alsbald unter Zustimmung beider Seiten bis 1945 (!) verlängert worden. Allerdings hatte Moskau nach dem Einmarsch polnischer Truppen in die ČSR 1938 erklärt, dass der Vertrag seinen Sinn verloren habe. Gekündigt wurde er damals jedoch nicht. Unter Bruch der Verträge – da ja aus Moskauer Sicht der polnische Staat aufgehört habe zu existieren, wie dem konsternierten

280 Siehe Oleg Ken: Moskva i pakt o nenapadenii s Pol'shej (1930-1932 gg.). Sankt Petersburg 2003.

polnischen Botschafter am fraglichen Tage des sowjetischen Einmarsches eröffnet wurde – rückten am 17. September sowjetische Truppen in Ostpolen ein. Das waren für die Sowjetunion allerdings Westbelorussland und die Westukraine. Die hatten im Rigaer Frieden 1921 das siegreiche Polen dem noch schwachen Sowjetrussland abgetrotzt. Nun sah sich Moskau in der Lage, diese Gebiete und ihre Einwohner – durchaus mit einem antifaschistischen Unterton – unter ihren Schutz zu stellen und eine revolutionäre sozialistische Umgestaltung in Stalin'scher Manier vorzunehmen. Heute wird es gerne bestritten, aber dieses Einrücken der Roten Armee konnte durchaus auf Sympathien rechnen, zumal bei der autochthonen, ansässigen Bevölkerung. Inwieweit es sich um einen »ostslawischen Aufstand«[281] handelt, mag umstritten sein, aber tatsächlich gelang es zügig, wenn auch mit den repressiven Maßnahmen der stalinistischen Machtausübung verbunden, eine Sowjetordnung mit breiterer Unterstützung in der Bevölkerung durchzusetzen.

Polens Eliten, Adel und Bourgeoisie, hatten sich klassenmäßig »richtig« gegen ein Zusammenwirken mit Moskau entschieden. Ihre wankelmütige Politik zwischen Deutschland und den Westmächten hatte das Land aber in die Isolation gebracht. Zu ihrer Ehrenrettung muss aber auch gesagt werden, dass Polen nicht kapituliert hat, dass polnische Politiker und Militärs und der überwiegende Teil der Bevölkerung nicht mit den faschistischen Besatzern kollaborierten und Polen frühzeitig Widerstand gegen die Besatzer organisierte.

Die späte und – wie sich herausstellte – halbherzige Garantie von London und Paris aus dem März 1939 half im September 1939 nicht. Die »Verbündeten« erklärten zwar wie vereinbart Berlin den Krieg, aber faktisch begann das, was später als »komischer Krieg« (drôle de guerre), »Scheinkrieg« (phoney war) oder »seltsamer Krieg« (strannaja wojna) in die Geschichtsbücher Eingang fand. Die

281 Siehe z.B. Holger Michael: Die Sowjetarmee wurde als Befreier begrüßt. Aufstand der Ostslawen 1939. In: unsere zeit (UZ). Essen, 20.9.2019, unsere-zeit.de; ders.: Der Aufstand und die jüdische Bevölkerung. Aufstand der Ostslawen 1939, Teil II. In: ebd., 27.9.2019.

deutsche Bezeichnung »Sitzkrieg« ergibt zwar einen militärischen Sinn, weil die Wehrmacht in aller Ruhe ihre Offensive im Westen vorbereiten konnte. Sie verdeckt aber bewusst die politische Weigerung von London und Paris, ernsthaft Krieg gegen den Aggressor zu führen. Sie wollten immer noch Appeasement, Beschwichtigung und eine Wendung Hitlers gegen die Sowjetunion.

Im Westen kam es zu keinen ernsthaften Kampfhandlungen, die versprochene Entlastungsoffensive für Polen Mitte September fiel aus. Die polnischen Truppen wurden trotz hartnäckigen Widerstands geschlagen. Und die Sowjetunion nahm zur Kenntnis, dass Polen geschlagen, seine Führung drauf und dran war, das Land zu verlassen, und dass seine Verbündeten es im Stich ließen. Sowjetische Panzer nahmen Ostpolen und stellten so, wie Moskau es verstand, insbesondere Westbelorussland und die Westukraine unter ihren Schutz. Hunderttausende polnische Soldaten und Offiziere gerieten in sowjetische Gefangenschaft. Ihr Schicksal war unterschiedlich. Tausende Offiziere und Beamte wurden 1940 als »Klassenfeinde« erschossen. Katyn ist das Symbol dieser Verbrechen, die in der Sowjetunion im Widerspruch zu bekannten Informationen unglückseligerweise auch lange nach Stalins Tod bis hin zu Gorbatschows Zeiten verschwiegen und geleugnet wurden, ebenso wie die geheimen Absprachen mit Nazideutschland.

Zu den schwierigen Wahrheiten gehört auch, dass es in Frankreich und Großbritannien einflussreiche Kräfte gab, die auf eine Verständigung mit Nazideutschland auch noch im begonnenen Krieg rechneten, sich wider besseren Wissen nicht auf den nächsten – nun sie betreffenden – Waffengang vorbereiteten. Dafür aber suchten sie nach militärischen Optionen, um gegen den vermeintlich neuen Verbündeten Deutschlands militärisch vorzugehen.[282] Anlass war der Sowjetisch-Finnische Krieg vom November 1939 bis März 1940. Ein Krieg, dem der Versuch Moskaus vorherging,

282 Siehe z. B. Günter Kahle: Das Kaukasusprojekt der Alliierten vom Jahre 1940. Wiesbaden 1973.

Finnland zu territorialen Zugeständnissen bei angemessenem Ausgleich zu drängen. So wollte Moskau die am 17. September begonnene extensive Sicherung der sowjetischen Westgrenze mit einer Abrundung festigen. Finnland verweigerte sich, stand aber nach den sowjetisch-deutschen Geheimabsprachen zur Disposition, und Moskau suchte nun seine Ziele gewaltsam durchzusetzen. Es tat das auch mit der Option, den 1919 von den Bolschewiki in einem blutigen Bürgerkrieg verlorenen Kampf wieder aufzunehmen und eine prosowjetische Gegenregierung zu etablieren. Das misslang, vor allem aber erwiesen sich die Finnen als zäh und lange Zeit erfolgreiche Gegner, die zwar letztlich unterlagen, aber die Rote Armee als schlecht geführt und ausgebildet vorführten. Vor diesem Hintergrund begannen Planungen des französischen und britischen Generalstabes, gegen die Sowjetunion sowohl an der Seite Finnlands (realistischer Weise allerdings weniger aktiv an der Front als mit der Option, die Eisengruben in Nordnorwegen und Nordschweden sichern zu wollen) wie gegen die Erdölfelder in Baku und Grosny vorzugehen. Der weitere Kriegsverlauf und schließlich der Zusammenbruch Frankreichs im Mai/Juni 1940 machten derartige Bemühungen obsolet. Makabererweise konnte die Wehrmacht entsprechende Dokumente[283] erbeuten, sie der sowjetischen Seite zuspielen und veröffentlichen. Die alliierten Planungen zur Zerstörung der sowjetischen Ölfelder zielten, wie es in einem Papier der französischen Militärführung hieß, darauf, Russland »einen Rohstoff zu nehmen, der für seine Wirtschaft unentbehrlich ist, und auf diese Weise die Macht Sowjetrusslands zu erschüttern. Zu gleicher Zeit würde man Deutschland treffen, indem die Versorgung an russischem Treibstoff abgeschnitten würde.«[284]

283 Siehe Auswärtiges Amt: Die Geheimakten des französischen Generalstabes. Sechstes Weißbuch der deutschen Regierung. Berlin 1941 [Nachdruck Viöl 1995].

284 Dok. 22: Aufzeichnung des Oberbefehlshabers des französischen Heeres General [Maurice] Gamelin [an den französischen Ministerpräsidenten]. 22. Februar 1940. In: Ebd., S. 48.

Kalkulationen und Fehlkalkulationen

Militärisch war die Entscheidung Moskaus eigentlich sinnvoll. Der Kriegsbeginn gegen Deutschland – von Stalin zwingend erwartet (aber erst zwei Jahre später eingetreten) – wurde hinausgeschoben, die sowjetische Aufrüstung konnte fortschreiten. Nach den Säuberungen und Schauprozessen, die auch und gerade die Rote Armee trafen, musste Wiederaufbauarbeit geleistet werden. Es waren tausende Offiziere verhaftet, eingesperrt, oft erschossen worden. Drei von fünf Marschällen wurden hingerichtet, 13 von 15 Armeebefehlshabern, alle leitenden Politkommissare der Armeen und fast alle der Armeekorps, fast alle Angehörigen des Obersten Militärrates, alle aufeinander folgenden stellvertretenden Volkskommissare für Verteidigung. Das bedeutete, dass junge Offiziere auf Bataillons-, Regiments- oder Divisionsebene die jeweils nächsten ein bis zwei Karrierestufen überspringen mussten. Vor allem hatten sie in diesen neuen Dienststellungen das Alltagsgeschäft erlernen, und mühselig mussten sich jene herauskristallisieren, die strategisch und operativ führen konnten. Die Bilanz der aktiven Handlungen der Roten Armee zwischen 1939 und 1941 war zwiespältig. Die Kämpfe mit den Japanern konnten mit Bravour gemeistert werden und bewiesen, dass fähige sowjetische Kommandeure zeitgemäße Kriegskunst beherrschten. Die militärische Besetzung der »neu gewonnenen« Westgebiete in Polen – bei vergleichsweise geringem Widerstand der desorientierten Polen – lief leidlich ab. Das betraf ebenso die Entsendung von Truppen in die drei baltischen Republiken im Jahre 1940 und die Begleitung des durch die sowjetischen Organe vorangetriebenen sozialen Umbruchs hin zum Eintrittsbegehren der drei Republiken in die Sowjetunion und die Durchsetzung realsozialistischer, stalinistisch geprägter Machtverhältnisse. Blamabel war dagegen der unverhältnismäßig lange Winterkrieg gegen Finnland, der zwar siegreich endete, aber um einen hohen Preis und eine angeschlagene Reputation. Das hatte sicher nicht nur der deutsche Gesandte in Helsinki bemerkt. Er meldete nach Berlin, »Finnland

[hat] seit sechs Wochen das Versuchskaninchen abgegeben, an dem der Wert der Roten Armee und die Werbekraft des Bolschewismus durch Experiment festgestellt wurde. Das Ergebnis ist eindeutig. Die Rote Armee hat trotz ungeheurer Überlegenheit an Menschen und Material eine Niederlage nach der anderen erlitten [...]. Die Regierung Kuusinen[285] hat nirgends in Finnland Anhang gefunden. Sogar die Arbeiterschaft steht ihr völlig ablehnend gegenüber.«[286]

Diese negative Einschätzung der Kampfkraft der Roten Armee erwies sich 1941 als trügerisch. Bei aller Agentenfurcht und allem Misstrauen Stalins und der sowjetischen Sicherheitsorgane hatten sie ihre Lektion gelernt und zielstrebig nicht nur an der modernen Bewaffnung der Roten Armee, sondern auch an der Befähigung ihres Kommandeurskorps gearbeitet. Auch wenn die ersten Kriegsmonate nach dem deutschen Angriff auf die Sowjetunion im Juni 1941 immer noch desaströs verliefen: Die Armee und das Land erwiesen sich als standhaft, widerstandsfähig und opferbereit. Es gelang, die Rüstungsindustrie trotz umfangreicher Evakuierungen zu quantitativen und qualitativen Höchstleistungen zu bringen. Vor allem aber gelang eine umfassende Mobilisierung von Armee und Heimatfront und konnte der Aufstieg teilweise aus dem Gulag reaktivierter, aber vor allem neuer Kader zu fähigen Offizieren und Generälen erreicht werden.

Die nun vorgeschobenen unfertigen Grenzbefestigungen sollten sich wie die an der alten Grenze als wenig effektiv erweisen, was angesichts der deutschen Kriegserfahrungen im Westen nicht verwundern sollte. Die Stalin-Linie an der alten Staatsgrenze und die

285 Otto Wille (Wilhelmowitsch) Kuusinen, finnischer Revolutionär, langjähriger Sekretär des EKKI, wurde im Dezember 1939 Ministerpräsident und Außenminister der Finnischen Volksregierung der Finnischen Demokratischen Republik, die als Gegenregierung im mittlerweile sowjetisch besetzten Teil Finnlands die Revolution anfachen sollte. Mit dem Friedensschluss im März hatte sich diese Regierung erledigt.

286 Dok. 526: Gesandter [Wipert] von Blücher an Staatssekretär [Ernst Freiherr] von Weizsäcker [im Auswärtigen Amt]. Kilo, 11. Januar 1940. In: ADAP D.8, S. 510f.

neue Molotow-Linie[287] entsprachen in ihren Intentionen der Kriegsführung aus dem Ersten Weltkrieg und dem folgenden Jahrzehnt. Einmal abgesehen davon, dass eine solche Festungslinie nicht in kurzer Zeit zu errichten und es schwierig ist, zwei Linien gleichzeitig zu unterhalten und auszurüsten, war die Entwicklung der Kriegsführung über sie hinweggegangen, so wertvoll im Ernstfall auch eine punktuell stabile Verteidigung sein konnte. Was vielleicht auf Grund der geografischen Lage mit einer Beneš-Line in der nunmehr zerschlagenen ČSR gegangen wäre war angesichts der rasanten Entwicklung der Panzertruppen und der Luftstreitkräfte sowie der Fähigkeit zu strategischen Umgehungsmanövern nicht mehr zeitgemäß. Das hatten der zugegebenermaßen mühselige Sturm auf die finnische Mannerheim-Linie im Winterkrieg, vor allem aber das Schicksal der französischen Maginot-Linie und der belgischen Befestigungen im Frühsommer 1940 bestätigt.

Mit der Besetzung Ostpolens und dem Eingliedern der drei neuen baltischen Sowjetrepubliken wurden Handlungsraum und im Kriegsfall Zeit gewonnen. Die gut 400 Kilometer mehr bis nach Leningrad und Moskau waren überlebensnotwendig. Allein das Misstrauen Stalins gegen seine Geheimdienstinformationen und der Glaube, nur er wisse, wann Hitler kommen werde, begünstigten das Verhängnis von 1941.

Die Zeit zwischen September 1939 und Juni 1941 ist geprägt von Fehlkalkulationen, bei denen der kühle Rechner Hitler und seine Generäle nur bedingt besser abschnitten. Die Erwartung, dass sich Großbritannien aus dem Krieg mehr oder weniger elegant heraushalten würde – und mit ihm auch die USA –, erfüllte sich nicht. Zwar streckte Hitler auch mit der zugelassenen Evakuierung des britischen Expeditionskorps aus Dünkirchen bis zum 3. Juni 1940 nochmals eine Versöhnungshand in Richtung London aus. Hier aber war nach dem friedensgläubigen Chamberlain ein Falke an die

287 Siehe Neil Short: The Stalin and Molotov Lines. Soviet Western Defences 1928-41. Oxford 2008.

Spitze der Regierung getreten: Winston Churchill. Und der wollte die faschistische Tyrannei in Europa und Nordafrika auslöschen und fand massive, wenn auch noch eher verdeckte Hilfe in Franklin D. Roosevelts USA, in denen sich die »Isolationisten« langsam auf dem Rückzug befanden. Spätestens mit der für Görings Luftwaffe verloren gegangenen »Luftschlacht um England« seit Juli 1940 mit ihren massiven Terrorangriffen auf die britische Zivilbevölkerung war ein sinnvoller Verhandlungsfrieden für unbestimmte Dauer genauso vom Tisch wie eine deutsche Invasion in England im Zuge der »Operation Seelöwe«. Hitler und seine Generäle wollten den Zweifrontenkrieg vermeiden, riskierten ihn im September 1939 aber, weil im Osten mit Polen ein überschaubarer Gegner existierte und die Signale aus dem Westen nicht ernsthaft Krieg erwarten ließen. Zudem verhielt sich die Sowjetunion zu diesem Zeitpunkt wohlwollend-neutral. 1941, mit dem Überfall auf die Sowjetunion, glaubte Hitler auf einen »Koloss auf tönernen Füßen« zu treffen, was die Risiken im Westen, in Gestalt der Briten auf ihrer Insel und in Nordafrika, als noch beherrschbar erscheinen ließ. Ein Irrtum bezüglich aller Kriegsgegner und Kriegsschauplätze.

Doch auch Stalin hatte sich verkalkuliert, hinsichtlich des Zeitpunktes eines für ihn unvermeidlichen Krieges gegen Deutschland, hinsichtlich der Stärke und Kampferfahrungen der Wehrmacht und der eigenen militärischen Möglichkeiten. Es gab Zeitgewinn und interessante Wirtschaftsbeziehungen mit Deutschland. Aber der Nichtangriffsvertrag mit den Nazis hatte, auch ohne Bekanntwerden seiner geheimen Ergänzungen, das Land isoliert und den natürlichen Verbündeten, die kommunistische Bewegung, paralysiert. Lange glaubte Moskau im August 1939, dass ein Krieg durch ein neues München hinausgeschoben würde. Aber der Angriff auf Polen fand statt, Briten und Franzosen erfüllten formal ihre Beistandsverpflichtung, auch wenn das den polnischen Staat nicht vor dem Untergang rettete. Doch ein Ausgleich Hitlers mit dem Westen schien immer noch in der Luft zu liegen. Entscheidend sollte allerdings eine andere Entwicklung sowohl für das Auftrumpfen der

Deutschen als auch für die strategischen Ansichten der Sowjetunion werden: Der rasante Vormarsch der Wehrmacht im Frankreichfeldzug im Mai/Juni 1940, der mit der völligen Niederlage Frankreichs, der unwürdigen Flucht der Briten vom Schlachtfeld, schließlich mit der Unterwerfung der eigentlich neutralen Staaten in Mittel- und Nordeuropa endete. Dass die Franzosen so wenig kampfstark waren und dass ihre damals als uneinnehmbar geltende Maginot-Linie tatsächlich nur ein Haufen Beton und Stahl war, hatten die wenigsten erwartet. Hinzu kam, dass es in der französischen Bourgeoisie viele deutschfreundliche Sympathien für den Faschismus gab, Offensichtlich hatten in Moskau zu wenige etwas von moderner Kriegsführung zur Kenntnis genommen und verstanden. Und jene, wie Marschall Michail Nikolajewitsch Tuchatschewski oder KomandArm I, d.h. Armeegeneral Iona Emmanuilowitsch Jakir, die es wussten und der Roten Armee lehrten, waren 1937 erschossen worden.

Die rasche Kehrtwende der sowjetischen Außenpolitik mit dem Vertrag vom 23. August 1939 hatte noch andere Folgen, sowohl in der disziplinierten kommunistischen Bewegung wie auch für viele andere Hitlergegner. Es bedurfte nicht nur der faschistischen Indoktrination, der täglichen Berieselung mit massiver antipolnischer und antibritischer Propaganda und der allgegenwärtigen Gefahr durch die Gestapo oder »wachsame Volksgenossen«, um Widerstand zu begrenzen. Der Widerstand wurde auch geschwächt durch die Erfolge der Wehrmacht und die unübersichtliche weltpolitische Situation nach dem Nichtangriffsvertrag. Entsprechend wenige Widerstandsaktionen – von Flugblättern, mündlicher Gegenpropaganda oder vereinzelten Auftritten etwa eines Pfarrers, der erklärte »dass der Geist des Teufels in Gestalt der Führer dieser Erde vorhanden sei« – wurden vom Reichssicherheitshauptamt registriert.[288] Es gab im Deutschen Reich Widerstandshandlungen, zahlenmäßig

288 [Sicherheitsdienst der SS:] Bericht zur innenpolitischen Lage (Nr. 1) 9. Oktober 1939. In: Heinz Boberach (Hg.): Meldungen aus dem Reich 1938-1945. A.a.O., S. 331 f.

überschaubar, mit hohem Risiko, aber angesichts der Erfolge der Wehrmacht und der vertrackten weltpolitischen Situation für den einzelnen Antifaschisten, egal, ob organisiert oder als Einzelkämpfer, wenig Orientierung bietend. Der Vorstand der Exil-SPD sprach von »einem verbrecherischen Angriff Hitlers«. »Hitler und der neue deutsche Militarismus sind eins. Die Niederlage und die endgültige Überwindung dieses Militarismus sind die Voraussetzungen für den Frieden und die Neuorganisation Europas.« Und die klare Ansage: »Stürzt Hitler!«[289] Für die Kommunisten war es schwieriger. Sie sollten zwar über den imperialistischen Charakter des Krieges aufklären, hatten aber auch die neue politische Konstellation zu berücksichtigen. Die Beschlüsse und Aufrufe der Parteiführung der KPD waren da kaum hilfreich, weil sie erneut die Feindbilder von Sozialdemokratie und Trotzkisten beschworen, aber gleichzeitig die Einheit im Friedenskampf einforderten. Eine Erklärung des Sekretariats des ZK der KPD in Paris vom 3. September verlangte, dass »für die Sozialdemokraten und die Kommunisten in Deutschland [...] aus dieser Lage die Notwendigkeit [erwächst], gestützt auf die Erfahrungen des Kampfes zur Verhinderung des Krieges und die erfolgreiche Zusammenarbeit der Nazigegner, die Einheit zu festigen, zu erweitern und unter den schwierigen Bedingungen des Krieges alle Vorbereitungen zur Durchführung der Volksrevolution zu treffen.« Für dieses revolutionäre Ziel, für das nach sechs Jahren Hitlerdiktatur kein Rückhalt im Volk auszumachen sein dürfte, brauche man weder Hoffnungen »auf die Bajonette Chamberlains und Daladiers noch auf einen ›liberalen Flügel‹ der deutschen Bourgeoisie [setzen], sondern ausschließlich auf die geeinte Kraft unseres Volkes, die Solidarität und den Kampf der internationalen Arbeiterklasse und die Hilfe der großen und starken Sowjetunion [...] Deshalb haben die Kommunisten seit Jahren alle Kräfte auf die Entfaltung des Massenkampfes gegen Hitlers Kriegspolitik konzentriert und

289 Dok. 2850.a: Aufruf des Vorstandes der Sozialdemokratischen Partei Deutschlands an das deutsche Volk. Paris, 1. September 1939. In: Das Dritte Reich. Auf dem Weg zum Zweiten Weltkrieg. A. a. O., S. 643.

eine starke Bewegung des deutschen Volkes für den Frieden ausgelöst.«[290]

Es blieb oft dem Mut und der Verzweiflung des Einzelnen überlassen, gegen die Macht und gegen den nationalistischen Taumel anzukämpfen. Den spektakulärsten Versuch unternahm der Kunstschreiner Georg Elser,[291] ein Einzelkämpfer mit Erfahrungen in der Arbeiterbewegung, der am für die Nazis heiligen 8. November 1939, dem Jahrestag des Putsches von 1923, ein Attentat auf den Führer unternahm. Im Münchner Bürgerbräukeller hielt Hitler wie meist eine Rede, die Elser durch eine Bombenexplosion abrupt und für die Weltgeschichte einschneidend tödlich beenden wollte. Der Zeitzünder löste die Sprengladung pünktlich aus, aber der Saal hatte sich weitgehend gelehrt. Hitler hatte durch eine Reiseplanänderung den Versammlungssaal leider 13 Minuten zu früh verlassen. Es gab mehrere Tote, Hitler entkam und konnte weitere knapp sechs Jahre sein verbrecherisches Werk fortsetzen.

In den deutschen Kriegsplanungen spielte, wie wiederholt beschrieben, der Zugewinn von »Lebensraum« – besser von Industrie, Rohstoffen, landwirtschaftlichen Produkten und Arbeitskräften, meist eher Arbeitssklaven – eine zentrale Rolle. Unmittelbar nach der Zerschlagung der polnischen Armee begann die Aufteilung Polens. Hier war keine Marionettenregierung vorgesehen wie im Protektorat Böhmen und Mähren, keine Satellitenregierung wie in der Slowakei. Hier ging es teils um den Anschluss an das Deutsche Reich für die 1919 abgetrennten Gebiete und teils um die Schaffung eines Kolonial-, Ausbeutungs- und Experimentier-, aber auch Mordgebietes. Das Generalgouvernement umfasste all jene Territorien jenseits der »neuen« Reichsgrenzen bis zur Demarkationslinie bzw. neuen Grenze zur Sowjetunion. In Polen begann der für den

290 Dok. 2: Aus der Erklärung des Sekretariats des ZK der KPD in Paris vom 3. September 1939 zur Entfesselung des Krieges durch Hitlerdeutschland. In: Wolfgang Ruge/Wolfgang Schumann (Hg.): Dokumente zur deutschen Geschichte. 1939-1942. A. a. O., S. 22.

291 Siehe u. a. Ulrich Renz: Georg Elser. Allein gegen Hitler. Stuttgart 2014.

Krieg im Osten sinngebende Vernichtungskrieg gegen politische Feinde und gegen die »lebensunwerten Rassen«, also gegen Juden, Sinti und Roma – und was gerne ausgeblendet wird – gegen die Slawen, egal, ob mit polnischer, sowjetischer oder jugoslawischer Staatsangehörigkeit.[292]

Die Verfolgung der Juden, der polnischen Eliten, das Experimentieren mit der Besiedlung durch eine Million Deutsche aus dem Reich selbst oder von »Volksdeutschen« aus Osteuropa gehörten dazu. In Polen begann die praktische Umsetzung des beständig fortgeschriebenen und vor allem auf die russischen Weiten zielenden »Generalplan Ost«,[293] an dem sich eine ganze Generation faschistischer Raum- und Rassenspezialisten gemeinsam mit Akademikern abmühte.

Stets ging es dabei auch um Profit. Zwar waren die Kämpfe noch nicht beendet, da stand schon z. B. die I. G. Farben mit ihrer Sachkenntnis und ihrem Interesse bereit: »Bitten schon jetzt RWiM [Reichswirtschaftsministerium] […] zu unterrichten: Im Laufe der nächsten Tage werden […] vier polnische Farbstoffabriken in deutsche Hände fallen, nämlich die rein polnischen Fabriken Przemysl Chemiczny Boruta in Zgierz und die Chemiczna Fabryka Wola Krzystoporska in Wola Krzystoporska, ferner die der Schweizer IG gehörige Pabjanickie Towarzystwo Akcyjne Przemyslu Chemicznego in Pabjanice […], alle drei in der nächsten Umgebung von Łódź gelegen, sowie die etwa zwölf Kilometer nordöstlich von Warschau gelegene Zakłady Chemiczne w Winnicy Sp. Akc. in Winnica […]

292 Siehe Jochen Böhler: Auftakt zum Vernichtungskrieg. A. a. O.; Jacek Andrzej Mlynarczyk / Jochen Böhler (Hg.): Der Judenmord in den eingegliederten polnischen Gebieten 1939-1945. A. a. O.; Jochen Böhler / Stephan Lehnstaedt (Hg.): Gewalt und Alltag im besetzten Polen 1939-1945. A. a. O.; dies. (Hg.): Die Berichte der Einsatzgruppen aus Polen 1939. A. a. O.

293 Dazu ausführlicher z. B. Mechtild Rössler / Sabine Schleiermacher unter Mitarbeit von Cordula Tollmien (Hg.): Der »Generalplan Ost«. Hauptlinien der nationalsozialistischen Planungs- und Vernichtungspolitik. Berlin 1993; Bruno Wasser: Himmlers Raumplanung im Osten. Der Generalplan Ost in Polen 1940-1944. Basel 1993.

Auf den Fabriken befinden sich erhebliche und wertvolle Vorräte in Vor-, Zwischen- und Endprodukten, alle fast ausschließlich auf dem Gebiet der Teerfarbstoffe und der ihnen verwandten Hilfsprodukte. Ohne zu der Frage des Weiterbetriebes der Fabriken im gegenwärtigen Moment Stellung nehmen zu wollen, möchten wir es für unbedingt erforderlich halten, dass die Verwertung der vorgesagten Vorräte im Interesse der deutschen Volkswirtschaft durch Sachverständige erfolgt. Nur die IG ist in der Lage, diese Sachverständigen zu stellen.«[294]

Konnten die Kriegsverbrechen während des eigentlichen Feldzuges naiv noch einer kriegsbedingten Verwilderung zugeschrieben werden, so zeigte sich bald, dass es um den Kern einer systematischen menschenverachtenden -mörderischen Unterwerfungs- und Ausbeutungspolitik ging, die die Slawen zu Objekten der Ausbeutung und im Zweifelsfall der Ausrottung machte. Schon während der Kampfhandlungen wurden Gefangene ermordet, Juden ausgesondert, machten die Einsatzgruppen von SD und Sicherheitspolizei Jagd auf bereits vor Kriegsbeginn ausgesuchte »Feinde« und mordeten schon in den ersten Septemberwochen Zehntausende. Juden wurden in Ghettos gepfercht, und auf dem Territorium des Besatzungsgebietes entstanden Vernichtungslager, deren bekannteste wohl Auschwitz, Belzec, Majdanek, Sobibor oder Treblinka sind. Die Hälfte der vermutlich 6 Millionen ermordeten Juden waren polnische Staatsbürger.

Polen erlitt neben Jugoslawien und der Sowjetunion die schwersten Menschenverluste – nicht durch Kriegshandlungen, sondern durch blanken Mord. Umso höher ist der Widerstandswille der meisten Polen zu würdigen, die im Geiste ihrer Nationalhymne handelten: »Jeszcze Polska nie zginęła – Noch ist Polen nicht verloren«.

---

294 Dok. 102: Aus dem Fernschreiben von Georg von Schnitzler, Mitglied des Vorstands und des Zentralausschusses der IG Farbenindustrie AG, an Kurt Krüger, Direktor der IG Farbenindustrie AG, vom 7. September 1939 über die Aneignung chemischer Fabriken in Polen. In: Dietrich Eichholtz / Wolfgang Schumann (Hg.): Anatomie des Krieges. A. a. O., S. 102.

Verleugnete soziale Revolution und gestohlene Erinnerung

Andererseits: Im September 1939 begann in Ostpolen eine soziale Revolution, begannen sowjetische Funktionäre, aber auch einheimische Sympathisanten mit der sozialistischen Umgestaltung zugunsten der Arbeiter und der kleinen Bauern. Jüdische Menschen wurden in den von der Roten Armee besetzten Gebieten dem Zugriff der sich schon im Herbst 1939 aufbauenden faschistischen Mordmaschinerie noch entzogen. Wohl 200.000 jüdische Menschen flohen damals unter den Schutz der Roten Armee.

Diese soziale Revolution wird im heutigen Polen und Nachfolgestaaten der Sowjetunion verschwiegen und verdrängt. Die neuen Eliten wollen die kapitalistischen Traditionen, egal, ob demokratisch oder auch nicht, Hauptsache nationalistisch. Der polnische Historiker Andrzej Leder löste vor wenigen Jahren eine Kontroverse in seinem Land aus, als er auf die Lücken im heutigen Selbstverständnis verwies, auf jene Revolution, die zwischen 1939 und 1989, mit Schwerpunkt zwischen 1939 und 1956, stattfand. In diesen Jahren »vollzog sich in Polen eine gesellschaftliche Revolution. Sie war grausam, brutal, von außen aufgezwungen, aber es war eine Revolution. Sie führte zu einem tiefen Umbruch im polnischen Gesellschaftsgefüge und schuf die Voraussetzungen für die bis heute andauernde Expansion der Mittelschicht, also des Bürgertums. Sie bereitete so den Weg für den möglicherweise grundlegendsten mentalen Wandel, den die Polen seit Jahrhunderten erleben sollten: die Abkehr von einer durch Dorf und Gutshof bestimmten Mentalität und Hinwendung zu einer Mentalität, die durch die Stadt und städtische Lebensweisen determiniert war.«[295] Zu ergänzen wäre das Entstehen einer Arbeiterklasse ebenso wie die Tatsache, dass diese Umbruchprozesse mehr und mehr auch im Inneren von Menschen getragen wurden, die sich den sozialistischen Idealen verbunden fühlten.

295 Andrzej Leder: Polen im Wachtraum. Die Revolution 1939-1956 und ihre Folgen. Mit einer Einführung von Felix Ackermann. Osnabrück 2019, S. 41.

Im Resultat war dieser Prozess widersprüchlich: Die Sowjetunion des Jahres 1939 brachte nicht die Oktoberrevolution mit ihrer Massenbewegung, ihren Basisprozessen und Sowjets, sondern die stalinistische Deformation, die gerade in den »Großen Säuberungen« ihren schrecklichsten Ausdruck gefunden hatte. Aber was heute verschwiegen und vergessen wird: In Polen gab es damals, noch mehr im Widerstand gegen die faschistische Okkupation, erst recht beim Wiederaufbau Hunderttausende, ja Millionen, die sich für die Ideale der Arbeiterbewegung, der sozialistischen Revolution engagierten. Kommunisten und Sozialisten kämpften in der Armija Ludowa (AL), engagierten sich für das Lubliner Komitee (PKWN, im Juli 1944 eine Woche vor dem Warschauer Aufstand gegründet!), die von Moskau geförderte Gegenregierung, wurden Mitglieder der Polnischen Vereinigten Arbeiterpartei, schafften 1956 selbst eine antistalinistische Wende. Und doch war es eine Linke, die nie der Geschichte entrinnen konnte. Die polnischen Kommunisten verloren in den 1930er Jahren ihre kommunistische Partei auf Stalins Geheiß und viele von ihnen im sowjetischen Exil, das sie vor den polnischen Repressionen schützen sollte, ihr Leben. Der Sozialismusversuch in Polen verlief oft dramatisch, Fehler wurden zu Hauf gemacht, und die Abkehr von den einstigen Zielen setzte in den 1970er Jahren sukzessiv ein. Zurück zum Jahr 1939. Die deutsche Wehrmacht konnte sich erstmals ernsthaft in einem großen Krieg beweisen. Ihre moderne Technik – nebenbei bemerkt keineswegs so ideal, wie die Wochenschauen es glauben machen wollten –, die Führungskunst ihrer Generäle bewährte sich. Polens Niederlage war unvermeidlich, obschon seine Soldaten tapfer kämpften. Gleichzeitig brach damit das Zwischenkriegspolen mit seinen politischen und sozialen Widersprüchen, seiner Inkonsequenz und falschen Außenpolitik zusammen. Das ändert nichts an der Tatsache, dass die eigentlich marode und gescheiterte polnische Führung es verstand, sich im Exil zunächst neu zu formieren. Der Patriotismus der Polen sorgte für neue polnische Streitkräfte im Exil und vor allem für einen funktionierenden politischen, auch bildungspolitischen und schließlich militärischen Untergrund im besetzten Polen selbst. Die Armija Krajowa (AK) wurde zu einer ernstzunehmenden militärischen Kraft. Sie war oft von Antikommunismus und Antisemitismus durchsetzt, schaffte es aber auch – ähnlich wie die AL – den Deutschen nennenswerte Verluste beizubringen. Dass sie 1944, wie oben bereits angerissen, versuchte, das alte Polen gegen den Vormarsch der Roten Armee und die in deren Gefolge sich etablierende linke Regierung wieder zu errichten, führte zu dem Befehl für den Warschauer Aufstand, der, so wie er angelegt war, keine Erfolgsaussichten haben konnte. Vielmehr führte er zu Konflikten mit den sowjetischen Besatzungsstrukturen und der neuen polnischen Regierung, die letztlich im vom Westen unterstützten Bürger- oder besser Bandenkrieg in den ersten Nachkriegsjahren endeten. Das ist insofern alles traurig, weil auch in der AK viele aufrechte Patrioten kämpften, denen die politischen Querelen um Machtpositionen für die alten Eliten eigentlich egal waren. Die Linke, also auch die polnische Nachkriegsregierung, tat sich auch mit diesen Widersprüchen schwer.

Kein Epilog: »Totalitarismus« als Instrument im neuen Kalten Krieg

Geschichte ist Instrument des heutigen Machtkampfes. So wundert es nicht, wenn die US-Botschafterin Georgette Mosbacher in Warschau twittert: »Lieber Präsident Putin, Hitler und Stalin verabredeten, den Zweiten Weltkrieg zu beginnen. Das ist eine Tatsache.« Ihr russischer Kollege vor Ort retweetete ebenso knapp wie ironisch an die einstige Kosmetik-Managerin: »Liebe Botschafterin, denken Sie wirklich, dass Sie über Geschichte mehr wissen als über Diplomatie?«[296]

Seit gut einem Jahrzehnt steht der »Westen« wieder im Kalten Krieg gegen die Russländische Föderation und wieder spielt die Totalitarismustheorie eine wesentliche Rolle. Der untergegangene Sozialismus, der auf Stalinismus reduziert wird, gibt die historische Staffage und den Köcher mit berechtigten und noch mehr unberechtigten Argumenten ab. Den »Kommunismus« nochmals totzuschlagen, ist dabei fast nebensächlich. Entscheidend ist, das heutige Russland und seine Führung zu treffen, die als unverbesserliche Rechtfertiger der alten Geschichte denunziert und gleichzeitig in die Tradition stalinistischer Machtpolitik gerückt werden. Vielleicht ist es ja der russische Nationalcharakter, der so totalitär agieren lässt? Dieser neue Kalte Krieg wird, ähnlich wie der vergangene, auf mannigfachen Ebenen geführt. Unübersehbar ist die immer komplexere militärische Bedrohung. Russland wie China werden einem permanenten Stresstest unterworfen: Russland in Georgien, der Ukraine, im Baltikum, in Be-

296 Beide Tweets zitiert in: Der Standard: US-Diplomatin: Auch Stalin für Zweiten Weltkrieg verantwortlich. In: Der Standard. Wien, 31.12.2019, derstandard.de.

larus, im Kaukasus und darüber hinaus mit Novitschok-vergifteten Nadelstichen; China in Tibet, Hongkong, Xinjiang, im Südchinesischen Meer. Neue Waffen, Erdöl und Handelsbedingungen sind Währungen in diesem Konflikt.

Militärisches wie ziviles Handeln für ein neues Containment mit der Option eines Rollbacks mittels großen Kriegs oder mit einem für den Westen risikoärmeren Regime Change durch oft bewährte »bunte« oder »Farb«-Revolutionen bedürfen der ideologischen Rechtfertigung. Dass die Menschenrechtsfrage in ihrer Reduzierung auf bürgerliche Freiheiten zentral ist, erinnert an das Ende des alten Kalten Krieges. Die eher autoritären Strukturen in Moskau und Peking geben hier Ansatzpunkte. Jede innere Krise und jedes Versagen nationaler Politik begünstigt den Druck und die Einflussnahme von außen.

Zum Knotenpunkt dieser Auseinandersetzungen ist die Rolle der Sowjetunion vor, im und nach dem Zweiten Weltkrieg geworden.[297] Das Grundverständnis der westlichen Staaten und ihrer osteuropäischen Verbündeten ist zwingend: Mag Moskau so viel es will über den Sieg über den deutschen Faschismus reden, dieser Sieg brachte keine Befreiung, sondern hat Osteuropa das stalinistische Joch einer Fremdherrschaft übergestülpt. Gleichzeitig wird behauptet, dass es Stalin und Hitler waren, die 1939 die Welt, Europa oder zumindest Polen unter sich aufteilten. Ein sowjetischer respektive russischer Antifaschismus sei hier nicht auszumachen.

Spektakulärer Höhepunkt des antirussischen Kampfes ist eine Resolution des Europa-Parlamentes zur »Bedeutung der Erinnerung an die europäische Vergangenheit für die Zukunft Europas«.[298] Stutzig sollte machen, dass ähnliche Papiere mit ebenso proble-

---

297 Entsprechende Lesarten bot schon 1997 Zbigniew Brzezinski: Die einzige Weltmacht. Amerikas Strategie der Vorherrschaft. Frankfurt/M. 2001, 4. Aufl. (Originalausgabe engl. 1997), S. 151 f.

298 Siehe Bedeutung der Erinnerung an die europäische Vergangenheit für die Zukunft Europas. Entschließung des Europäischen Parlaments vom 19. September 2019 zur Bedeutung des europäischen Geschichtsbewusstseins für die Zukunft Europas (2019/2819 (RSP)). 19.9.2019, europarl.europa.eu.

matischer Stoßrichtung seit Jahren fester Bestandteil europäischer Geschichtspolitik sind.[299] Zugegebenermaßen hatten frühere Dokumente, wie die Entschließung des selbigen Parlaments vom 2. April 2012 »Europas Gewissen und der Totalitarismus«,[300] schon in ihrem Titel unverklausuliert deutlich gemacht, um was es ging. Diesmal muss mehr Text gelesen werden, um zu begreifen, wie zwei sich bis aufs Blut bekämpfende Systeme gleichgesetzt werden und nur eines auch heute den Kürzeren ziehen soll, der »Kommunismus«, im Zweifel das gar nicht so »kommunistische« Russland.

Das aktuelle Papier ist geschickter und perfider. Neben berechtigten Forderungen zur Verteidigung von Demokratie und Rechtsstaatlichkeit in Europa und dem notwendigen Erinnern an die Geschichte hat diese Resolution eine eindeutige und keineswegs vordergründig gegen geschichtsrevisionistische Positionen der Rechten gerichtete Grundaussage: Die Gleichsetzung von Hitlerdeutschland und stalinistischer Sowjetunion, von Faschismus und Kommunismus. Denn die Kernaussage ist unmissverständlich: »der Zweite Weltkrieg, der verheerendste Krieg in der Geschichte Europas« ist »unmittelbare Folge des auch als ›Hitler-Stalin-Pakt‹ bezeichneten berüchtigten Nichtangriffsvertrags zwischen dem nationalsozialistischen Deutschen Reich und der Sowjetunion vom 23. August 1939 und seiner geheimen Zusatzprotokolle […], in deren Rahmen die beiden gleichermaßen das Ziel der Welteroberung verfolgenden totalitären Regime Europa in zwei Einflussbereiche aufteilten«.[301]

Die Argumentationslinie ist ebenso zwingend wie arglistig. Die beiden totalitären Diktaturen werden gleichermaßen für den Beginn

299 Siehe Toms Rostoks: Debating 20th Century History in Europe: The European Parliament and the Parliamentary Assembly of the Council of Europe Compared. In: Nils Muižnieks (Ed.): The Geopolitics of History in Latvian-Russian Relations. Riga 2011, S. 191-218.

300 Siehe Europas Gewissen und der Totalitarismus. Entschließung des Europäischen Parlaments vom 2. April 2009 zum Gewissen Europas und zum Totalitarismus, europarl.europa.eu (PDF).

301 Bedeutung der Erinnerung an die europäische Vergangenheit. A. a. O.

des Weltkrieges und den Überfall auf Polen verantwortlich gemacht. Der kaum verborgene Subtext legt allerdings nahe, dass Hitler zwar schlimm war, aber allein die Bereitschaft der Sowjetunion, sich in diesem Krieg neutral zu verhalten und zu akzeptieren, dass durch einen möglichen Krieg – d.h. durch einen deutschen Angriff – die osteuropäische Staatenordnung neu zu sortieren sei und dies mit dem Einmarsch in die polnischen Ostgebiete am 17. September auch praktizierte, sie zum eigentlich Verantwortlichen für die deutsche Kriegsentscheidung und zum ersten Profiteur dieses Krieges wurde.

Im selben Atemzug wird die Korrektur der sowjetischen Position mit dem Überfall Deutschlands auf die Sowjetunion 1941 und dem opferreichen Kampf der Roten Armee (und ihrer nicht nur kommunistischen Verbündeten), ihr Siegeszug durch Osteuropa und Teile Asiens zum Beginn einer neuen, deutlich längeren und für die betroffenen Völker offenbar weit verhängnisvolleren Unterwerfung unter den sowjetischen Kommunismus und das sowjetische Großmachtinteresse uminterpretiert.

Dass in Osteuropa (und im Osten Deutschlands) wie im Nachkriegseuropa insgesamt eine antikapitalistische, prosozialistische Stimmung herrschte, dass auch in Osteuropa viele Menschen, gerade aus der Arbeiterklasse und der armen Bauernschaft, sich mit diesen sozialistischen Zielen identifizierten und an ihrer Verwirklichung arbeiteten, wird ausgeblendet und negiert. Warum sollte auch die heute herrschende kapitalistische Elite sich zur »gesellschaftlichen Revolution«,[302] zur sozialistischen Umwälzung in Osteuropa positiv bekennen. Warum sollte sie einen positiven Bezug zu Kommunisten, Sozialdemokraten, Demokraten herstellen, die zwar als politisch aktive Minderheit und mit Hilfe der sowjetischen Besatzungsmacht eine Ordnung frei von Ausbeutung, nationaler Unterdrückung, aggressivem Nationalismus, für eine sozial gerechtere, solidarische Gesellschaft versuchten?

302 So der in Polen ungeliebte Historiker Andrzej Leder: Polen im Wachtraum. A. a. O., S. 41.

Der Streit um diese Geschichtsinterpretation überschattete 2019/20 die Jubiläen zur Erinnerung des Überfalls des faschistischen Deutschlands auf Polen genauso wie den Jahrestag der Befreiung und des Sieges im Mai 2020. Verbal schenkten sich beide Seiten, die Polen der rechtskonservativen nationalistischen Partei PiS (Prawo i Sprawiedliwość, d.h. Recht und Gerechtigkeit) genauso wie Russland, nichts. Zum Jahreswechsel 2019/20 eskalierte die Auseinandersetzung, als Wladimir Wladimirowitsch Putin in einem inszenierten Wutanfall den polnischen Vorkriegsbotschafter in Berlin, Józef Lipski, als »antisemitisches Schwein« titulierte und auf die antidemokratischen, antirussisch/antisowjetischen und eben auch antisemitischen Gemeinsamkeiten zwischen Warschau und Berlin in den 1930er Jahren das Augenmerk richtete.[303]

Putins Wutausbruch war wohldosiert, sicherte in Polen und bei dessen heutigen Verbündeten Aufmerksamkeit, ohne allerdings zu erreichen, dass man sich in Warschau, Berlin oder Washington, gar in London und Paris mit den ausgesprochenen und verdeckten Inhalten dieser Botschaft auch nur auseinandersetzte.

Ja, diese Worte sind bei einer Ansprache Putins vor seinen Militärs gefallen, und ja und vor allem, der von ihm zitierte Bericht des damaligen polnischen Botschafters in Berlin an seinen Außenminister und dessen Hintergründe sind verbürgt. Der Botschafter Józef Lipski war ein würdiger Vertreter seines Staates. 1934 hatte er an der deutsch-polnischen Nichtangriffsvereinbarung mitgewirkt, er bewunderte wie viele seiner autoritär-konservativ-antikommunistisch fixierten Zeitgenossen den Führer. Und er hatte auch keine Probleme, die antisemitische Politik Hitlers gutzuheißen, die weit konsequenter war als in Polen. Allerdings

303 Ausführlich siehe Stefan Bollinger: Einige voranzustellende Nachbemerkungen. Der Kampf um die Deutung der Geschichte. In: »Helle Panke« e.V. – Rosa-Luxemburg-Stiftung Berlin (Hg.): Der deutsche Faschismus löst den Zweiten Weltkrieg aus. Mit Beiträgen von Stefan Bollinger, Daniela Fuchs, Felix Matheis, Martin Seckendorf, Reiner Zilkenat (=Pankower Vorträge H. 233). Berlin 2020, S. 5-19.

muss angemerkt werden, die mörderischen, massenmörderischen Konsequenzen waren damals vielleicht zu erahnen, aber außerhalb der Vorstellungswelt der Zeitgenossen. Lipski trat nach der kriegsbedingten Ausreise aus Deutschland in die polnische Armee im Westen ein und wurde später politischer Funktionär der Exilregierung.

Es sei dahingestellt, ob ein fleißiger Archivar oder ein Mitarbeiter Putin ihm diesen delikaten Bericht des Treffens des Botschafters mit Reichskanzler Hitler am 20. September 1938 auf den Schreibtisch gelegt hat. Vielleicht hat der russische Präsident in seinem Arbeitszimmer auch eine gutsortierte Bibliothek und zog eine zweibändige Dokumentation des sowjetischen Außenministeriums aus dem Jahre 1981 aus dem Regal und schlug den Band eins auf Seite 175 auf.[304] Was dort nachzulesen ist, das ist genau dieser Bericht Lipskis an seinen wohl im Geiste wahlverwandten Außenminister Józef Beck. Das Treffen fand nur wenige Tage vor der Münchner Konferenz am 29./30. September 1938, dem Diktat gegenüber der demokratischen Tschechoslowakei statt, die zugunsten Deutschlands, aber eben auch Polens und Ungarns zerstückelt wurde. Eines der wichtigsten Argumente beider Seiten war der Hinweis, dass eine verbesserte polnische Position die Garantie dafür sei, wie Hitler betonte, »dass Polen der wichtigste Faktor ist, der Europa vor Russland schützt«.[305] Lipskis Schmeicheleien auf dem Obersalzberg haben sich bezahlt gemacht – für den Augenblick. Warum nicht auch Hitler auf dessen Lieblingsfeld, dem Judenhass, eine Freude machen? Lipski notiert für seinen Außenminister zustimmend, dass Hitler »eine Idee zur Lösung des jüdischen Problems durch Aussiedelung in die Kolonien im Einklang mit einer Verständigung mit Polen, Ungarn und möglicherweise auch Ru-

304 Siehe Dok. 71. Donesenie posla Pol'shi v Germanii Ju. Lipskogo ministru inostrannyh del Pol'shi Ju. Beku 20 sentjabrja 1938 g. In: Ministerstwo inostrannych del SSSR: Dokumenty i materialy kanuna wtoroj mirowoj 1937-1939. Tom 1. A. a. O., S. 175-179.

305 Ebd., S. 177 (eigene Übers., St. B.).

mänien im Sinn hat (an diesem Punkt habe ich ihm gesagt, dass wir ihm, wenn er eine solche Lösung findet, ein wunderschönes Denkmal in Warschau errichten werden)«.[306]

1968 gaben Kollegen aus dem Umfeld der polnischen Exilregierung während des Zweiten Weltkriegs Lipskis Memoiren heraus, die auch eine umfangreiche Dokumentensammlung einschließlich dieses Berichts enthielten.[307] Immerhin hielt es der Herausgeber für nötig, in einer Fußnote Verständnis für Lipskis Haltung gegenüber den Juden anzumahnen, denn in Polen lebten nach dieser Rechnung 3,35 Millionen jüdische Menschen mit einem aus polnisch-nationalistischer Sicht ihnen offensichtlich nicht zustehenden Einfluss. Natürlich ginge es nicht um Antisemitismus, sondern nur um das Problem, dass in dem überbevölkerten Land die Juden mit ihren Strukturen und ihrer teilweise schwachen Wirtschaft in Ostpolen andrer Lösungen bedurften.[308] Welche, das ließen die polnischen Kommentatoren offen – Abschiebung, Aussiedelung … . Während der deutschen Besatzung Polens fanden sich neben vielen Patrioten und »Gerechten der Völker«, die Juden unter Einsatz ihres Lebens halfen, aber auch jene, die die Not in den Ghettos ausnutzten und den deutschen mit Denunziationen und Handlangerdiensten halfen. Der Antisemitismus als tödliche Droge.

Allein die Corona-Krise legte damals ein wenig den Schleier aktueller Belanglosigkeit über die Kontrahenten. Das Problem dürfte erhalten bleiben, zumal die Resolution kein Privatvergnügen einiger postsozialistischer Staaten Osteuropas war, sondern mit 82 Prozent Ja-Stimmen bei 10 Prozent Gegenstimmen und 8 Prozent Enthaltungen die Unterstützung der überwältigenden Mehrheit des Hauses fand – von konservativ bis grün, allein die Grün-Linken der

306 Ebd., S. 178 (eigene Übers., St. B.).

307 Siehe Jozef Lipski: Diplomat in Berlin 1933-1939. Papers and Memoirs of Jozef Lipski, Ambassador of Poland. Edited by Waciaw Jedrzejewicz. New York/London 1968, das Dokument ist abgedruckt auf S. 408-412.

308 Siehe ebd., S. 411 f., Fn. 7.

Fraktion von GUE/NGL verweigerten die Zustimmung.[309] Es ist auch nicht so, dass die Initiative zu dieser Resolution allein aus den baltischen Staaten und Polen kam. Vier Fraktionen (EVP, Sozialdemokraten, Liberale und Europäische Konservative – also besonders die PiS) waren aktiv, um aus eigenen Anträgen mit ähnlicher Diktion ein gemeinsames Papier zu kreieren.

Um es zusammenzufassen: der massive Vorstoß, Moskau in die Verantwortung für den Zweiten Weltkrieg zu nehmen, hat im Kontext der Geschichtspolitik der letzten Jahre und vor dem Hintergrund der Verschärfung der Konfrontation der USA, der EU und der teilweise dazugehörigen oder in diese Allianzen hineindrängenden osteuropäischen Staaten drei miteinander verbundene Zielsetzungen: Erstens soll den neuen osteuropäischen Staaten die historische Legitimation verschafft werden, die ihre revolutionären und sozialistischen Vergangenheiten zugunsten einer geschönten vorgeblich demokratischen Zwischenkriegszeit verdrängt und den »sozialistischen Irrweg« allein Moskaus Bajonetten zuschreibt. Zweitens soll die Geschichte des Weltkriegs auch dahingehend umgeschrieben werden, dass der Kampf gegen den Faschismus zuallererst von den westlichen Demokratien bestritten wurde und so der Landung der Alliierten in der Normandie das Hauptverdienst zugerechnet werden muss, während die Ostfront und die Leistungen von Roter Armee und Sowjetvolk marginalisiert werden. Der dritte Effekt aus deutscher Sicht liegt nahe: Wenn totalitäre Diktatoren die Verantwortung trugen und Hitler nur der eine war, der vom Wohlwollen Stalins und dessen Heimtücke abgängig war, dann passt dies in die Relativierung der deutschen Kriegsschuld und zur Überhöhung der deutschen Opfer in diesem Krieg.

Die Vorgeschichte des Zweiten Weltkriegs ist umfassend erforscht und dokumentiert. Die heutige Diskussion – bei aller Be-

309 Die Zusammenstellung stützt sich auf: Achim Spethmann: Bedeutung der Erinnerung an die europäische Vergangenheit für die Zukunft Europas. Kurze Einführung in die Abstimmung im EU-Parlament am 19.9.2019. Braunschweig, 22.9.2020 (Ms. im Archiv d. A.).

deutung jetzt offengelegter sowjetischer Dokumente oder auch bei dem Auffinden weiterer deutscher oder westlicher Papiere – ändern aller Wahrscheinlichkeit nach nichts Grundlegendes. Das hatte sich schon in den 1990er Jahren bei der Auseinandersetzung um die sog. Präventivkriegsthese, d. h. die Unterstellung, dass Hitler 1941 nur einem sowjetischen Angriff zuvorgekommen sei, bestätigt. Natürlich wird jede neue Untersuchung weitere Aspekte offenlegen können, wie etwa auch neue Untersuchungen bundesdeutscher Historiker nochmals nachdrücklich den unbedingten »Drang nach Osten« der deutschen Außen- und Sicherheitspolitik bekräftigen.[310]

Dreh- und Angelpunkt der aktuellen Diskussionen ist die Bewertung des deutsch-sowjetischen Nichtangriffsvertrags vom August 1939, des damit verbundenen geheimen Zusatzprotokolls und des anschließend am 28. September folgenden Grenz- und Freundschaftsvertrags zwischen beiden Staaten, ebenfalls mit ergänzenden Geheimabsprachen. Abgesehen davon, dass dieser Vertrag durch die Zueignung des Begriffs »Pakt« und noch mehr mit der Personifizierung als »Ribbentrop-Molotow«- oder noch »überzeugender« als »Hitler-Stalin«-Pakt ein spezifisches Etikett bekommt,[311] bleibt die vermeintlich entscheidende Frage: War der Vertrag unvermeidliches Übel oder heimtückischer Pakt der beiden »totalitären« Großmächte?[312]

Die Antworten finden sich nicht isoliert in jenen Schicksalsmonaten von August und September 1939, sondern sie verlangen einen komplexeren Blick auf das davorliegende gute Jahrfünft, besser noch auf die beiden Jahrzehnte zwischen 1918/19 und 1939.

---

310 Siehe Rolf-Dieter Müller: Der Feind steht im Osten. A. a. O.

311 Siehe die eindeutige antisowjetische Parteinahme bei Claudia Weber: Der Pakt. Stalin, Hitler und die Geschichte einer mörderischen Allianz 1939-1941. München 2019.

312 Hier können Argumentationslinien nur skizziert und kann nur punktuell auf weiterführende Literatur verwiesen werden. Einen Einstieg bietet: Helle Panke e.V. – Rosa-Luxemburg-Stiftung Berlin (Hg.): Der deutsche Faschismus löst den Zweiten Weltkrieg aus. A. a. O.

Um es nochmals in Erinnerung zu bringen: Die Tinte in Versailles war nicht trocken, da entwickelten die deutschen Eliten in Militär und Großkapital einen »Großen Plan«:[313] Wiederaufrüstung und als gemeinsames Projekt die Revision von Versailles und die Ausschaltung der kommunistischen Gefahr. Hier fanden sie mehr und mehr die Duldung und spätestens nach 1933 das Wohlwollen der westlichen Demokratien. Denn der Bolschewismus war auch für sie die Hauptgefahr. Nur aus diesem Zusammenhang heraus ist die Appeasement-Politik der 1930er Jahre verständlich, der sich auch Polen in einer Schaukelpolitik anschloss. Und nur so ist die Preisgabe der demokratischen spanischen Republik und dann der Tschechoslowakei zu erklären. Wer über den Vertrag von 1939 räsoniert, der muss auf den Verrat von München und das Diktat gegenüber Prag verwiesen werden.

Hitler, Militär und Großkapital arbeiteten und rüsteten ab 1933 offen auf einen Krieg hin. Spätestens im November 1937 hatte Hitler die Weichen gestellt, und der friedliche »Anschluss« Österreichs und die »Lösung« der Sudetenkrise störten ihn nur, weil seine Wehrmacht, die Deutschland finanziell in den Ruin trieb, noch nicht erprobt werden konnte. Die Entscheidung für den Krieg, zunächst mit dem »Fall Weiß«, dem Angriff auf Polen, war im Mai 1939 gefallen. Es ging nur noch um die günstigsten Rahmenbedingungen. Der Westen begriff nach der Besetzung Prags im März 1939 mühselig, dass der Krieg auch ihm drohen konnte. Halbherzige Garantien für Polen und zögerliche militärische Verhandlungen mit der Sowjetunion brachten weder für Paris und London noch für Moskau Ergebnisse.

Moskau stand im August vor der Frage, ob sich der Wind in den westlichen Hauptstädten (auch angesichts dortiger Geheimverhandlungen mit Nazideutschland und der strikten Weigerung Polens, sowjetische Hilfe anzunehmen), nicht letztlich gegen die Sowjetunion

313 Anschaulich bei Carl Dirks / Karl-Heinz Janßen: Der Krieg der Generäle. A. a. O.

drehen würde. Und dies in einem Moment, da im Fernen Osten ein kleiner Krieg gegen japanische Aggressoren geführt wurde.

Die Entscheidung für den Nichtangriffsvertrag war unerfreulich, aber nach den westlichen Rückziehern verständlich. Da die Spatzen von den Dächern pfiffen, dass Krieg kommen werde, war es nachvollziehbar, wenn auch völkerrechtlich fragwürdig, wenn Moskau sich bereits jetzt auf eine Nachkriegsordnung und klare Interessensphären festlegte. Die gleichzeitigen Wirtschaftsabkommen kamen, das wird gerne übersehen, beiden Seiten zugute: Rohstoffe für Deutschland, Maschinen und Rüstungsgüter für die UdSSR.

Entgegen der Mär vom gemeinsamen Überfall auf Polen hielt sich Moskau im September 1939 lange zurück, nahm zur Kenntnis, dass London und Paris zwar Berlin den Krieg erklärten, aber die den Polen versprochene Offensive zwei Wochen nach Kriegsbeginn ausfallen ließen und damit den Verbündeten opferten. Im Westen begann nur ein »komischer Krieg«. Und die Rote Armee begann die Grenzen des alten Russischen Reiches wiederherzustellen und – nun mit aller stalinistischen Härte – jene Revolution von 1917 wieder aufzunehmen, die damals mit deutscher und Entente-Hilfe im Baltikum, in Teilen Belorusslands und der Ukraine blutig ertränkt wurde.

Eine solche Argumentation darf natürlich nicht die Probleme verschweigen. Sie sind auch bei der Darstellung der Vorgeschichte des Weltkrieges nicht zu übergehen. Denn der Streit um diese Vorgeschichte – zumindest aus osteuropäischer Sicht – hat eben nicht nur mit dem polnisch-sowjetischen Krieg bis 1920 zu tun, sondern vor allem mit den Ereignissen ab 1939 unter sowjetischer Macht. Und diese Probleme lagen sicher nicht in einer oft angeführten angeblichen Siegesparade von Wehrmacht und Roter Armee in Brest. Es war ein Vorbeimarsch der siegreichen, aber vertragsgemäß abziehenden deutschen Truppen vor ihren Befehlshabern. Der neue sowjetische Kommandant stand mit auf der Tribüne. Es war faktisch die Übergabe der Stadt von den Deutschen an die Sowjettruppen. Die Pikanterie ergab sich aus der Tatsache, dass der neben Guderian stehende sowjetische KomBrig, d.h. Brigadegeneral Semjon Moissejewitsch Kriwoschein ein Sowjetbürger jüdischer Nationalität war. Er hatte als Befehlshaber der republikanischen Panzertruppen in Spanien gegen die Faschisten und am Chassan-See gegen die Japaner gekämpft. Aber er war an jenem 22. September 1939 der einzige sowjetische Kommandeur, der als neuer Kommandant von Brest die Übergabe mit zelebrierte und der sicherheitshalber seine Soldaten wegen »Erschöpfung« vom Vorbeiparadieren beurlaubte.[314] Den Kameraleuten der »Wochenschau« blieb nur Improvisation und den heutigen Anklagern eines faschistisch-sowjetischen Komplotts nur die gefakten Bilder.

Trotzdem gehört zur Wahrheit, dass die sowjetische Seite das Arrangement mit den deutschen Faschisten ernst nahm, was exilierte deutsche Antifaschisten, auch Juden, bei ihrer Abschiebung in das Deutsche Reich bitter zu spüren bekamen. Zu den bitteren Elementen gehört die volle Wucht stalinistischer Repression bei der Durchsetzung staatssozialistischer Strukturen in den neu gewonnenen oder mit massiver Einflussnahme und Druck von sowjetischer Seite um Anschluss nachsuchenden Gebieten. Massenhafte Deportationen von politisch unzuverlässigen Teilen der alten Eliten, nicht zuletzt die Ermordung tausender kriegsgefangener polnischer Offiziere in Katyn gehören auf diese Rechnung.

Die Geschichte wurde noch dadurch verkompliziert, dass auch nach dem Sieg der Sowjetunion und der Errichtung sich sozialistisch verstehender Volksdemokratien in Osteuropa von Stalin bis Gorbatschow die Weltöffentlichkeit und selbst die Verbündeten über Katyn ebenso belogen wurden wie über die Geheimprotokolle. Alles Dinge, die das Vertrauen in diesen Ländern zum großen Nachbarn nicht erhöhten. Mit dem Zusammenbruch des Realsozialismus

314 Den Ablauf des Tages in Brest recherchierten russische Journalisten: Dmitrij Okunev: »Do vstrechi v Berline«: kak nacisty peredali Brest SSSR. 22 sentjabrja 1939 goda v Breste proshel parad vermahta i RKKA. In: gazeta.ru. 22.9.2019; siehe auch in: Aleksej Bajunow: Sovmestnyj parad Vermahta i RKKA v Breste Blog Trubka Vojny, 22. September 2020 – vk.com.

in Osteuropa setzten sich nationalistische, prokapitalistische Kreise in diesen Staaten durch, die natürlich nicht an die autoritäre, diktatorische Zwischenkriegszeit mit seinem Antikommunismus, Antidemokratismus und Antisemitismus erinnern wollten, sondern sie als »goldene Zeiten« verklären. Für sie gab es keine einheimischen Kommunisten, die 70 oder 50 Jahre lang ihre Unionsrepubliken und Staaten zum Sozialismus führen wollten. Russische respektive sowjetische Bajonette waren ein viel besseres Argument, um in den Kreis der westlichen Demokratien aufgenommen zu werden. Dass nicht wenige der heute verehrten antisowjetischen Kämpfer glühende Faschisten und Mörder von Sowjetbürgern aller Nationalitäten, nicht zuletzt Juden, waren, wird verdrängt.

Erinnerung in Polen ist also ein schwierig Ding. Erst recht, wenn sie die eigentliche Herausforderung ausblendet. Den Krieg Nazideutschlands, die Zerschlagung des polnischen Staates, die systematische Ausrottung der polnischen Intelligenz, die Vernichtung derjenigen polnischen Staatsbürger, die einen jüdischen Hintergrund hatten. Die deutschen Faschisten führten vom ersten Tag des Krieges an einen Krieg mit Kriegsverbrechen, einen Vernichtungskrieg. Einsatzgruppen der SS, denen Sicherheitspolizei- und spätestens ab 1941 auch Ordnungspolizei-Einheiten angehörten, waren mörderisch zugange, Wehrmachtsverbände traten ihnen tatkräftig und mordend zur Seite. Der Kampf des polnischen Widerstandes, egal, ob bürgerlich oder kommunistisch, und die Befreiung durch die Rote Armee haben Polen erst wieder die Chance zur Wiedergeburt und zur Suche nach dem besten Entwicklungsweg für das Land geben können. Diese Suche ist bis heute nicht abgeschlossen.

ANHANG

Auf dem Weg in den Abgrund

Wichtige Daten 1933 bis 1940

1933

30.1.1933: Reichspräsident von Hindenburg beauftragt nach langem Drängen wesentlicher Teile der Wirtschaft und der rechtskonservativen Parteien den Führer der NSDAP, Adolf Hitler, mit der Bildung einer Koalitionsregierung aus NSDAP, DNVP und parteilosen rechten Politikern. Mit der zuvor verfassungswidrig erfolgten Ernennung den Generals der Infanterie von Blomberg zum Reichswehrminister erfolgt die Einbindung der Reichswehr. Ein Vorstoß der KPD für einen Generalstreik gegen die neue Regierung wird von SPD und ADGB abgelehnt.

3.2.1933: Hitler entwickelt vor der Militärführung seine sicherheits- und außenpolitischen Zielsetzungen.

20.2.1933: Hitler erläutert Vertretern des Großkapitals seine Ziele, diese Kreise leisten umfangreiche finanzielle Wahlkampfhilfe.

21.3.1933: Eröffnung des unter Repression gewählten Reichstages mit dem »Tag von Potsdam«, dem demonstrativen Schulterschluss Hitlers mit von Hindenburg und der Reichswehr.

23.3.1933: Reichstag beschließt in Anwesenheit von bewaffneter SA und SS das »Gesetz zur Behebung der Not von Volk und Reich« (Ermächtigungsgesetz) allein gegen die Stimmen der SPD. Die bürgerlichen Parteien einschließlich Zentrum stimmten zu, durch eine Änderung der Geschäftsordnung waren die »nicht anwesenden«, inzwischen meist verhafteten oder untergetauchten KPD-MdR ausgeschaltet und ihre Mandate wurden annulliert, das Gesetz trat am Folgetag in Kraft.

24.4.1933: Gustav Krupp legt als Vorsitzender des Präsidiums des Reichsverbandes der Deutschen Industrie einen Plan zur Reorganisierung der deutschen Wirtschaft mit dem Ziel der Wiederaufrüstung vor.

14.10.1933: Deutsche Delegation verlässt Genfer Abrüstungskonferenz.

19.10.1933: Austritt aus dem Völkerbund.

1934

26.1.1934: Nichtangriffserklärung Deutschland – Polen.

27.2.1934: »Gesetz zur Vorbereitung des organischen Aufbaus der deutschen Wirtschaft« schafft die praktischen Voraussetzungen für die Rüstungspolitik.

1./2.8.1934: Reichspräsident von Hindenburg verstorben, Vereinigung seiner Machtbefugnisse in der Person Hitlers als »Führer und Reichskanzler«, Vereidigung der Streitkräfte auf ihren neuen Oberbefehlshaber.

24.9.1934: Verabschiedung des »Neuen Plans« als Sammlung von Verordnungen für die Organisierung der Rüstungswirtschaft.

27.11.1934: Schaffung von Reichsgruppen der Industrie zur Konzentration der Wirtschaftsmacht unter Führung der stärksten Monopole.

1935

13.1.1935: Nach Volksabstimmung: Eingliederung des Saarlandes.

26.2.1935: Offizieller Aufbau einer nach Versailles verbotenen Luftwaffe.

16.3.1935: »Gesetz über den Aufbau der Wehrmacht«, Wiedereinführung der Wehrpflicht.

17.4.1935: Völkerbund verurteilt die deutsche Wiederaufrüstung.

2.5.1935: Sowjetisch-französischer Beistandspakt.

16.5.1935: Sowjetisch-tschechoslowakischer Beistandspakt.

21.5.1935: Geheimes »Reichsverteidigungsgesetz«.

18.6.1935: Deutsch-britisches Flottenabkommen.

1936

7.3.1936: Besetzung des entmilitarisierten Rheinlands durch die Wehrmacht.

18.7.1936: Beginn des Spanischen Bürgerkriegs mit faschistischem Putsch, kurz danach Beginn der militärischen Unterstützung durch Nazi-Deutschland (Legion Condor) und Italien.

8.-14.9.1936: Nürnberger Parteitag der NSDAP verkündet Beginn des Vierjahresplans, Göring ist der Verantwortliche.

25.10.1936: Achse Berlin – Rom wird durch geheimen Freundschaftspakt besiegelt.

25.11.1936: Antikominternpakt zwischen Deutschland und Japan, später treten Italien (1937), Ungarn, Mandschukuo (als japanischer Vasallenstaat), das faschistische Spanien bei (alle 1939); nach der deutschen Besetzung bzw. dem Anschluss an die deutsche Vormacht im Zweiten

Weltkrieg folgen Rumänien, Finnland, Kroatien, die Slowakei, Bulgarien, Dänemark, Nanjing-China (als japanischer Marionettenstaat) (1941).

1937

26.4.1937: Bomber der »Legion Condor« zerstören das spanische Guernica.
18.6.1937: Deutschland und Italien verlassen den sog. Nichteinmischungsausschuss bezüglich des Spanischen Bürgerkriegs.
24.6.1937: Reichskriegsminister erlässt die »Weisung für die einheitliche Kriegsvorbereitung der Wehrmacht«.
7.7.1937: Beginn des Japanisch-Chinesischen Krieges.
17.7.1937: Ergänzung des deutsch-britischen Flottenabkommens.
5.11.1937: Hitler schwört die Militärführung auf den bevorstehenden Krieg ein.
21.12.1937: Reichskriegsminister erlässt Weisungen für einen künftigen Zweifrontenkrieg und für den Angriff auf die ČSR.

1938

4.2.1938: Neuorganisation der deutschen Führung, Hitler wird Oberbefehlshaber der Wehrmacht, Bildung des Oberkommandos der Wehrmacht, von Ribbentrop neuer Reichsaußenminister.
12./13.3.1938: Einmarsch der Wehrmacht in Österreich, »Anschluss« an das Deutsche Reich.
21.4.1938: Entscheidung über den »Fall Grün«, den Angriff auf die ČSR.
30.5.1938: Bestätigung der konkreten Angriffspläne des »Falls Grün«.
29.7.-11.8.1938: Abwehrkampf der Roten Armee gegen japanische Angriffe am Chassan-See.
15.-23.9.1938: Von Deutschland inszenierte »Sudetenkrise«, britischer Premier Chamberlain wiederholt bei Hitler.
29.9.1938: Verhandlungen in München zwischen Deutschland und Italien einerseits, Großbritannien und Frankreich andererseits über das Schicksal der ČSR, Diktat zur Zerstückelung der ČSR, »Münchner Abkommen«, deutsch-britische Nichtangriffserklärung.
1.10.1938: Beginn des Einmarsches der Wehrmacht in die ČSR.
28.10.1938: »Polenaktion«, Nazideutschland deportiert bis zu 17.000 polnische Staatsbürger mit jüdischen Wurzeln, die nach Deutschland eingewandert waren, gewaltsam nach Polen, das aber nur bedingt bereit ist diese aufzunehmen, sie werden teilweise unter unwürdigen Bedingungen auch in Polen interniert.

24.11.1938: Weisung Hitlers für die Besetzung der Freien Stadt Danzig.
6.12.1938: Deutsch-französische Nichtangriffserklärung.

1939
10.-21.3.1939: XVIII. Parteitag der KPdSU (B) mit Stalins »Kastanienrede« eröffnet neue Optionen für die Sowjetunion, sich aus dem anbahnenden europäischen Krieg herauszuhalten.
28.3.1939: Fall Madrids: Unter General Franco siegt die Falange mit deutscher und italienischer Hilfe im Spanischen Bürgerkrieg.
7.4.1939: Das faschistische Italien annektiert Albanien.
12.-16.3.1939: Endgültige Zerschlagung der ČSR, Einmarsch der Wehrmacht in Prag, Beförderung einer slowakischen Separatstaatsbildung, Eingliederung des nunmehrigen Protektorats Böhmen und Mähren in das Deutsche Reich.
23.3.1939: Nach Ultimatum an die litauische Regierung Besetzung des Memelgebietes.
3.4.1939: OKW erlässt Weisung »Fall Weiß« für den Angriff auf Polen.
28.4.1939: Hitler kündigt den deutsch-britischen Flottenvertrag und die Nichtangriffserklärung gegenüber Polen auf.
22.5.1939: »Stahlpakt«, d.h. Bündnispakt Deutschland – Italien.
23.5.1939: Hitler weiht die militärische Führung in seine Pläne zum Angriff auf Polen und die Westmächte ein.
22.6.1939: Zeitplan für den Angriff auf Polen ist fertiggestellt.
12.-21.8.1939: Militärische Bündnisverhandlungen zwischen Großbritannien, Frankreich und der Sowjetunion in Moskau, die ergebnislos verlaufen.
20.-31.8.1939: Abschließende Operation und Schlacht im seit Mai 1939 laufenden Sowjetisch-Japanischen Grenzkrieg am Chalchin Gol in der Mongolischen Volksrepublik. Die sowjetisch-mongolischen Verbände schlagen den japanischen Aggressor.
23.8.1939: Ribbentrop und Molotow unterzeichnen in Moskau den Deutsch-Sowjetischen Nichtangriffsvertrag und erste Geheimprotokolle, die die Abgrenzung der jeweiligen Einflusszonen festlegen und im Falle der Zerschlagung der Republik Polen die Besetzung auch durch sowjetische Truppen vorplanen.
31.8.1939: Weisung Nr. 1 für die Kriegsführung fixiert; nach mehreren Verschiebungen den Angriffsbeginn gegen Polen auf den folgenden 1. September gelegt.

1.9.1939: Kriegsmarine, Wehrmacht und Luftwaffe Deutschlands beginnen den Angriffskrieg gegen Polen.
1.9.1939: Mit einem Luftangriff auf die militärisch bedeutungslose Kleinstadt Wieluń, der bis zu 1.200 tote Zivilisten fordert, erfolgt das erste Kriegsverbrechen der Wehrmacht.
3.9.1939: Frankreich und Großbritannien erklären entsprechend den eingegangenen Bündnisverpflichtungen Deutschland den Krieg.
9.-21.9.1939: »Opération Sarre«, die halbherzig-symbolische Saaroffensive französischer Truppen, die deutscherseits weisungsgemäß kaum auf Widerstand stieß und abgebrochen wurde.
16.9.1939: Abschließender Waffenstillstand im genannten Grenzkrieg zwischen Sowjetunion und dem Kaiserreich Japan.
15.9.1939: Warschau eingekreist.
17./18.9.1939: Polnische Regierung begibt sich über Rumänien ins Exil.
17.9.1939: Rote Armee leitet die Befreiung Ostpolens respektive der Westukraine und Westbelorusslands ein, um die dortige Bevölkerung unter ihren Schutz zu stellen und weitgehend die Grenzen des alten Russischen Reiches wiederherzustellen.
21.9.1939: In Brest übernehmen sowjetische Truppen von der Wehrmacht jene Gebiete, die innerhalb der »vorsorglich« vereinbarten Demarkations- und nunmehrigen Grenzlinie zur UdSSR gehören.
28.9.1939: Warschau fällt nach harten Kämpfen.
28.9.1939: Deutsch-Sowjetischer Grenz- und Freundschaftsvertrag in Moskau unterzeichnet, dazu weitere Geheimprotokolle für die politische Ordnung in Osteuropa.
6.10.1939: Die letzten polnischen Truppen stellen den Widerstand ein.
9.10.1939: Weisung Nr. 6 des OKW zur Vorbereitung des Angriffs im Westen.
26.10.1939: Errichtung des Generalgouvernements im besetzten Polen sowie unmittelbare Eingliederung der neuen Reichsgaue Danzig-Westpreußen, Wartheland und des Regierungsbezirk Zichenau/Ostpreußen in das Deutsche Reich.
8.11.1939: Gescheiteres Attentat auf Hitler im Münchner Bürgerbräukeller durch Georg Elser.
30.11.1939-13.3.1940: Sowjetisch-Finnischer Krieg, sog. »Winterkrieg«, nachdem Finnland sowjetische Forderungen nach Grenzkorrekturen zum Schutz Leningrads und zur Zusicherung sowjetischer Stützpunkte zurückgewiesen hatte.

1940

24.2.1940: Weisung des OKW für den »Fall Gelb«, den Angriff auf die neutralen Staaten Niederlande, Belgien und Luxemburg sowie auf Frankreich.

13.3.1940: Friedensvertrag von Moskau mit Finnland mit erheblichen Zugeständnissen an die UdSSR.

9.4.1940: Angriff auf Dänemark und Norwegen im »Unternehmen Weserübung«.

10.5.1940: Angriff auf Frankreich, Niederlande, Belgien und Luxemburg.

26.5.-5.6.1940: Schlacht um Dünkirchen, die mit der zugelassenen Evakuierung des britischen Expeditionskorps endet

10.6.1940: Italien tritt in den Krieg ein.

14.6.1940: Paris fällt kampflos.

17.96.1940: Reichsgruppe Industrie plant die Ausbeutung der bereits besetzten und der künftig zu erobernden Staaten.

22.6.1940: Unterzeichnung des Waffenstillstands von Compiègne zwischen Deutschland und Frankreich am selben Ort und in demselben Eisenbahnwaggon, an dem 1918 unter umgekehrten Vorzeichen der Erste Weltkrieg zu Ende ging.

Personenverzeichnis*

Abd al-Karim, Mohammed (1882-1963), Führer des Aufstands der nordafrikanischen Rifkabylen gegen die spanische und französische Kolonialmächte 1921/26.

Aly, Götz (1947-), bundesdeutscher Historiker mit Schwerpunkt Holocaustforschung.

Anders, Władysław (1892-1970), polnischer Generalleutnant, Befehlshaber der Anders-Armee, die im Juli 1941 aus polnischen Kriegsgefangenen in der Sowjetunion aufgestellt und nach politischen Querelen in den Nahen Osten und später nach Westeuropa verlegt wurde.

Astachow, Georgi Alexandrowitsch (1897-1942), sowjetischer Diplomat, 1939 Geschäftsträger in Berlin, nach der Abberufung wegen Spionage für Deutschland verurteilt, im Gulag verstorben, 1957 rehabilitiert.

Bayerlein, Bernhard H. (1949-), bundesdeutscher Historiker.

Beck, Józef (1894-1944), polnischer Außenminister 1934/39, Oberst.

Beneš, Edvard (1884-1948), Präsident der ČSR 1935-38, auch Präsident der Exilregierung in London und nach der Befreiung ab 1945 wieder in der ČSR.

Berling, Zygmunt (1896-1980), polnischer Offizier und Politiker, im Ersten Weltkrieg in der Polnischen Legion, 1939 im Ruhestand und

* Das Register enthält weiterführende Informationen zu den im Gesamttext genannten Personen. Aus den Anmerkungen und Fußnoten wurden Personen der Zeitgeschichte ausgewählt, aber auch für das Thema besonders relevante Historikerinnen und Historiker aufgenommen.

beim Einmarsch der Roten Armee verhaftet und im Kriegsgefangenenlager, nach der Aufstellung der Anders-Armee als Oberstleutnant reaktiviert, 1942 bei der Verlegung dieser Armee in den Iran desertiert, von der Exilregierung degradiert, später in Abwesenheit zum Tode verurteilt, 1943 als Brigadegeneral Organisator der neuen polnischen Streitkräfte in der Sowjetunion u. a. ihrer 1. Polnischen Schützendivision »Tadeusz Kościuszki«, nach dem Krieg verschiedene Verwendungen im Staatsapparat.

Besymenski, Lew Alexandrowitsch (1920-2007), Germanist, im Krieg Dolmetscher bei sowjetischen Befehlshabern und bei Gefangenenverhören, Historiker, Publizist.

Bismarck, Otto von (1815-1898), preußischer Ministerpräsident, Bundeskanzler des Norddeutschen Bundes und 1871-1890 deutscher Reichskanzler.

Blomberg, Werner von (1878-1946), Generalfeldmarschall 1936, als Reichswehr- bzw. Reichskriegsminister 1933/38 aktiv in der Wiederaufrüstung, 1938 gemeinsam mit von Fritsch vorsichtige Kritik an Hitlers Kriegsplänen, durch ein Intrigenspiel 1938 während der sog. Blomberg-Fritsch-Affäre ausgeschaltet und in Ruhestand gedrängt.

Blücher, Wipert von (1883-1963), deutscher Diplomat in Finnland.

Boberach, Heinz (1923-2008), deutscher Historiker und Archivar im Bundesarchiv Koblenz.

Bodenschatz, Karl (1890-1979), Amtschef in Görings Reichsluftfahrtministerium, 1938 Generalmajor.

Böhler, Jochen (1969-), deutscher Historiker, Spezialist für die Besatzungspolitik in Polen.

Bouverie, Tim (1987-), britischer Historiker und Journalist.

Brauchitsch, Walther von (1881-1948), Generaloberst 1938, Oberbefehlshaber des Heeres 1938/41.

Briand, Aristide (1862-1932), u.a. französischer Außenminister 1926/32, Mitautor der Locarno-Verträge, Friedensnobelpreis mit Gustav Stresemann 1926.

Brzezinski, Zbigniew (1928-2017), polnischstämmiger US-amerikanischer Politiker und Politikwissenschaftler, 1977/81 Sicherheitsberater des US-Präsidenten.

Buber-Neumann, Margarete (1901-1989), Publizistin, Ehefrau u.a. des KPD-Funktionärs Heinz Neumann, der Opfer der Stalinschen Säuberungen wurde, Exil in der Sowjetunion, ebenfalls während der Säuberungen inhaftiert, 1940 nach Deutschland ausgeliefert, dort KZ Ravensbrück, Mitglied der KPD, nach 1945 der SPD und als Reaktion auf deren Neue Ostpolitik 1975 Eintritt in die CDU.

Carley, Michael Jabara (1945-), US-amerikanischer Historiker.

Chamberlain, Neville (1869-1940), konservativer britischer Politiker, Tory, aktiver Verfechter der Appeasement-Politik, 1937/40 Premierminister.

Churchill, Winston (1874-1965), britischer Politiker in verschiedenen Parteien, zuletzt bei den Konservativen, im Ersten Weltkrieg und in der Zwischenkriegszeit wiederholt Minister, 1940/45 Premierminister.

Chvalkovský, František (1885-1945), deutschfreundlicher Außenminister der Tschechoslowakei ab Oktober 1938, später Minister in der Protektoratsregierung und deren Gesandter in Berlin, bei einem Luftangriff ums Leben gekommen.

Clark, Christopher (1960-), australischer Historiker, bekannt durch seine Interpretation des Ersten Weltkriegs als Folge eines »Schlafwandelns« der damaligen Politiker und der Entlastung deutschen Verantwortlichen.

Claß, Heinrich (Pseudonym Daniel Frymann) (1868-1953), Vorsitzender des chauvinistischen und antisemitischen Alldeutschen Verbandes 1908/33, geistiger Wegbereiter der deutschen Aggressionspolitik 1914, Initiator rechter Verbände in der Weimarer Republik, Sympathisant der Nazis, für diese MdR 1933/45.

Clemenceau, Georges (1841-1929), französischer Politiker der Parti radical, u. a. Ministerpräsident während des Ersten Weltkriegs 1917/20, Verhandlungsführer in Versailles 1919.

Conze, Eckart (1963-), bundesdeutscher Historiker.

Curzon, George (1859-1925), britischer konservativer Politik, Außenminister 1919/24, Namensgeber der »Curzon-Linie«, die eine Abgrenzung der Sowjetunion von den neuen osteuropäischen Staaten, insbesondere Polen, entlang der Sprachgrenzen sichern sollte.

Daladier, Édouard (1884-1970), französischer Politiker der Parti radical, wiederholt Ministerpräsident, u. a. 1938/40, vom Vichy-Regime des Verrats angeklagt, schließlich von den Deutschen interniert und 1945 befreit.

Dawes, Charles Gates (1865-1951), US-amerikanischer Bankier und Politiker, u. a. 1925/29 Vizepräsident, 1923/24 arbeitete er in der Reparationskommission an der Ausarbeitung eines für Deutschland günstigeren Tilgungsprogramms auf der Basis von US-Anleihen und an Maßnahmen für einen wirtschaftlichen Aufschwung Deutschlands.

Deist, Wilhelm (1931-2003), bundesdeutscher Militärhistoriker am Militärgeschichtlichen Forschungsamt.

Dimitroff Michajlow, Georgi (1882-1949), bulgarischer Kommunist und Revolutionär, Angeklagter im Reichstagsbrandprozess 1934, Exil in der Sowjetunion, Generalsekretär der Kommunistischen Internationale (Komintern) 1935/43, nach der Befreiung Ministerpräsident der Volksrepublik Bulgarien 1946/49.

Dirks, Carl (1920-), bundesdeutscher Journalist.

Drabkin, Jakov Samojlovich (1918-2015), sowjetischer bzw. russischer Historiker mit Schwerpunkt Novemberrevolution und Weimarer Republik.

Drax, Reginald (1880-1967), britischer Marineoffizier, Admiral 1936, Verhandlungsführer der britischen Militärmission für ein Bündnis mit Frankreich und der Sowjetunion 1939.

Duisberg, Carl (1861-1935), Chemiker, Industrieller, Aufsichtsratsvorsitzender der I.G. Farben 1926/35, Vorsitzender des Reichsverbands der Deutschen Industrie 1925/31.

Ebert, Friedrich (1871-1925), Vorsitzender der SPD 1913/19, Vorsitzender des Rates der Volksbeauftragten 1918/19, Reichspräsident 1919/25.

Eichholtz, Dietrich (1930-2016), DDR-Historiker mit Schwerpunkt deutsche Kriegswirtschaft im Zweiten Weltkrieg.

Elser, Georg (1903-1945), Kunstschreiner, unternahm 1939 einen gescheiterten Attentatsversuch auf Hitler im Münchner Bürgerbräukeller, verhaftet, KZ, 1945 ermordet.

Engels, Friedrich (1820-1895), Kaufmann, Philosoph, Ökonom, Historiker, Revolutionär, mit Karl Marx Begründer des wissenschaftlichen Sozialismus und Politiker der Arbeiterbewegung.

Erzberger, Matthias (1875-1921), Politiker des Zentrum, MdR 1903/21, deutscher Regierungsvertreter bei der Unterzeichnung des Waffenstillstands von Compiègne, der den Ersten Weltkrieg 1918 beendete, Reichsfinanzminister, von der präfaschistischen Terrororganisation »Consul« ermordet.

Fest, Joachim (1926-2006), konservativer bundesdeutscher Historiker und Herausgeber der *FAZ*, Biograf von Hitler und Alfred Speer.

Firsov, Fridrich I[gorevich]. (1931-), sowjetischer bzw. russischer Historiker.

Fischer, Fritz (1908-1999), bundesdeutscher Historiker mit Schwerpunkt Erster Weltkrieg, der mit seinen Untersuchungen zu den deutschen Kriegszielen Widerspruch und die sog. Fischer-Kontroverse auslöste, in der die Kontrahenten sich gegen die besondere Verantwortung des Kaiserreichs wandten.

Ford, Henry (1863-1947), US-amerikanischer Ingenieur, Industrieller, der den Automobilbau mit seiner Fließbandtechnik revolutionierte, hatte erhebliche Sympathien mit Hitler und der faschistischen Bewegung, die diese erwiderten, förderte die deutsche Aufrüstung mit seinen Ford-Werken.

Förster, Gerhard (1933-1983), DDR-Historiker am Militärgeschichtlichen Institut der DDR mit dem Schwerpunkt faschistische Militärpolitik.

Friedrich II., der Große (1712-1782), preußischer König aus dem Hause Hohenzollern und Feldherr, Sohn von Friedrich Wilhelm I.

Friedrich Wilhelm I. (1688-1740), Kurfürst von Brandenburg aus dem Hause Hohenzollern und erster preußischer König (1713/40), als »Soldatenkönig« begründete er die Militärmacht seines Königsreiches.

Fritsch, Werner von (1880-1939), deutscher Generaloberst 1936, als Oberbefehlshaber des Heeres 1934/38 aktiv in der Wiederaufrüstung, im Jahre 1938 gemeinsam mit von Blomberg vorsichtige Kritik an Hitlers Kriegsplänen, durch ein Intrigenspiel 1938 während der sog. Blomberg-Fritsch-Affäre ausgeschaltet, wegen homosexueller Beziehungen angeklagt, freigesprochen und rehabilitiert, aber nicht reaktiviert, im Polenfeldzug gefallen.

Gamelin, Maurice (1872-1958), französischer Militär, Général d'armée (Armeegeneral) 1931, Generalstabschef 1931/40, Oberster Befehlshaber der alliierten Streitkräfte 1940.

Glowinski, Michal (1934-), polnischer Literaturwissenschaftler und Historiker.

Gneisenau, August Neidhardt von (1760-1831), preußischer Militär, zuletzt Generalfeldmarschall, Militärreformer.

Goebbels, Joseph (1897-1945), führender faschistischer Politiker, NSDAP-Gauleiter 1926, Reichspropagandaleiter der NSDAP 1930, Minister für Volksaufklärung und Propaganda 1933/45, Spezialist für psychologische Kriegsführung, Selbstmord.

Göring, Hermann (1893-1946), Militär, erfolgreicher Jagdflieger im Ersten Weltkrieg, Hauptmann, beteiligt am Hitler-Putsch 1923, SA-Führer, Verbindungsmann der Naziführung zur deutschen Industrie, Präsident des Reichstages 1932/45, Ministerpräsident Preußens 1933/45, Oberbefehlshaber der Luftwaffe 1935/45, Beauftragter für den Vierjahresplan, Generalfeldmarschall 1938, Reichsmarschall 1940, Angeklagter als Hauptkriegsverbrecher vor dem Nürnberger Militärtribunal 1945/46, entzog sich dem Todesurteil durch Selbstmord.

Goldman, Stuart D. (1943-), US-amerikanischer Historiker mit Schwerpunkt sowjetische Geschichte und Beziehungen der Sowjetunion zu Japan.

Gossweiler, Kurt (1917-2017), DDR-Historiker mit Schwerpunkt Faschismus und dessen Verflechtungen mit dem Monopolkapital.

Gräfe, Karl-Heinz (1938-), DDR-Historiker mit Schwerpunkt Osteuropa.

Grauert, Ulrich (1889-1941), deutscher Fliegeroffizier im Ersten Weltkrieg, Freikorpskämpfer, beteiligt an illegalen Rüstungsprojekten für die Luftwaffe, zuletzt Generaloberst (1940), durch einen polnischen Jagdflieger über dem Ärmelkanal abgeschossen.

Groehler, Olaf (1935-1995), DDR-Historiker mit Schwerpunkt Rüstung und Luftstreitkräfte.

Groener, Wilhelm (1867-1939), Generalleutnant, letzter Erster Generalquartiermeister, d. h. faktisch Chef der Obersten Heeresleitung 1918/19, wobei er hier einen Pakt mit dem mehrheitssozialdemokratischen Vorsitzenden des Rates der Volksbeauftragten Ebert schloss, um zu große Erschütterungen in der Novemberrevolution auch mit Gewalt niederzuschlagen, verschiedene Ministerämter in der Weimarer Republik, Reichswehrminister 1928/32, unter dem Druck der Nazis und Rechten aus dem Amt gedrängt.

Guderian, Heinz (1988-1954), deutscher Offizier und Verfechter der Entwicklung einer starken Panzerwaffe, beteiligt an der illegalen Aufrüstung, als Major zeitweise Kommandeur einer Panzerschule in Kama im Rahmen der geheimen Rüstungszusammenarbeit zwischen dem Deutschen Reich und der Sowjetunion, zuletzt Generaloberst, bei Kriegsende de facto Chef des Generalstabs des Heeres, Kriegsgefangenschaft, Beratertätigkeit für die Bundesregierung.

Hácha, Emil (1872-1945), Präsident der Tschechoslowakischen Republik 1938/39, von Hitler zur Zustimmung über die Besetzung Böhmens und Mährens erpresst, »Staatsoberhaupt« des Protektorats Böhmen und Mähren 1939/45, nach der Befreiung Prags von sowjetischen Sicherheitskräften verhaftet, im Gefängnis verstorben, wobei teilweise ungeklärte Umstände unterstellt werden.

Haffner, Sebastian (1907-1999), deutscher Publizist und Schriftsteller mit Schwerpunkt deutsche Zeitgeschichte, Emigrant.

Halder, Franz (1884-1972), zuletzt Generaloberst (1940), Chef des Generalstabes des Heeres 1938/42, wegen Unstimmigkeiten mit Hitler aus dieser Funktion entlassen, nach dem Hitler-Attentat wegen vorgeblicher Verschwörung 1938 verhaftet und im KZ interniert, trotz der aktiven Vorbereitung aller Aggressionshandlungen und der Schaffung der Befehlsgrundlagen für Kriegsverbrechen (»Kommissar-Befehl«) dieser Zeit nur Zeuge im Nürnberger Prozess, beeinflusste als Leiter (1946/61) der deutschen Abteilung der kriegsgeschichtlichen Forschungsgruppe der United States Army (Operational History (German), Section), wesentlich die Geschichtsschreibung über den Zweiten Weltkrieg und die Ableitung von Schlussfolgerungen für die ab 1945 aktuelle Konfrontation mit der Sowjetunion.

Halperin, Sandra (1950-), US-amerikanische Politologin.

Haslam, Jonathan (1951-), US-amerikanischer Historiker.

Hass, Gerhart (1931-2008), DDR-Historiker mit Schwerpunkt Faschismus und Krieg.

Heinrich I. (876-936), ostfränkischer König, insbesondere in der Nazipropaganda wichtiger Vorläufer einer deutschen Reichsbildung.

Helmert, Heinz (1925-1995), DDR-Militärhistoriker.

Henlein, Konrad (1895-1945), sudetendeutscher Nazipolitiker, Begründer der späteren Sudetendeutschen Volkspartei ab 1931, forcierte den Konflikt mit der Prager Zentralregierung als Vorwand für die »Sudentenkrise«, nach dem Einmarsch der Wehrmacht Gauleiter und Reichsstatthalter im Sudetengau, später auch SS-Obergruppenführer, 1945 Selbstmord.

Hett, Benjamin Carter (1965-), US-amerikanischer Historiker mit Schwerpunkt deutscher Faschismus.

Hewel, Walter (1904-1945), deutscher Diplomat, aktiv beteiligt am Hitlerputsch 1923, Schlüsselfunktionen in Ribbentrops AA, u. a. als Verbindungsmann zur Reichskanzlei, Staatssekretär (1943), zuletzt SS-Brigadeführer, Selbstmord 1945.

Heyde, Philipp (1961-), bundesdeutscher Historiker.

Hildebrand, Klaus (1941-), bundesdeutscher Historiker mit Schwerpunkt Außenbeziehungen des Deutschen Reiches.

Hindenburg, Paul von (1847-1934), Generalfeldmarschall 1914, Chef der Obersten Heeresleitung im Ersten Weltkrieg 1916/18 und damit de facto Diktator, Reichspräsident 1925/34, beauftragte 1933 Hitler mit der Regierungsbildung.

Hitler, Adolf (1886-1945), Mitbegründer und 1921/45 Vorsitzender der NSDAP, Putschist 1923, Reichskanzler 1933, nach Ableben des Reichspräsidenten von Hindenburg Führer und Reichskanzler 1934/45, Oberbefehlshaber des Heeres 1941/45, Selbstmord 1945.

Hofbauer, Hannes (1955-), österreichischer Historiker und Publizist.

Hoover, Herbert C. (1874-1964), US-amerikanischer Politik, Präsident der USA 1929/33.

Hörster-Philipps, Ulrike (1949-), bundesdeutsche Historikerin mit Schwerpunkten Weimarer Republik und Faschismus.

Hoßbach, Friedrich (1894-1980), deutscher Militär, Reichswehr-Adjutant bei Hitler 1934/38, fertigte das Protokoll einer Beratung Hitlers mit seinen Spitzenmilitärs 1937 an (sog. »Hoßbach-Protokoll«), verschiedene Verwendungen während des Zweiten Weltkriegs, zuletzt General der Infanterie 1943, Armeeoberbefehlshaber, im Konflikt mit Hitler 1944 seines Kommandos enthoben und durch Widerstand einer Verhaftung entgangen, Kriegsgefangenschaft.

Hugenberg, Alfred (1865-1951), deutscher Unternehmer, MdR 1920/45, Politiker der DNVP, deren Vorsitzender 1928/33, Chef des einflussreichen Medienkonzerns Hugenberg, Wegbereiter einer Verbindung des bürgerlich-konservativen Lagers mit den Nazis (»Harzburger Front« 1931), ging 1933 Koalition mit der NSDAP ein, die Hitler an die Regierungsspitze brachte, für fünf Monate Reichswirtschaftsminister im Kabinett Hitler 1933, kaltgestellt, nach Kriegsende Internierung 1946/51.

Irving, David (1938-), britischer Historiker, Geschichtsrevisionist, Holocaustleugner.

Jakir, Iona Emmanuilowitsch (1896-1937), sowjetischer Militär, Armeebefehlshaber I. Ranges 1935, Kommandeur während des Bürgerkriegs 1919/20, des Polnisch-Sowjetischen Krieges 1920/21, Oberbefehlshaber des (strategisch wichtigsten) Ukrainischen bzw. Kiewer Militärbezirks 1925/37, zeitweise zu Kommandeurslehrgang in Deutschland, gemeinsam mit Tuchatschewski u. a. 1937 unter Stalin wegen Spionage angeklagt und zum Tode verurteilt, Rehabilitierung 1957.

Janßen, Karl-Heinz (1930-2013), bundesdeutscher Journalist und Historiker.

Jaruzelski, Wojciech (1923-2014), polnischer Militär und Politiker, 1939 Flucht nach Litauen, nach Einmarsch der Roten Armee 1941 deportiert und zur Arbeitsarmee eingezogen, Eintritt in die Berling-Armee, Beginn der Offizierslaufbahn, Verteidigungsminister 1968/83, Armeegeneral 1973, Erster Sekretär des ZK der PVAP 1981/89, Ministerpräsident 1981/85, Vorsitzender des Staatsrates bzw. Staatspräsident 1985/90.

Jentsch, Harald (1959-), bundesdeutscher Politikwissenschaftler.

Jeschonnek, Hans (1899-1943), deutscher Militär und Flieger, beteiligt an illegalen Rüstungsprojekten für die Luftwaffe, Aufbau der Luftwaffe in verschiedenen Funktionen im Reichsluftfahrtministerium, Generalstabschef der Luftwaffe 1939/43, Generaloberst 1942, vertuschter Selbstmord nach dem alliierten Großangriff auf Peenemünde.

Kapp, Wolfgang (1858-1922), preußischer Verwaltungsbeamter, Generallandschaftsdirektor, mit von Lüttwitz 1920 Anführer des Kapp-Lüttwitz-Putsches gegen die Reichsregierung, der an einem Generalstreik der Arbeiterparteien, der Gewerkschaften und bürgerlicher Demokraten scheiterte.

Kappeler, Andreas (1943-), Schweizer Historiker mit Schwerpunkt Osteuropa.

Karl der Große (747?-814), König des Frankenreiches, wichtiger Eroberer ostelbischer Gebiete vor allem der Sachsen, idealisierter Begründer eines einigen Europas und in Frankreich wie Deutschland bes. im 19./20. Jahrhundert zunächst Gründer des jeweiligen Reiches.

Kasprzycki, Tadeusz (1891-1971), polnischer Militär, Divisionsgeneral, Minister für Militärangelegenheiten (Verteidigungsminister) 1935/39, unterzeichnete 1939 das Beistandsabkommen mit Großbritannien und die Folgevereinbarungen (Kasprzycki-Gamelin-Konvention), nach Grenzübertritt 1939 in Rumänien interniert, nach 1945 im Exil.

Kautsky, Karl (1954-1938), sozialdemokratischer, lange Zeit marxistischer Theoretiker und Politiker der deutschen Sozialdemokratie.

Keitel, Wilhelm (1982-1946), General der Artillerie 1937, Generalfeldmarschall 1940, Chef des Oberkommandos der Wehrmacht 1938/45, in Nürnberg als Hauptkriegsverbrecher angeklagt, verurteilt und hingerichtet.

Keppler, Wilhelm (1882-1980), Unternehmer, Nazipolitiker, SS-Obergruppenführer, sorgte sich um eine enge Verbindung der Wirtschaft mit der Naziführung (Keppler-Kreis), als Staatssekretär für besondere Aufgaben im AA ab 1938 für die Eingliederung der angeschlossenen bzw. eroberten Staaten im Osten tätig, 1949 im Nürnberger Wilhelmstraßen-Prozess gegen Angehörige des AA angeklagt, zu 10 Jahren Zuchthaus verurteilt und vom US-Hochkommissar 1951 begnadigt, wieder in der, nun bundesdeutschen, Wirtschaft tätig.

Kershaw, Ian (1943-), britischer Historiker, wichtiger Biograf Hitlers

Kienemann, Christoph (?), deutscher Historiker

Kiesewetter, Anton (1888-1961), im tschechoslowakischen Sudetenland Oberdirektor der Kreditanstalt der Deutschen in Prag-Reichenberg, kollaborierte mit der deutschen Besatzungsmacht, nach dem Krieg Wirtschaftsexperte.

Kirdorf, Emil (1847-1938), deutscher Industrieller, im Ersten Weltkrieg Stichwortgeber für eine aktive Kriegszielpolitik, aktiver Förderer Hitlers.

Klüglein, Heinrich (1900-1983?), Wehrmachtssoldat, Tagebuchschreiber.

Klukowski, Zygmunt (1885-1959), polnischer Arzt und Autor über die Besatzungszeit in Polen.

Knortz, Heike (1962-), bundesdeutsche Wirtschaftshistorikerin.

Kolb, Eberhard (1933-), bundesdeutscher Historiker.

Köstring, Ernst-August (1876-1953), deutscher Militär und Diplomat, Generalleutnant 1937, General der Kavallerie 1940, beteiligt an der geheimen Zusammenarbeit der Reichswehr mit der Roten Armee, Militärattaché in Moskau 1935/41, beteiligt an den Vertragsverhandlungen im August 1939, nach Überfall auf die Sowjetunion 1941 interniert und abgeschoben, Verwendung in der Wehrmacht für das Anwerben von Kämpfern aus den mittelasiatischen Sowjetrepubliken, US-Kriegsgefangenschaft 1945/47, Zivilleben.

Krassin, Leonid Borissowitsch (1870-1926), russischer Revolutionär, Bolschewik, Volkskommissar für Handel und Industrie bzw. Außenhandel 1918/23, Botschafter in Paris bzw. London 1924/25.

Kriwoschein, Semjon Moissejewitsch (1899-1978), sowjetischer Militär, KomBrig (Brigadegeneral) 1937, Spezialist für die Panzertruppen, Einsatz u. a. im Spanischen Bürgerkrieg und am Chassan-See, 1939 Befehlshaber einer Panzerbrigade und verantwortlich für die Übergabe der Stadt Brest von der Wehrmacht an die Rote Armee, Kriegseinsatz im Winterkrieg und 1941/45 u. a. als Kommandeur von verschiedenen Panzerkorps u. a. an der Kursker Schlacht und auf den Seelower Höhen, beteiligt am Sturm auf Berlin, zuletzt Generalleutnant 1943, Held der Sowjetunion 1945.

Krüger, Kurt (1906-1987?), Direktor der I.G. Farbenindustrie AG, Mitglied in einem Ausschuss der Reichsgruppe Industrie.

Krupp, Alfried, von Bohlen und Halbach (1907-1967), deutscher Industrieller, förderndes Mitglied der SS 1931, NSDAP 1938, Wehrwirtschaftsführer 1937, aktiv in Aufrüstung, Rüstungsproduktion und Übernahme eroberter Industrien, an der Ausbeutung von KZ-Häftlingen und Kriegsgefangenen beteiligt, von US-Truppen 1945 interniert, Mitangeklagter des Nürnberger Krupp-Prozesses 1947, verurteilt zu 12 Jahren Haft und Einziehung des Vermögens 1948, 1951 durch den US-Hochkommissar begnadigt, nach Vertrag mit den Westalliierten unter Auflagen Rückgabe des Vermögens 1953, weiter in seinen Unternehmen aktiv.

Krupp, Gustav, von Bohlen und Halbach (1870-1950), deutscher Industrieller, Aufsichtsratsvorsitzender der Krupp AG, vor 1933 angeblich auf Distanz zu Hitler und der NSDAP, nach der Machtübertragung jedoch aktiv, auch finanziell, für die neuen Machthaber, Kuratoriumsvorsitzender der Adolf-Hitler-Spende der deutschen Wirtschaft 1933, Wehrwirtschaftsführer 1937, Träger des Goldenen Parteiabzeichens der NSDAP und damit Parteimitglied 1940, aktiv in der Rüstungsproduktion und bei der Ausbeutung von KZ-Häftlingen und Zwangsarbeitern, in Nürnberg als Hauptkriegsverbrecher angeklagt, Prozess jedoch aus gesundheitlichen Gründen eingestellt.

Kühnl, Reinhard (1936-1940), bundesdeutscher Politikwissenschaftler und Faschismusforscher.

Kunz, Rudibert (1943-), bundesdeutscher investigativer Journalist.

Kuusinen, Otto Wille (Wilhelmowitsch) (1881-1964), finnischer und sowjetischer Revolutionär, Mitbegründer der KP Finnlands, Erziehungsminister in der Revolutionsregierung während des finnischen Bürgerkriegs 1918, in Moskau Sekretär des EKKI (1921/39), im Winterkrieg

1939/30 Ministerpräsident der der kurzlebigen prosowjetischen Finnischen Volksregierung, in der Sowjetunion verschiedene hohe Staatsfunktionen, Mitglied des ZK der KPdSU 1941/1964 und des Präsidium des ZK sowie Sekretär des ZK 1957/64.

Leder, Andrzej (1960-), polnischer Kulturphilosoph.

Lehnstaedt, Stephan (1980-), deutscher Historiker, spezialisiert auf Holocaust-Forschung und jüdisches Leben in Deutschland.

Lenin, Wladimir Iljitsch (1870-1924), russischer Revolutionär, Führer der Oktoberrevolution, Vorsitzender des Rates der Volkskommissare 1917/24.

Lipski, Józef (1894-1958), polnischer Diplomat und Politiker, Botschafter in Berlin 1933/39, Außenpolitiker der polnischen Exilregierung.

Litwinow, Maxim Maximowitsch (1876-1951), russischer Revolutionär, seit 1923 stellvertretender Volkskommissar für Auswärtige Angelegenheiten, 1930/39 Volkskommissar, Architekt eines Systems der kollektiven Sicherheit, 1939 Ablösung, 1941 Botschafter in den USA, stellvertretender Volkskommissar für Auswärtige Angelegenheiten 1943.

Lloyd George, David (1863-1945), britischer Politiker der liberalen Partei, Premierminister 1916/22, Verhandlungsführer in Versailles.

Ludendorff, Erich (1865-1937), deutscher Militär, General der Infanterie 1916, Generaloberst, Erster Generalquartiermeister und Stellvertretender Chef der Obersten Heeresleitung Hindenburgs 1916/1918, Erfinder der Dolchstoßlegende, am Kapp-Putsch 1920 beteiligt, mit Hitler Putschist 1923, rechtsextremer, völkischer Politiker, MdR.

Lüttwitz, Walther Freiherr von (1859-1942), deutscher Militär, zuletzt General der Infanterie 1918, im Ersten Weltkrieg u. a. Kommandierender General eines Armeekorps, durch den Rat der Volksbeauftragten 1918 zum Oberbefehlshaber der Vorläufigen Reichswehr ernannt, aktiv an der Niederschlagung revolutionärer Kräfte u. a. im Januaraufstand 1919 beteiligt, 1920 »Reichswehrminister« der Putschregierung Kapp, der am Generalstreik der Arbeiterparteien, Gewerkschaften und bürgerlicher Demokraten scheiterte, Flucht ins Ausland, nach Amnestie 1925 Rückkehr.

MacMillan, Margaret (1943-), kanadische Historikerin.

Maginot, André (1877-1932), französischer Politiker, Kriegsminister wiederholt in den Jahren 1922/32, Namensgeber des wesentlich von ihm konzipierten Verteidigungssystems »Maginot-Linie«.

Maiski, Iwan Michailowitsch (1884-1975), russischer Politiker und Diplomat, menschewistischer Sozialdemokrat, nach Bruch mit diesen Bolschewik, Diplomat, Botschafter in Großbritannien 1932/43, Stellvertretender Außenminister 1943/46; Opfer der Stalinschen Repressionen und der nach dessen Tod eingeleiteten Gegensäuberungen, Inhaftierung und Verurteilung, Rehabilitierung.

Mann, Thomas (1875-1955), deutscher Schriftsteller, Nobelpreisträger, Exil in Schweiz und USA 1933/45, Ausbürgerung 1936, Radioansprachen im britischen Rundfunk 1940/45 gegen Nazideutschland.

Manstein, Erich von (1987-1973), deutscher Militär, zuletzt Generalfeldmarschall 1942, diverse Truppen- und Stabsverwendungen im Ersten Weltkrieg, beim Aufbau der Reichswehr und nach 1933, als Stabschef der Heeresgruppe Süd im Krieg gegen Polen, hohe Kommandoposten in Armeen und Heeresgruppen während der folgenden Kriegsjahre, wegen militärischer Entscheidungen durch Hitler 1944 entlassen, Kriegsgefangenschaft, Zeuge in Nürnberg 1946, Verurteilung wegen Kriegsverbrechen 1949, durch die Briten 1953 entlassen, inoffizieller Berater der Bundesregierung bei der Wiederbewaffnung bis 1960.

Markus, Uwe (1958-), DDR-Soziologe, Historiker, Publizist.

Marx, Karl (1818-1883), Philosoph, Ökonom, Historiker, Revolutionär, mit Friedrich Engels Begründer des wissenschaftlichen Sozialismus und Politiker der Arbeiterbewegung.

McDonough, Frank (1957-), britischer Historiker mit Schwerpunkt britisch-deutscher Beziehungen im 20. Jahrhundert.

Merekalow, Alexander Fjodorowitsch (1900-1983), sowjetischer Diplomat, Botschafter in Deutschland 1938/39.

Messerschmidt, Manfred (1926-), bundesdeutscher Militärhistoriker.

Michael, Holger (1949-), DDR-Historiker mit Schwerpunkt osteuropäische Geschichte.

Milch, Erhard (1892-1972), deutscher Militär und Flieger, Generalfeldmarschall 1940, Staatssekretär des Reichsluftfahrtministeriums, Generalinspekteur der Luftwaffe, in Nürnberg wegen Kriegsverbrechen 1947 verurteilt, 1954 auf US-Initiative begnadigt, Industrieberater.

Molotow, Wjatscheslaw Michailowitsch (1890-1986), russischer Revolution, sowjetischer Politiker, u. a. Sekretär des ZK der KPR (B) bzw. KPdSU (B) 1921/30, Mitglied des Politikbüros 1926/57, Vorsitzender des Rates der Volkskommissare 1930/41, Volkskommissar für Auswärtige Angelegenheiten bzw. Außenminister 1939/49 und 1953/56.

Moorhouse, Roger (1968-), britischer Historiker mit Schwerpunkt Zweiter Weltkrieg.

Mosbacher, Georgette (1947-), US-amerikanische Unternehmerin, Botschafterin der USA in Polen 2018/21.

Müller, Rolf-Dieter (1948-), bundesdeutscher Militärhistoriker.

Napoleon I. (1769-1821), französischer Militär, Kaiser der Franzosen 1804/15, nach militärischer Niederlage und Kapitulation Verbannung.

Naujocks, Alfred (1911-1966), Angehöriger der SS, 1934 des SD, zuletzt Obersturmbannführer 1943, mit nachrichtendienstlichen und terroristischen Aufgaben betraut, Schlüsselfigur im fingierten Angriff auf den Reichssender Gleiwitz 1939, Terroraktivitäten für den SD besonders in Dänemark, 1944 desertiert, britische Gefangenschaft, Zeuge in Nürnberg, in Dänemark 1948 wegen Mordes verurteilt und 1950 wie andere faschistische Täter frühzeitig freigelassen, in der Bundesrepublik als Geschäftsmann tätig.

Naumann, Friedrich (1860-1919), Theologe, deutscher liberaler Politiker, u. a. Deutsche Freisinnige Partei, wiederholt MdR, 1919 Mitglied der Nationalversammlung, unterstützte die Expansionspolitik des Kaiserreiches, Wirkung und Nachwirkung mit seiner Schrift »Mitteleuropa« 1915.

Nestler, Ludwig (1930-?), DDR-Historiker mit Schwerpunkt Faschismus.

Norden, Albert (1904-1982), Journalist, kommunistischer Politiker, Sekretär des ZK der SED 1955/81, Mitglied des Politbüros der SED 1958/81, umfangreiche Aktivitäten zur Auseinandersetzung mit Faschismus und Neofaschismus, veröffentlichte 1965 das »Braunbuch. Kriegs- und Naziverbrecher in der Bundesrepublik und in Westberlin. Staat, Wirtschaft, Verwaltung, Armee, Justiz, Wissenschaft«.

Oberländer, Erwin (1937-), bundesdeutscher Historiker mit Schwerpunkt Osteuropa.

Opitz, Reinhard (1934-1986), bundesdeutscher Politikwissenschaftler und Publizist, einer seiner Schwerpunkte war der Faschismus.

Orlando, Vittorio Emanuele (1860-1952), italienischer Politiker, wiederholt Minister, Präsident des Ministerrats des Königreichs Italien 1917/19, Verhandlungsführer in Versailles.

Ossietzky, Carl von (1889-1939), deutscher antimilitaristischer und demokratischer Publizist, Gegner des aufkommenden deutschen Faschismus, Herausgeber der *Weltbühne*, im KZ inhaftiert und misshandelt 1933/36, Friedensnobelpreis 1936, den Folgen der Misshandlungen erlegen.

Pätzold, Kurt (1930-2016), DDR-Historiker mit Schwerpunkt Faschismus.

Paul, Gerhard (1951-), bundesdeutscher Sozialwissenschaftler und Historiker.

Piłsudski, Józef (1867-1965), polnischer Politiker und Militär, zunächst Sozialist, später nationalistischer Kämpfer, mit Beginn des Ersten Weltkrieges stellte er ab 1914 unter Oberhoheit der Mittelmächte die Polnische Legion gegen Russland auf, schuf die polnische Untergrundbewegung Polska Organizacja Wojskowa (Polnische Militärorganisation), 1917 Bruch mit den Mittelmächten, zeitweilig in Deutschland interniert, an der Spitze des neuen polnischen Staates und seiner Armee 1918/22, Marschall 1920, Erfolg im Krieg gegen die Sowjetunion 1920/21, putschte 1926 und errichtete das »Sanacja«-Regime (Sanacja: Heilung), Ministerpräsident 1926/28, danach faktischer Staatschef ohne Titel, offiziell Generalinspekteur der Streitkräfte und Minister für Militärangelegenheiten 1926/35.

Pope, Arthur Upham (1881-1969), US-amerikanischer Historiker.

Pufelska, Agnieszka (1973-), polnische Historikerin.

Putin, Wladimir Wladimirowitsch (1952), sowjetischer Nachrichtendienstler, zuletzt Oberst 1999, russischer Politiker, u. a. Direktor des Federalnaja sluschba besopasnosti Rossijskoi Federazii (Föderaler Dienst für Sicherheit der Russischen Föderation – FSB), Vorsitzender der Regierung der Russischen Föderation 1999/2000 und 2008/12, Präsident der Russischen Föderation 2000/08 und ab 2012.

Quigley, Carroll (1910-1977), US-amerikanischer Historiker.

Raeder, Erich (1876-1960), deutscher Militär, aktiver Organisator der Marineaufrüstung, Großadmiral 1939, Oberbefehlshaber der Kriegsmarine 1935/43, nach militärischen Differenzen mit Hitler 1943 Entlassung aus dem Amt, 1945 in sowjetische Gefangenschaft, angeklagt und verurteilt in Nürnberg wegen Vorbereitung des Krieges, Verbrechen gegen den Frieden und Kriegsverbrechen zu lebenslangem Zuchthaus, 1955 aus gesundheitlichen Gründen entlassen, Privatier in der BRD.

Rathenau, Walther (1877-1922), Industrieller (AEG), MdR für die DDP, Reichsaußenminister, ermordet von der »Organisation Consul«.

Rauch, Georg von (1904-1991), bundesdeutscher Historiker mit Schwerpunkt Osteuropa und Baltikum.

Ribbentrop, Joachim von (1893-1946), Weinhändler, Unterstützer Hitlers, außenpolitischer Berater Hitlers 1933, zudem in verschiedenen

Außenpolitik-Strukturen jenseits des AA aktiv, SS-Standartenführer 1933, Botschafter in London 1936/38, Reichsaußenminister 1938/45, in Nürnberg wegen Verschwörung, Verbrechen gegen den Frieden und Kriegsverbrechen angeklagt und zum Tode verurteilt, 1946 hingerichtet.

Röchling, Hermann (1872-1955), deutscher Unternehmer und Kriegstreiber, Rüstungsproduktion im Ersten Weltkrieg, 1919 von den Franzosen wegen Kriegsverbrechen in Frankreich zu 10 Jahren Zwangsarbeit verurteilt, durch Übergabe der Mehrheit seiner Unternehmensanteile »freigekauft«, Unterstützung der Wiedereingliederung des Saarlandes in das Deutsche Reich, Unterstützer Hitlers, aktiv in der Aufrüstung engagiert, Wehrwirtschaftsführer und hohe Wirtschaftsposten, nach Kriegsende von den Franzosen verhaftet und verurteilt, wegen Ausplünderung besetzter Gebiete und Misshandlung von Kriegsgefangenen 1949 zu 10 Jahren Haft verurteilt, sein Eigentum (Völklinger Hütte) wurde unter französische Zwangsverwaltung gestellt, 1951 aus gesundheitlichen Gründen entlassen und Rückkehr ins (noch französisch besetzte) Saarland verweigert, 1956 auf bundesdeutsches Betreiben hin Rückgabe des Konzerns an die Röchlings.

Röhr, Werner (1941-), DDR-Historiker und Philosoph mit Schwerpunkt Faschismus und Zweiter Weltkrieg.

Rudolph, Ralf (1938-), DDR-Militär, Historiker.

Ruge, Wolfgang (1917-2006), DDR-Historiker mit Schwerpunkt Weimarer Republik, Faschismus und, nach 1990, Stalinismus.

Schacht, Hjalmar (1877-1970), deutscher Bankier, Politiker (DDP, später NSDAP), Reichsbankpräsident 1923/30 und 1933/39, frühe Sympathien für Hitler und den Faschismus, Türöffner in Wirtschaftskreisen, Reichswirtschaftsminister 1934/37, nach Konflikten um die weitere Wirtschaftspolitik als Reichsminister ohne besondere Aufgaben 1937/43 kaltgestellt, nach dem Hitler-Attentat 1944 wegen vorgeblicher Kontakte zu den Attentätern verhaftet und im KZ, 1945 befreit, als Hauptkriegsverbrecher in Nürnberg angeklagt und freigesprochen, ebenso in anderen Prozessen, später in verschiedenen Ländern als Finanzberater tätig, weiter Sympathisant rechtsextremer Bestrebungen.

Schaposchnikow, Boris Michailowitsch (1882-1945), russischer bzw. sowjetischer Militär, im Ersten Weltkrieg Oberst, Eintritt in die Rote Armee 1918 und Verwendung in hohen Stabs- und Kommandopositionen, Mitglied der KPdSU (B) 1930, Marschall der Sowjetunion 1940, Generalstabschef 1928/31, 1937/40, 1941/42, Kommandeur der Höheren Militärakademie (Generalstabsakademie), 1943/45.

Scheidemann, Philipp (1865-1939), Schriftsetzer, Buchdrucker, Gewerkschafter, Redakteur, SPD, MdR, 1913/18 Fraktionsvorsitzender, Staatssekretär im Kabinett von Baden, Mitglied des Rates der Volksbeauftragten, 1919 Reichsministerpräsident, Rücktritt wegen Versailler Vertrag, Oberbürgermeister von Kassel, Exil.

Schmundt, Rudolf (1896-1944), deutscher Militär, Offizier im Ersten Weltkrieg und in der Reichswehr, Chefadjutant der Wehrmacht bei Hitler 1938/44, gleichzeitig Chef des Heerespersonalamtes 1942/44, zuletzt Generalleutnant 1942, beim Hitler-Attentat schwer verletzt und verstorben, bekannt durch das sog. »Schmundt-Protokoll« der Beratung der Militärspitzen mit Hitler am 23. Mai 1939.

Schniewind, Otto (1887-1964), deutscher Militär, Marineoffizier im Ersten Weltkrieg, Kompanieführer in einem Freikorps, Offizier in der Reichsmarine ab 1920, Chef des Marinewehramtes und Konteradmiral 1937, Chef des Stabes der Seekriegsleitung 1938/41, Flottenchef 1941/44, zuletzt Generaladmiral 1944, verantwortlich für Todesurteile in der letzten Kriegsphase gegen Deserteure, 1945 aus aktivem Dienst entlassen, Kriegsgefangenschaft, Angeklagter im Kriegsverbrecher-Prozess gegen das Oberkommando der Wehrmacht, 1948 freigesprochen, 1949/52 Leiter des Naval Historical Team, das im Auftrag der US-Marine die deutschen Kriegserfahrungen aufarbeiten sollte.

Schnitter, Helmut (1933-), DDR-Militärhistoriker.

Schnitzler, Georg von (1884-1962), deutscher Industrieller, Vorstand im I.G.-Farben Konzern 1926/45, Förderer der Nazi-Bewegung, Wehrwirtschaftsführer 1942, im Nürnberger I.G.-Farbenprozess 1948 zu fünf Jahren Haft wegen Plünderung und Raub französischer und polnischer Unternehmen, 1949 vorzeitig entlassen.

Schulenburg, Friedrich-Werner Graf von der (1875-1944), deutscher Diplomat, NSDAP-Mitglied 1934, Botschafter in Moskau 1934/41, suchte erfolglos eine deutsch-sowjetische Verständigung, nach dem Angriff auf die Sowjetunion ausgewiesen und in Deutschland kaltgestellt, Widerständler in Verbindung mit dem Verschwörerkreis des 20. Juli 1944, später verhaftet und zum Tode verurteilt, 1944 hingerichtet.

Schumann, Wolfgang (1925-1991), DDR-Historiker mit Schwerpunkt Faschismus und Zweiter Weltkrieg.

Seeckt, Hans von (1866-1936), deutscher Militär, im Ersten Weltkrieg verschiedene Kommando- und Stabsverwendungen, zuletzt als oberster Militärberater im Osmanischen Reich, Leitender militärischer Sachverständiger in der deutschen Delegation in Versailles, Generaloberst, Chef des Truppenamtes (getarnter Nachfolger des verbotenen Generalstabes) 1919, »neutrale« Haltung während des Kapp-Lüttwitz-Putsches 1920, Chef der Heeresleitung 1920/26, sorgte 1923 für die militärische Herstellung der Ordnung gegen die Hitler-Putschisten wie gegen die Arbeiterregierungen in Thüringen und Sachsen, Organisator einer künftigen Wiederbewaffnung Deutschlands mit seinem »Großen Plan« 1925, für die DVP MdR 1930/32, Militärberater in China.

Seeds, William (1882-1973), britischer Diplomat, Boschafter in Moskau 1939/40, Ruhestand.

Shdanow, Andrei Alexandrowitsch (1896-1948), russischer Revolutionär, sowjetischer Politiker, Kandidat bzw. Mitglied des Politbüros 1935/1948 und Sekretär des ZK der KPdSU (B) 1934/48, Erster Sekretär des Leningrader Gebiets- und Stadtkomitees der KPdSU 1934/1945, Beauftragter des ZK 1940 in Estland während der Eingliederung in die UdSSR, Generaloberst während der Blockade Leningrads.

Shukow, Georgi Konstantinowitsch (1896-1974), sowjetischer Militär, Soldat und Sergeant im Ersten Weltkrieg, 1918/19 Eintritt in Rote Armee und KPR (B), Truppen- und Stabsverwendungen seit dem Bürgerkrieg, 1938 Befehlshaber im sowjetisch-japanischen Konflikt um Chalchin Gol, Generalstabschef 1941, Frontbefehlshaber und Vertreter des Obersten Kommandos an den Fronten des Zweiten Weltkriegs, Stellvertreter des

Obersten Befehlshabers 1942/45, Marschall der Sowjetunion 1941, Kommandoposten nach 1945, Verteidigungsminister 1955/57, Ruhestand.

Smele, Jonathan D. (1958-), US-amerikanischer Historiker.

Snyder, Timothy (1969-), US-amerikanischer Historiker mit Schwerpunkt Osteuropa.

Spengler, Oswald (1880-1936), antidemokratischer, reaktionärer und nationalistischer Schriftsteller, insbesondere mit seinem Buch »Der Untergang des Abendlandes« war er Wegbereiter des Faschismus, er favorisierte eine Diktatur, ohne sich mit der NSDAP-Politik identifizieren zu können.

Stalin, Josef Wissarionowitsch (1878-1953), russischer Revolutionär, sowjetischer Politiker, u. a. Generalsekretär der KPdSU (B) 1922/34, Sekretär des ZK 1934/52, Vorsitzender des Rates der Volkskommissare bzw. des Ministerrates 1941/53, Volkskommissar bzw. Minister für Verteidigung 1941/47.

Starikow, Nikolai Wiktorowitsch (1970-), russischer nationalistischer Politiker und Publizist.

Stinnes, Hugo (1870-1924), einer der einflussreichsten deutschen Industriellen, MdR der DVP, weit rechts-nationalistisch stehend.

Stresemann, Gustav (1878-1929), deutscher Politiker, ab 1918 DVP, Reichskanzler 1923, Außenminister 1923/29, Friedensnobelpreisträger zusammen mit A. Briand 1926.

Stülpnagel, Joachim von (1880-1968), deutscher Militär, Offizier im Ersten Weltkrieg, u. a. 1920/26 im Reichswehrministerium als Abteilungsleiter des Truppenamtes mit Planungen zur Wiederaufrüstung befasst, nach Truppenverwendungen wegen Unstimmigkeiten 1931 Abschied als General der Infanterie, 1939 nach fünf Tagen als Befehlshaber des Ersatzheeres reaktiviert, wegen Kritik an Hitlers Politik wieder entlassen, Geschäftsmann.

Thyssen, Fritz (1873-1951), deutscher Unternehmer, plante Aufstand gegen die französische Ruhrbesetzung, früher Förderer der Nazi-Bewegung, als

DNVP-Mitglied 1931 aktiv an der Vorbereitung der rechten »Harzburger Front« beteiligt, 1932 Mitunterzeichner des Schreibens von Wirtschaftsvertretern an den Reichspräsidenten, Hitler zum Kanzler zu machen, 1933 NSDAP-Mitglied, MdR, wegen Unstimmigkeiten mit der Nazi-Führung und schließlicher Ablehnung des Krieges Bruch mit Hitler, Exil in der Schweiz und Frankreich, Auslieferung an Deutschland, KZ-Haft.

Tiso, Jozef (1887-1947), slowakischer Priester, tschechoslowakischer bzw. slowakischer Politiker, in der ČSR Verfechter der slowakischen Autonomie, zugleich Minister in der Zentralregierung, Vertreter nationalistischer Positionen zur Abtrennung der Slowakei von der ČSR, nach dem Münchner Abkommen anerkennt Prag die weitgehende Autonomie der Slowakei und Tiso wird in Bratislava Chef einer autonomen Landesregierung, 1939/45 Staatspräsident des deutschabhängigen slowakischen Staates, 1945 von den US-Truppen gefangen genommen und an die ČSR ausgeliefert, 1947 zum Tode verurteilt und hingerichtet.

Troeltsch, Ernst (1865-1933), deutscher Theologe, Philosoph, Politiker der DDP.

Tuchatschewski, Michail Nikolajewitsch (1884-1937), russischer bzw. sowjetischer Militär, im Ersten Weltkrieg Offizier, Kriegsgefangenschaft mit Bekanntschaft u. a. von Charles de Gaulle, wiederholte Fluchtversuche, schließlich in Russland, 1918 Eintritt in die Rote Armee und Parteimitglied, steile militärische Karriere, 1920 Frontbefehlshaber im Polnisch-Sowjetischen Krieg, vor Warschau durch Piłsudski geschlagen, zahlreiche Kommandos, Chef des Generalstabes 1925/28, Reorganisator der Roten Armee und strategischer Erneuerer, in die Zusammenarbeit mit der Reichswehr involviert, stellvertretender bzw. Erster Stellvertretender Volkskommissar für Verteidigung, Marschall der Sowjetunion 1937, unter falschen Beschuldigungen mit anderen Spitzenmilitärs 1937 verhaftet und hingerichtet.

Urbšys, Juozas (1896-1991), litauischer Diplomat, Außenminister 1938/40, nach dem Einmarsch der Roten Armee deportiert (1940/54), danach Arbeit als Übersetzer.

Vatlin, Aleksandr Ju[rjewitsch] (1962-), sowjetischer bzw. russischer Historiker mit Schwerpunkt deutsche Geschichte.

Volkmann, Hans-Erich (1938), bundesdeutscher Historiker mit Schwerpunkt Faschismus, Zweiter Weltkrieg.

Warlimont, Walter (1894-1976), deutscher Militär, Offizier im Ersten Weltkrieg, Dienst in Freikorps, in der Reichswehr verschiedene Truppen- und Stabsverwendungen, u. a. Berater der Putschisten im Spanischen Bürgerkrieg, Abteilungsleiter bzw. Stellvertretender Chef des Wehrmachtsführungsamtes 1938/44, hier Vorbereitung des Krieges gegen die Sowjetunion und beteiligt an Erarbeitung von Mordanweisungen wie dem Kommissarbefehl, zuletzt General der Artillerie 1944, wegen aufkommender Zweifel am »Endsieg« 1944 in die Führerreserve versetzt, Kriegsgefangenschaft, erarbeitete in Nürnberg für die Verteidigung mit anderen Generälen Rechtfertigungsschriften, 1948 selbst wegen Kriegsverbrechen angeklagt und zu 15 Jahren Haft verurteilt, 1954 vorzeitig entlassen.

Weber, Hermann (1928-2014), bundesdeutscher Historiker mit Schwerpunkt Kommunismusforschung.

Weizsäcker, Ernst von Freiherr (1882-1951), deutscher Diplomat, Marineoffizier im Ersten Weltkrieg, 1921 Eintritt in das AA und eine Reihe diplomatischer Posten, 1937 Leiter der Politischen Abteilung im AA 1937, Staatssekretär 1938/43, Mitglied in der NSDAP und SS 1938, wegen angeblicher Differenzen mit der offiziellen Politik Niederlegung des Amtes, Botschafter im Vatikan 1943/45, als Zeuge zu den Nürnberger Prozessen geladen, dort verhaftet und wegen Verbrechen gegen die Menschlichkeit (Deportation französischer Juden) im Wilhelmstraßen-Prozess gegen Angehörige des AA angeklagt und 1949 zu 7 Jahren Haft verurteil, 1950 im Zuge einer durch den US-Hochkommissar veranlassten Amnestie entlassen.

Wertheim, Stephan (?), US-amerikanischer Historiker.

Westerhoff, Christian (1978-), deutscher Historiker.

Wette, Wolfram (1940-), bundesdeutscher Historiker und Friedensforscher.

Wilhelm II. (1859-1941), Deutscher Kaiser und König von Preußen (1888-1918), im Zuge der Novemberrevolution zur Abdankung gezwungen, Exil.

Wilson, Woodrow (1856-1924), US-Präsident 1913-1921, Verhandlungsführer in Versailles.

Wippermann, Wolfgang (1945-2021), bundesdeutscher Historiker mit Schwerpunkt Faschismus.

Wood, Edward Lord Halifax (1881-1959), britischer Politiker, Konservative Partei, wiederholt Minister, aktiver Verfechter der Appeasement-Politik, Außenminister 1938/40, Botschafter in Washington 1940/46.

Woroschilow, Kliment Jefremowitsch (1881-1969), russischer Revolutionär, sowjetischer Militär und Politiker, Marschall der Sowjetunion 1935, Kommandos im Bürgerkrieg 1918/21, Mitglied des Politbüros des ZK der KPdSU (B) 1926/57, Volkskommissar für Verteidigung 1925/40, abgelöst nach dem Winterkrieg, im Zweiten Weltkrieg kurzzeitig Frontbefehlshaber, weitere Kommandos und Einsatz als Beauftragter des Hauptquartiers, Vorsitzender des Präsidiums des Obersten Sowjets 1953/60.

Young, Owen D. (1874-1972), US-amerikanischer Industrieller (u. a. General Electric), an der Ausarbeitung des Dawes-Planes (1924) beteiligt und 1929 Leiter einer Kommission zur Regelung der deutschen Reparationszahlungen (Young-Plan).

Zamoyski, Adam (1949-), US-amerikanisch-polnischer Historiker mit Schwerpunkt polnische Geschichte.

Zweig, Stefan (1981-1942), österreichischer Schriftsteller, Pazifist, Nazi-Gegner, Exil 1934, Selbstmord im brasilianischen Exil.

Abkürzungen

AA	Auswärtiges Amt
A. a. O.	Am angegebenen Ort
ADGB	Allgemeiner Deutscher Gewerkschaftsbund
AEG	Allgemeine Elektrizitäts-Gesellschaft
AfD	Alternative für Deutschland
AG	Aktiengesellschaft
AK	Armija Krajowa, Heimatarmee
AL	Armija Ludowa, Volksarmee
ADAP	Akten zur deutschen auswärtigen Politik 1918-1945
Art.	Artikel
BDM	Bund Deutscher Mädel
Bebca	Böhmische Escompte-Bank (tschechisch: Česká eskomptní banka)
Bf	Bayerische Flugzeugwerke (Messerschmidt, ›Bf 109‹)
BRD	Bundesrepublik Deutschland
ČKD	Českomoravská-Kolben-Daněk, Böhmisch-Mährische Kolben-Daněk [Fabrik]
ČSR	Československá republika, Tschechoslowakische Republik
DAF	Deutsche Arbeitsfront
DDP	Deutsche Demokratische Partei
DDR	Deutsche Demokratische Republik
DNVP	Deutschnationale Volkspartei
DVP	Deutsche Volkspartei
EKKI	Exekutivkomitee der Kommunistischen Internationale
EU	Europäische Union
EVP	Europäische Volkspartei

FAZ	Frankfurter Allgemeine Zeitung
FDP	Freie Demokratische Partei
Flak	Fliegerabwehrkanone
FKP	Französische Kommunistische Partei
Gen.	General
Gen. d. Artl.	General der Artillerie
Gestapo	Geheime Staatspolizei
GUE/NGL	Fraktion Die Linke im Europäischen Parlament
Gulag	Glawnoje uprawlenije isprawitelno-trudowych lagerej i kolonij, d.h. Hauptverwaltung der Besserungsarbeitslager und -kolonien
He	Heinkel
HJ	Hitlerjugend
IG, I.G.	Interessengemeinschaft
i. G.	im Generalstab
Ju	Junkers
KdF	Kraft durch Freude
Komintern	Kommunistische Internationale
KPD	Kommunistische Partei Deutschlands
KPdSU (B)	Kommunistische Partei der Sowjetunion (Bolschewiki)
KPR (B)	Kommunistische Partei Russlands (Bolschewiki)
Ktr. Adm.	Konteradmiral
KomandArm I	Armeekommandeur I. Ranges
KomBrig	Brigadekommandeur
KomDiw	Divisionskommandeur
KZ	Konzentrationslager
LT	lehký tank
LW	Lenin, Werke
MdR	Mitglied des Reichstages
MEW	Marx/Engels, Werke
NS	Nationalsozialismus, nationalsozialistisch
NSDAP	Nationalsozialistische Deutsche Arbeiterpartei
OHL/O.H.L.	Oberste Heeresleitung
OKW	Oberkommando Wehrmacht

PiS	Prawo i Sprawiedliwość, Partei Recht und Gerechtigkeit
PKWN	Polski Komitet Wyzwolenia Narodowego, Polnisches Komitee der Nationalen Befreiung (Lubliner Komitee)
PVAP	Polnische Vereinigte Arbeiterpartei, poln. PZPR Polska Zjednoczona Partia Robotnicza
Pz	Panzer
PzKpfw	Panzerkampfwagen
RAM	Reichsaußenminister
RKKA	Rabotsche-krestjanskaja Krasnaja armija, Rote Arbeiter- und Bauernarmee
RKP(b)	Rossijskuju kommunisticheskuju partiju (bol'shevikov), Russische Kommunistische Partei (Bolschewiki)
RM	Reichsmark
RWiM	Reichswirtschaftsministerium
SA	Sturmabteilung
SD	Sicherheitsdienst der SS
SED	Sozialistische Einheitspartei Deutschlands
sog.	sogenannte
SPD	Sozialdemokratische Partei Deutschlands
SS	Schutzstaffeln
SSSR	Sojus Sowjetskich Sozialistitscheskich Respublik, Union der Sozialistischen Sowjetrepubliken
UdSSR	Union der Sozialistischen Sowjetrepubliken
US	United States
USA	United States of America
VfZ	Vierteljahreshefte für Zeitgeschichte
V-Mann	Verbindungs-Mann
VR	Volksrepublik
vz.	Vzor, Modell
ZK	Zentralkomitee

Auswahl weiterführender deutschsprachiger Literatur

Aly, Götz: Hitlers Volksstaat. Raub, Rassenkrieg und nationaler Sozialismus. Bonn 2005

Besymenski, Lew: Stalin und Hitler. Das Pokerspiel der Diktatoren. Berlin 2002

Böhler, Jochen / Lehnstaedt, Stephan (Hg.): Gewalt und Alltag im besetzten Polen 1939-1945. Osnabrück 2012

Böhler, Jochen: Auftakt zum Vernichtungskrieg. Die Wehrmacht in Polen 1939. Frankfurt/M. 2006

Böhler, Jochen: Der Überfall. Deutschlands Krieg gegen Polen. Frankfurt/M. 2009, 2. Aufl.

Bollinger, Stefan (Hg.): Imperialismustheorien. Historische Grundlagen für eine aktuelle Kritik. Wien 2004

Bollinger, Stefan: Meinst du, die Russen wollen Krieg? Über deutsche Hysterie und ihre Ursachen. Berlin 2016

Bouverie, Tim: Mit Hitler reden. Der Weg vom Appeasement zum Zweiten Weltkrieg. Hamburg 2021

Conze, Eckart: Die große Illusion. Versailles 1919 und die Neuordnung der Welt. München 2018,

Deist, Wilhelm / Messerschmidt, Manfred / Volkmann, Hans-Erich / Wette, Wolfram: Ursachen und Voraussetzungen des Zweiten Weltkrieges. Frankfurt/M. 1989

Dimitroff, Georgi: Tagebücher 1933-1943. Hrsg. von Bernhard H. Bayerlein. Berlin 2000

Dirks, Carl / Janßen, Karl-Heinz: Der Krieg der Generäle. Hitler als Werkzeug der Wehrmacht. Berlin 1999, 3. Aufl.

Eichholtz, Dietrich / Pätzold Kurt (Hg.): Der Weg in den Krieg. Studien zur Geschichte der Vorkriegsjahre (1935/36 bis 1939). Berlin 1989

Eichholtz, Dietrich / Schumann, Wolfgang (Hg.): Anatomie des Krieges. Neue Dokumente über die Rolle des deutschen Monopolkapitals bei der Vorbereitung und Durchführung des zweiten Weltkrieges. Berlin 1969

Eichholtz, Dietrich: Geschichte der deutschen Kriegswirtschaft 1939-1945 in 3 Bänden (5 Büchern). Berlin 1969ff., hier bes. Bd. I: 1939-1941. Berlin 1969 [Neuausgabe München 1999]

Fischer, Fritz: Griff nach der Weltmacht. Die Kriegszielpolitik des kaiserlichen Deutschland 1914/18. Königstein im Taunus 1979, 2. Aufl. [1967, 1. Aufl.]

Fischer, Fritz: Hitler war kein Betriebsunfall. München 1993, 3. Aufl.

Gossweiler, Kurt: Großbanken, Industriemonopole, Staat. Ökonomie und Politik des staatsmonopolistischen Kapitalismus in Deutschland 1914-1932. Berlin 1971 (Neuausgabe Köln 2013)

Gossweiler, Kurt: Kapital, Reichswehr und NSDAP 1919-1924. Berlin 1982

Gräfe, Karl-Heinz: So werden Kriege gemacht. Schicksalsjahr 1939: Weg in den Zweiten Weltkrieg (=Pankower Vorträge. H. 190). Berlin 2014

Gräfe, Karl-Heinz: Vom Donnerkreuz zum Hakenkreuz. Die baltischen Staaten zwischen Diktatur und Okkupation. Berlin 2010

Groehler, Olaf: Selbstmörderische Allianz. Deutsch-russische Militärbeziehungen 1920-1941. Berlin 1992

Haffner, Sebastian: Der Teufelspakt. Die deutsch-russischen Beziehungen vom Ersten zum Zweiten Weltkrieg. Zürich 1988 [Erstausgabe 1968]

Hass, Gerhart (Leitung): Deutschland im zweiten Weltkrieg. Bd. 1: Vorbereitung, Entfesselung und Verlauf des Krieges bis zum 22. Juni 1941. Berlin 1974

Hörster-Philipps, Ulrike: Großkapital und Faschismus 1918-1945. Dokumente. Köln 1981, 2. Aufl.

Janßen, Karl-Heinz / Fritz, Tobias: Der Sturz der Generäle. Hitler und die Blomberg-Fritsch-Krise 1938. München 1994

Kappeler, Andreas: Geschichte der Ukraine. Bonn 2015, 4. überarb. u. akt. Aufl.

Kershaw, Ian: Hitler 1936-1945. München 2013

Kershaw, Ian: Hitlers Freunde in England. Lord Londonderry und der Weg in den Krieg. München 2005

Kühnl, Reinhard: Formen bürgerlicher Herrschaft. Liberalismus – Faschismus. Reinbek bei Hamburg 1971

Leder, Andrzej: Polen im Wachtraum. Die Revolution 1939-1956 und ihre Folgen. Osnabrück 2019

Lehnstaedt, Stephan: Der vergessene Sieg. Der Polnisch-Sowjetische Krieg 1919/20 und die Entstehung des modernen Osteuropa. München 2019

MacMillan, Margaret: Die Friedensmacher. Wie der Versailler Vertrag die Welt veränderte. Berlin 2015

Maiski, Iwan Michailowitsch: Die Maiski-Tagebücher. Ein Diplomat im Kampf gegen Hitler 1932-1943. Hg. von Gabriel Gorodetsky. München 2016

Müller, Rolf-Dieter: Der Feind steht im Osten. Hitlers geheime Pläne für einen Krieg gegen die Sowjetunion im Jahr 1939. Berlin 2011

Oberländer, Erwin (Hg.): Autoritäre Regime in Ostmittel- und Südosteuropa 1919-1944. Paderborn 2017, 2., erg. Aufl.

Opitz, Reinhard (Hg.): Europastrategien des deutschen Kapitals 1900-1945. Köln 1977

Pätzold, Kurt: Deutschland 1933-39. Vorkrieg. Köln 2016

Pätzold, Kurt: Deutschland 1939-45. Krieg. Köln 2016

Pätzold, Kurt: Zweiter Weltkrieg. Köln 2014

Pufelska, Agnieszka: Die »Judäo-Kommune«. Ein Feindbild in Polen. Das polnische Selbstverständnis im Schatten des Antisemitismus 1939-1948. Paderborn 2007

Rauch, Georg von: Geschichte der baltischen Staaten. München 1990, 3. Aufl.

Renz, Ulrich: Georg Elser. Allein gegen Hitler. Stuttgart 2014

Röhr, Werner u. a.: Die faschistische Okkupationspolitik in Polen (1939-1945). Dokumentenauswahl und Einleitung von. Nacht über Europa. Die Okkupationspolitik des deutschen Faschismus (1938-1945). Bd. 2. Köln bzw. Berlin 1989

Röhr, Werner / Berlekamp, Brigitte / Roth, Karl Heinz (Hg.): Der Krieg vor dem Krieg. Politik und Ökonomik der »friedlichen« Aggressionen Deutschlands 1938/39. Hamburg 2001

Röhr, Werner: Faschismusforschung im Spiegel der Kritik. Berlin 2014

Röhr, Werner: Vom Annaberg nach Gleiwitz. Zur Vorgeschichte des deutschen Überfalls auf Polen am 1. September 1939. Berlin 2009

Rössler, Mechtild / Schleiermacher, Sabine unter Mitarbeit von Cordula Tollmien (Hg.): Der »Generalplan Ost«. Hauptlinien der nationalsozialistischen Planungs- und Vernichtungspolitik. Berlin 1993

Rudolph, Ralf / Uwe, Markus: Vergessene Kriege der Roten Armee. Berlin 2019

Sapper, Manfred / Weichsel, Volker (Hg.): Der Hitler-Stalin-Pakt. Der Krieg und die europäische Erinnerung (= Osteuropa. H. 7-8/2009). Berlin 2009

Schumann, Wolfgang / Nestler, Ludwig (Hg.): Weltherrschaft im Visier. Dokumente zu den Europa- und Weltherrschaftsplänen des deutschen Imperialismus von der Jahrhundertwende bis Mai 1945. Berlin 1975

Snyder, Timothy: Bloodlands. Europa zwischen Hitler und Stalin. München 2011

Weber, Claudia: Der Pakt. Stalin, Hitler und die Geschichte einer mörderischen Allianz 1939-1941. München 2019

Weber, Hermann / Drabkin, Jakov / Bayerlein, Bernhard H. (Hg.): Deutschland, Russland, Komintern – II. Dokumente (1918-1943). Nach der Archivrevolution: Neuerschlossene Quellen zu der Geschichte der KPD und den deutsch-russischen Beziehungen. Teilband 1. Berlin/München/Boston 2015

Winston S. Churchill: Der Zweite Weltkrieg. Mit einem Epilog über die Nachkriegsjahre. Bern/München/Wien 1992, Neuauflage [1. Aufl. 1949]

Wippermann, Wolfgang: Faschismus. Eine Weltgeschichte vom 19. Jahrhundert bis heute. Darmstadt 2009

Wippermann, Wolfgang: Faschismustheorien. Die Entwicklung der Diskussion von den Anfängen bis heute. Darmstadt 1997, 7., überarb. Aufl.

Zeidler, Manfred: Reichswehr und Rote Armee 1920-1933. Wege und Stationen einer ungewöhnlichen Zusammenarbeit. München 1993